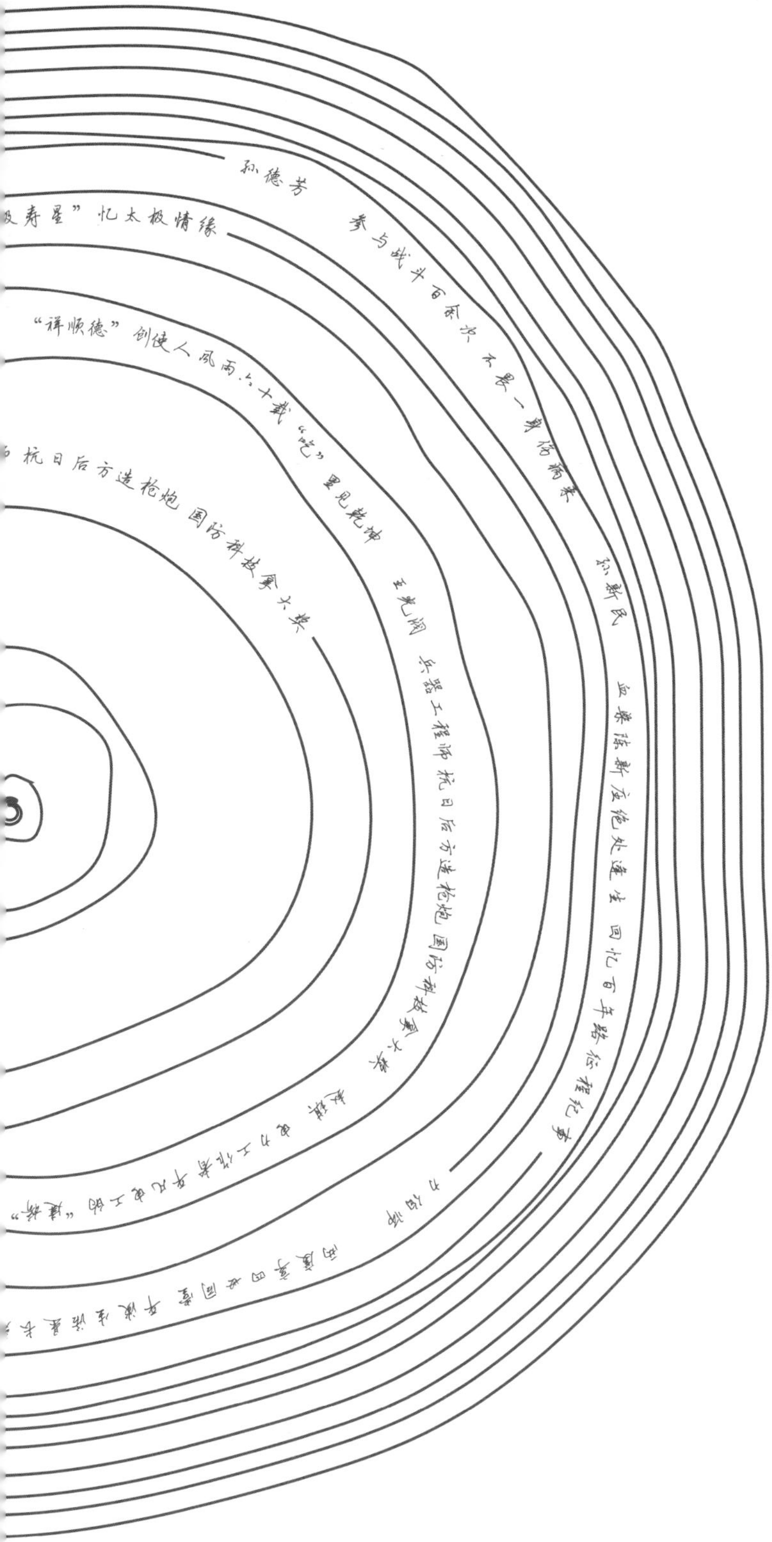

小康中国发展口述史

我的共和国记忆

《小康中国发展口述史》编委会 ◎ 编

图书在版编目（CIP）数据

小康中国发展口述史. 我的共和国记忆 /《小康中国发展口述史》编委会编. —— 北京：五洲传播出版社，2019.8
ISBN 978-7-5085-3931-7

Ⅰ.①小… Ⅱ.①小… Ⅲ.①中国历史 – 现代史 – 通俗读物 Ⅳ.① K270.9

中国版本图书馆 CIP 数据核字 (2019) 第 182471 号

小康中国发展口述史. 我的共和国记忆

作　　者：	《小康中国发展口述史》编委会
出　版　人：	荆孝敏
责任编辑：	姜　珊
助理编辑：	刘婷婷
书籍设计：	程　佳
出版发行：	五洲传播出版社
地　　址：	北京市海淀区北三环中路 31 号生产力大楼 B 座 6 层
邮　　编：	100088
电　　话：	010-82005927，82007837
网　　址：	www.cicc.org.cn，http://www.thatsbooks.com/
印　　刷：	北京中石油彩色印刷有限责任公司
开　　本：	710mm×1000mm　1/16
印　　张：	17.75
字　　数：	270 千字
版　　次：	2019 年 8 月第 1 版　第 1 次印刷
定　　价：	98.00 元

购书咨询：（010）82007837 电子邮箱：liuyang@cicc.org.cn
如有印刷、装订质量问题，请与出版社联系
联系电话：（010）82005927 电子邮箱：taoyuzheng@cicc.org.cn
制售盗版必究 举报查实奖励

《小康中国发展口述史》编委会

李　薇　贾冬梅　张　宇　唐　平

林　琼　韩　旭　张美生　常　莹

罗黎丹　兰　玉　邱虹霞

项目统筹：北京市西城区曙光社工事务所

出版统筹：潘　洁

目 录

红色记忆篇

002 / 孙德芳：参与战斗百余次　不畏一身伤病来

022 / 孙新民：血染陈新庄绝处逢生　回忆百年路征程纪事

忠厚传家篇

044 / 李　垠：燃情岁月终难忘　伉俪情深为国殇

062 / 麦佐曾：平凡岁月温暖守望　一生知足恩爱相持

075 / 张兰芬：以爱筑美德之家　用行动传承书香

品质生活篇

092 / 力伯师：两度享四世同堂　平淡生活是长寿秘诀

110 / 马竹英：旧社会的巧手裁剪匠　新中国的"闲人马大姐"

126 / 涂兆祥：随潮流而动　年老心不老

148 / 杨德厚：百岁元老获"元老杯奖"　"太极寿星"忆太极情缘

匠人匠心篇

170 / 费国桢："王府少爷"大西北建原子弹基地

196 / 韩惠连："海归"教授　开办外交学院法语系

213 / 胡荣华：汽车司机　车轮上看变化　荣辱不惊一百年

228 / 马德林："祥顺德"创始人　风雨六十载"吃"里见乾坤

244 / 王光阀：兵器工程师　抗日后方造枪炮　国防科技拿大奖

258 / 赵　琪：电力工作者　平凡电工的"建桥"人生

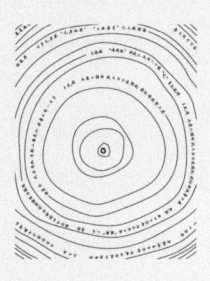

红色记忆篇

孙德芳：参与战斗百余次 不畏一身伤病来

孙新民：血染陈新庄绝处逢生 回忆百年路征程纪事

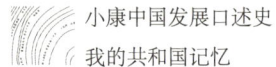

孙德芳

参与战斗百余次　不畏一身伤病来

> 孙德芳佩戴着颁发给他的"中国人民抗日战争胜利 70 周年"纪念章留念。年迈的孙德芳看不清奖章上的花纹，他指着奖章让女儿为他形容奖章的样式，目不转睛地注视着奖章，好像找回了过去的硝烟回忆。

◎ 人物小传

孙德芳，1920年出生于江苏省句容县一个普通的工人家庭，13岁在苏州桃花坞做童工；1938年5月，在江苏省茅山地区加入粟裕领导的新四军先遣队，同年11月加入中国共产党；参加过卫岗战斗、延陵战斗、黄桥战役、七战七捷战役、苏中保卫战；为创建苏南抗日根据地，在敌后进行过上百次战斗；参加了淮海、渡江战役，新中国成立后参加抗美援朝。在茅山乾元观战斗中被日本鬼子的炮弹击中，从房顶摔下背部受伤昏死过去，新中国成立后定为二等乙级残疾军人，后全国统一标准，定为因战六级伤残军人。

1954年6月孙德芳当选南京市人民代表大会代表；1954年7月和1958年9月，当选江苏省第一、第二届人民代表大会代表；1957年6月，荣获中华人民共和国二级独立自由勋章、二级解放勋章。

孙德芳一贯服从组织分配，先后在华东军区防空军、空军第五军、商业部、国家质监总局工作，其间把部队政治思想工作的好传统、好经验带到地方，总结出商业系统基层思想政治工作经验集，推动了商业系统思想政治工作的开展；1980年参加中央4000人大会，对中共《关于建国以来党的若干历史问题的决议》形成作出了贡献。

1985年离休后，孙德芳担任北京新四军暨华中抗日根据地研究会理事，为研究新四军历史，发扬新四军铁军精神，总结经验教育后代继续忙碌着。

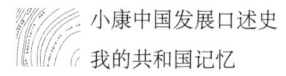

◎ 前言

在刚刚度过 95 岁生日的时候，2015 年 8 月 24 日，我收到了中国人民抗日战争胜利 70 周年纪念章。虽然已经看不清上面的花纹，但金色的光影让我想起十年前获颁的 60 周年纪念章。如今又十年过去了，身边又少了一批战友。

我这一辈子经历过残酷战争，对社会主义建设进行过艰难探索，还挺过了十年动荡，如今终于到了建设社会主义的新时期，国家发展迅猛，过上了我儿时想都不敢想的日子。

我不怕死，但我怕我经历过的那些烽火岁月被人遗忘。虽然战争的硝烟已经散去，但中国依然处于复杂的世界环境中，沉痛的历史不能遗忘，伟大的抗战精神必须代代相传。要牢牢记住为了争取今天的和平自由，老一辈们所付出的努力。

◎ 凄苦童年

迫于无奈　4 岁妹妹被卖做童养媳

1920 年 7 月 23 日，我出生在江苏省句容县孙家边村。村子不大，人也并不算多，村里面大多是妇女、老人和孩子。大部分地都是地主的，土地有限，村里多数青壮年劳力都外出赚钱养家。家里有奶奶、妈妈、大伯家的女儿，大我几个月的姐姐、我和妹妹，后来又有了我的小弟弟。伯父和伯母都在上海纱厂做工。

我父亲孙美鸿识字，算是村里的文化人，过年时经常给村民写春联。我家没有地，为了支撑整个家庭，父亲在上海一家灯泡厂干活。他很少回家，就算回家也是把钱放下又匆匆地走了。至今父亲在我脑海里就没有什么印象。

我母亲就是村里的普通妇女，老实本分，不声不响地操持着整个家务。照顾奶奶，带我们四个孩子，偶尔也给别人做些零活贴补家用。

我六岁时，小我两岁的妹妹被卖给别人做童养媳。那天父母把我支走，等我回家时，妹妹已经不见了。至今我还清楚地记得妹妹爱笑，一笑起来两个小酒窝特别好看。前些日子我还梦见我那个可怜的妹妹，笑着向我挥着小手。

灾荒不断　爸爸妹妹弟弟相继离世

然而，妹妹的离开也没能改善我家的生活。更令人悲伤的是，因为那年灾荒不断，妹妹走后不久便死了，我一岁的弟弟由于食物营养跟不上，生了一场大病也死了。奶奶对我说，全家就剩你一个独苗了，你一定要好好活下去。

我们那有个风俗，过年时，孩子们去各家讨东西，主人家多少都要给点东西，算是讨个喜气。那年家里没有粮食了，实在饿得慌，妈妈让我去地主家要点东西吃。那是一年中最冷的时候，地主不但什么东西都没给，还放狗出来咬我，好害怕。从此再饿我也不肯去要饭了。

1943 年 9 月，孙德芳和战友在战斗间隙自娱自乐。照片中团长何进东卧床假扮病人，孙德芳装扮大夫在号脉，而真正的医生顾鄂则在旁偷笑。当时，日军向苏浙皖边大举进犯，新四军十六旅挺进敌后积极作战，牵制敌人，恢复了溧阳、溧水抗日根据地。

1927年,我七岁,突然传来消息,在上海做工的父亲去世了。同村的叔叔说上海太乱了,他跟我父亲打算一起回家,但父亲身体没撑住,死在了半路上,他将我父亲就地葬了。

这个消息,对于我们这样一个贫苦家庭来说,无异于晴天霹雳。家里的顶梁柱倒了,生活难以为继。之后的日子越来越难熬,母亲几乎用尽家里所有的钱处理了父亲的后事。

新中国成立后回老家,同村人说我父亲可能是从事地下工作的,在工厂教书宣传进步思想。那年正逢蒋介石"四一二"反革命大屠杀,上海大批地下党和工人被关押枪毙。在那个年代,一个有文化的人,本可以靠自己的能力找一个好工作,却甘愿做工人,总是有原因的。当然这也已经是后话,无从求证。

为了保住孙家的独苗,奶奶亲自送母亲和我回了位于茅山的姥姥家。由于生活艰难,不久母亲改嫁了,我和姥姥一起靠舅舅养活。舅舅家有四个孩子,生活也很困难,但舅舅对我很好,他有个习惯,每天先抓一把瓜子在锅里翻炒一下,边嗑边去地里干活。每次他总是给我一点,这给了我童年一丝温暖,一丝难忘的回忆。"有山就饿不死。"姥姥常对我说,生活不会一直这样糟的,姥姥的鼓励帮我熬过那段艰苦岁月。

外出打工 轻则被骂重则挨打

然而,茅山的生活也并不安稳。1931年,江淮大地遭遇百年罕见的特大水灾,江南是受长江洪水侵袭的重灾区,粮食歉收。加上当时军阀混战,匪患严重,社会动荡,民不聊生。村里的年轻人都跑到城里打工,寻找出路。13岁那年,住在孙家边的伯父,带我去苏州桃花坞纸作坊当童工,一做就是四年。

由于我年龄小,没什么力气,老板先把我留在家里打杂当用人使唤了两年,后才去作坊干体力活。我每天要送跟我一样大的小姐上下学,帮她提书本、拿衣服、打伞。还要伺候老爷全家生活,打扫房间,清理夜壶,当跑腿,稍微做得不好就会遭到训斥,严重时还会挨打。

有一次在送完小姐上学回来的路上,当时还是石头路,我看见石头缝里有个亮晶晶的东西,觉得好玩就偷偷留下了。那时我年纪小家里穷,从没见过这个东西。等我把捡到的东西拿给小姐看时,她一把抢过去说是她的,还诬陷我偷她的东西。我一直不明白这是为什么,这是什么东西?

直到很长时间以后,有个工友拿出一个类似的东西,我才知道我捡到的是个金戒指,很值钱。然而这笔"横财"早就被小姐抢走了。

日军入侵　从苏州逃回老家

1937年七七事变之后,上海局势随之更加紧张。苏州城乱了起来,日本飞机在上空不停地盘旋,轰鸣的声音使苏州百姓人心惶惶,不少人被投放的炸弹炸得血肉横飞。苏州城每天都有店铺关门,大量难民往城外跑。

10月,战事更加紧张,苏州大街小巷都传来消息"上海就要守不住了"。为了躲避战祸,我与同村的老乡一同逃回茅山。

遭遇追袭　凭机智勇敢躲过一劫

1937年11月12日上海失守,中国军队向南京方向溃退。11月19日,古城苏州也陷入敌手。12月13日,日军占领南京,发生了震惊中外的南京大屠杀,死伤30多万人。这深仇大恨,中国人是永远不会忘记的!我恨透了日本侵略者。

回到茅山后,我常看到从上海、南京等大城市里为躲避日本侵略者的杀戮逃往山区的难民。他们家破人亡、流离失所,十分悲惨,人人都为保命挣扎在生死边缘。我也在茅山、句容、天王寺附近转悠,希望能找口饭吃。一次在去看望大伯的路上,突然看到一名日本兵在疯狂追击一名中国同胞。我惊慌地掉转身往回跑,日本兵也搞不清追谁了,开始在背后放枪,我如蛇形弯曲着跑,让他无法瞄准,子弹擦身而过,打在地上激起一层层尘土。

我熟悉地形,知道前面有条小河,一块圆木搭在河上供人行走。我立马有了主意,快速过桥后,迅速把圆木的这一端抽过来拖走,扔到离岸很远的地方,毁坏小木桥,摆脱了日军追击。后来村里人对我说,远远地看到日本兵追杀你,都为你捏了把汗,没想到你那么勇敢,机灵地捡回条命,真是福大命大啊。

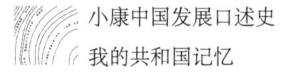

◎峥嵘岁月

参军入伍　追随陈毅部队打鬼子

1938年5月，数月的战火渐渐平息，伪江苏省政府在苏州成立，我和同村的小伙伴也打算回苏州找工作。在一个渡口，我们遇到一群穿着整洁、精神饱满的年轻男女。后来知道他们是新四军战地服务团的。他们通过写标语、打快板、唱歌等方式宣传抗日，当他们了解到我们一群人是去苏州找工作的，就跟我们说，现在苏州被日军占领，你们都看到了日本兵对中国人怎么样，我们不能当亡国奴，不把日军赶出去，中国人永远不得翻身，跟我们一起打鬼子吧。我听说"有饭吃，还能打鬼子，人人平等，没有压迫"，一下子就动了心，立刻决定跟着他们走。想到多年来为了吃饭拼命挣扎，回到苏州，也是让日本侵略者欺负，不如跟着新四军打仗。就这样我们一行20多人全都留了下来，参加了新四军。

新四军是由原红军留在八省的游击队组成。国民党害怕共产党在抗日活动中强大起来，就限制新四军活动范围。只允许在上海、南京纵横100×150公里范围内活动。我军遵照党中央指示：新四军要在茅山建立根据地。我们遇到的正是粟裕率领的新四军先遣队。我们有了正规军的番号，不受蒋介石的地区限制，哪里有日本侵略者，我们就打到哪里。新四军纵横在广阔的长江、淮河流域。在苏南、苏北、苏中、皖南、皖中、浙东等敌后进行游击战，我有幸直接参加了陈毅领导的新四军第一支队，见到的是刚从山里走出来的、坚持了三年游击战的老红军。他们坚定的信念、顽强的毅力、机智灵活的战术、乐观向上的精神风貌和奋不顾身的精神，深深地感染了我，我暗暗立志要成为他们那样的人，将日本侵略者赶出中国。

在老红军言传身教下，我迅速成长起来，参军半年就加入了中国共产党。2015年9月3日大阅兵，新四军方队的第一面旗帜就是新四军第一支队的军旗，我看到后感到很自豪。我就是这个队伍中的一员，一名幸存下来的新四军第一支队战士。

新四军在敌后威望很高。日本鬼子烧杀抢掠，中国同胞任人宰割，百姓自发组织各种抗日活动，新四军的到来，给广大人民群众极大的信心，抗战有了依靠，大家纷纷参加新四军。另我印象最深的是，有一天在行军途中，一个给地主放牛的放牛娃，一听我们管饭吃，还可以打鬼子，队伍里人人平等，他高兴得直接扔下牛什么也不管了，跟着我们就走。一路上加入的人越来越多，我们的队伍也越来越壮大。新四军一支队初到江南时，主力部队只有4000多人，近半年多时间就扩充到14000人之多。

武器匮乏　奢望有一把大刀

参军后，我被分配在一支队特务连八班，负责保卫司令部安全。开始每天忙于政治教育、军事训练。在这里，我找到了一种前所未有的生活方式。平时相处的都是战友、同志，人人平等，没有剥削，没有压迫感。做事只看对错不看其他。我每天都能见到支队各位领导，他们一点都不凶。班长排长对我们像兄长一样亲切。部队还有人专门教我们识字。从小我就羡慕小姐可以上学学知识，今天我也能识字了。我很珍惜这个机会，每天都要逼自己记下一定数量的生字，坚持下来慢慢地认识了不少字。在这里，我第一次知道我们国家很大，但很贫穷。历史上帝国主义国家多次侵略我们，现在正遭到日本人侵略。知道新四军是中国共产党领导下的人民军队，目标就是把日本鬼子赶出中国，建立一个没有剥削没有压迫、人人有工作有饭吃的新社会。在这里，我学会了以前从来没听说过的道理，对生活又有了目标，有了希望。

当时部队条件很艰苦，战士们的子弹很少，每人只有两发。为了迷惑敌人，子弹袋里插的全是木棍、玉米秆。当时我们特务连的装备还算好的，但也只有六把大刀，五六十支枪，还都是些德国一战时期的"老套筒"又长又重，清朝时期的"汉阳造"，长枪截成短枪用。也有几支从日本鬼子手里夺来的"三八盖子"，算是连里最先进的武器了。我当时最渴望、最羡慕的就是能有一把大刀背在身后，刀把上红布飘飘，不只看着威风，感觉就连上阵杀敌都能增加杀伤力。

我打的第一仗是1938年6月18日的卫岗战斗，在镇江的西南卫岗地区。战斗伏击了日军的车队，歼敌20余人，击毁日军汽车四辆，取得新四军在江南作战的首次胜利，新四军先遣队以卫岗战斗的胜利迎接主力部队，揭开了新四军江南抗战的序幕。陈毅为此赋诗一首："弯弓射日到江南，终夜喧呼敌胆寒。镇江城下初遭遇，脱手斩得小楼兰。"

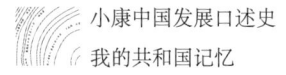

举手之劳　获主任当众表扬

记得有次部队在一高地集合,我在去集合点的路上,看见老乡的一捆稻谷掉在路中,挡着道,我上前抱起来放回到老乡门口。没想到这情景被站在高处的一支队政治部主任刘炎看到,他向我招手叫我过去,当场表扬了我说:"人民军队就应该这样,随时随地为老百姓着想。"

刘炎又问我:"你是新兵,还是老兵?"

"我是新兵。"我当时想,当时的红军战士才是老兵。

"参军多长时间了?"

"两个月。"

这时他大声地对在场的100多人说:"参军三天就是老兵。第一天学习三大纪律八项注意,第二天练习稍息、立正,第三天瞄准、投弹、拼刺刀,学会利用一切工具,大刀、钉耙、榔头、石头……凡是能消灭敌人的都是我们的武器。三天后就是老兵,就可以去打日本鬼子了。你都参军两个月了,更是老兵了。你主动把掉在路上的稻谷捡起,帮助老乡放好,就证明你是老兵,有觉悟,对老百姓有感情。我们是人民的军队,我们来自老百姓,打鬼子是为了老百姓能过上好日子。我们所有的战士,时时刻刻都要为老百姓着想,大家都要向这位老兵学习,主动为老百姓做事,决不允许侵犯老百姓的利益……"

没想到自己一个小小的举动,居然得到领导表扬,心里可高兴了。学习三大纪律八项注意,是为了了解我军的宗旨,我们是人民的军队,一切要为老百姓着想,才能得到老百姓的拥护支持,才能打败日本鬼子。练习稍息立正,是要改变每个人的陋习,人民军队是有组织有纪律的,只有服从命令听从指挥,才能打胜仗。只有学会瞄准、投弹、拼刺刀这些基本要领,才能在战场上消灭敌人、保护自己。

老乡的稻谷倒在路上我顺手放回,这是很自然的事,而我们老一辈的政治工作者,就是这样及时抓住一件小事,对我们进行了一次深入浅出的思想教育。

"你是新兵,还是老兵?"一时成为大家见面开玩笑的话题。"我是老兵,我当然是老兵了!"一种油然升起的自信心、自豪感,在不经意中荡漾开去。"参军三天就是老兵",老兵应该具备的素质,也随之深深地印在人们的脑海里。

● 红色记忆篇

孙德芳的一件外套上挂满奖章。孙德芳生活简朴，这件买了多年的衣服常挂在衣柜里，上面挂满了各种勋章，在重要场合时才会穿一穿。孙德芳很珍惜过去的荣誉，他常说，战争中，很多人在他身边倒下了。虽然现在生活好了，但千万不能忘记他们。

屋顶伏击　不幸被击落昏死过去

　　新四军在茅山建立根据地，一支队司令部应乾元观老道的邀请，在观中驻扎。此后在人民群众的掩护下，日军多次扫荡均以失败告终。1938年年底，我军出现叛徒，日军在叛徒的带领下直扑乾元观，让我军措手不及。

011

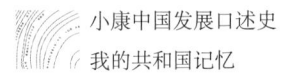

日寇包围了茅山，展开疯狂围剿。我们特务连负责掩护司令部机关和伤病员撤退，同时劝道士们离开躲避战祸。我奉命在一间屋顶的茅草堆里潜伏下来，掩护大队撤离。

在猛烈的炮火下，敌人大炮击中茅屋，我一下子从屋顶摔下来，背部受伤昏死过去。等我醒来战斗已经结束了，周围一片寂静。我浑身疼，感觉身体已经不是我的，像散了架一样，动弹不得。

我被压在木头下面，周围都是牺牲战士的尸体，我想动动不了，连动动手指都要耗费巨大的力气。我绝望地等待着，"难道我这就要死了吗？"幸好不久后撤离的部队回来寻找伤员，我被解救出来放上担架，捡回了一条命。

在途中，我了解到，观中的道士不相信日军会杀害出家人，拒绝跟我们一同撤离。结果，日本兵杀来，不仅放火烧了乾元观，道士们也在日本兵的刺刀下惨遭杀戮。

因战事紧张，条件有限得不到及时的救治，由此留下了病根，如今每到变天的时候都感到胸闷。新中国成立后，检查为第十二胸椎陈旧性压缩性骨折，定为二等乙级残疾军人。2014年全国统一标准时，被定为因战六级伤残军人。

连夜行军　能边走路边睡觉

部队缺乏御寒的棉衣，连队里仅有的几件棉衣，晚上哨兵上岗时才能穿。江南阴雨连绵，雨水淋到身上，好似能把人心里最后的一点儿火苗也浇灭。

冬天更加寒冷，夜里行军，我们随便就睡在田间小路上。第二天一早醒来，后背都湿透了，发现原来直接睡在了冰面上，体温将冰融化。冬季行军，路上难免留下脚印，附近的村民会主动出来帮我们扫雪，掩盖行军痕迹。

记得那时经常夜里行军，我练就了一门绝技，学会闭着眼睛走路，可以边走路边睡觉。有次夜里在山顶疾行，我走在队伍的最后面，快到宿营地时，前方战士突然听到"扑通"一声，以为是树上什么东西掉了下来，并没有在意。到村子里清点人数，发现少了一人，战士们想起那一声奇怪的声音，开始回来寻找。他们找到我时，发现我在半山腰睡得正香，丝毫没有意识到发生了什么。

伪军进村　护送陈毅安全出城

1940年年初，国民党顽固派发动第一次反共高潮，计划失败后加紧在华中制造摩擦事件。江南新四军在陈毅同志领导下，一边与日寇、伪军作战，一边与国民党周旋。1940年7月，我在新四军江南指挥部特务连任班长。一次，我奉命将20多名重伤员从溧武路北护送到水西村后方医院治疗，结识了军医处指导员宗瑛大姐。

当时大部队已撤退到苏北，后方医院来不及撤离，几百人的医院没有一个警卫人员，宗瑛大姐把我们班和担架队留下来，负责保卫医院。这时，陈毅不放心，带着两名警卫员不顾个人安危来看望大家。刚进村不久，伪军就进村了，大家捏了一把汗，所幸不久伪军就离开了。天黑后，我护送陈毅出城，将他平安送至指挥部派来的警卫连手中。

武器不够，宗瑛向陈毅申请，从留守的修械所领回了三四十支枪和一些弹药。她挑选一部分轻伤员组成两个班，担架队组成一个班，再加上我们警卫班，这样就一共有了四个班，任命我为排长。她对我说："昨天的事你也看到了，指挥部和战斗部队都走了，保护好这几百名伤员责任重大啊。"宗瑛说我个子高，又是四个班的排长，就叫我"大排长"。

为了躲避鬼子和伪军，后方医院经常转移，我跟随宗瑛大姐保护医院。她不仅指挥整个部队，还亲自帮助我加强部队的安全保卫工作。每到一个宿营地，她总是先让我布置哨位待她与医护人员安排好伤员，大家都休息了，她又带着我一个一个地查哨位，观察地形，熟悉环境。在宗瑛手把手地指导下，我逐渐学会了行军驻扎如何布哨，敌人来了如何布阵，努力做好一个称职的排长，确保医院安全。

保护伤员　三次穿越封锁线

那时，在溧武路以北，日本鬼子构筑了许多碉堡，我们叫它"梅花桩"。我们的目标是要到茅山与留守部队会合，医院的许多伤员行动不便，我们要通过封锁线非常困难，也很危险。一次我们抓到了一名尾随在部队后面的汉奸，到了溧北的宿营地，正要审问，发现汉奸跑了。这下，大家可急坏了，宿营地肯定要暴露了。宗瑛大姐当即决定，原路返回。可大家觉得好不容易穿过封锁线才来到这里，不理解这样的决定，不少人虽然服从了决定，但心里或多或少都存在想法。

后方医院连夜又二过封锁线回到了出发地。休整了几天，医院又向东南绕了一大圈儿，才再次穿过封锁线回到位于溧北的原宿营地。当地的老百姓看到我们说，亏得你们撤走，你们刚走，鬼子就把这里包围了，没找到你们，又开始放火搜山，折腾了好几天才撤走。这时我们才明白之前有多凶险，多亏了宗瑛大姐的果断决策，医院才逃过一劫。

在茅山地区，我们带着三四百名轻重伤员寻找留守部队。山区百姓特别少，给养跟不上。鬼子又在搜山，处境更加危险。一次，我们在转移时遇到了鬼子，我带着两个班绕到鬼子后面吸引敌人，另外两个班保护医院转移。转移后，伤员的情绪很低落，有个伤员看到宗瑛大姐就哭了。宗大姐安慰他，打鬼子怕什么，打死一个够本儿，打死两个赚一个。有伤怕什么，伤好了，继续打鬼子。她还告诉大家，只有把鬼子赶出中国，才能过上好日子。一席话，伤员们的情绪又高涨起来。

后来，我们终于找到了江南留守处的同志。陈毅司令员长时间没听到我们的消息，以为医院被打散，宗瑛牺牲了。当陈毅司令员听说医院完好无损后很高兴，赞扬宗瑛是女中豪杰，并电令伤病员和警卫排留下，其他人员北上参加黄桥决战。

党小组会　师长说"你是我的领导"

1941年5月，我被派去盐城军部保训班学习。返回江南途中，在泰兴碰上了六师师长谭震林。他正率领六师师部和十八旅从苏南突围，刚到苏中。前方敌人封锁严密，担心我们独自穿越封锁线危险性太大，便把我留下来，分配在师部保卫部当干事。

可能是因为我刚从军部学习回来，在师部党小组里，被选为党小组长。我们这个组人不多，只有五六个人，谭师长两口子都在我们这个小组里。当时党的观念很强，制度规定党小组会每周一次。

我清楚地记得第一次开党小组会，大家陆续到场，我见谭师长进门，一只脚还在门外，就说"谭师长来了，我们开会吧"，招呼大家抓紧时间开会。没想到谭师长一边走一边朝我摆手，"不，不，党内没有师长。党内你是我的领导，我是个普通党员"。

短短几句话，深深触动了我。参军三年，头一次听到这样的话，21岁的我能当师长的领导？一时不知说什么好，理解不透，只觉得这话，道理很深很深。"在党小组里，你是组长，我是个普通党员，应该接受你的领导。党内没有师长，只有同志……"谭师长耐心地跟我解释，说得我心里热乎乎的。

这就是人们军队的领导，他们没有私利、没有特权、没有架子、没有放不下的东西，心中只有人民的利益；党内没有级别，没有官职，大家都是志同道合的同志，平等相待，不分年少，不分上下。

"谭师长来了，我们就开会吧"，这句再普通不过的话，就是放在今天，任何人也不会觉得有什么不对，可是谭震林却抓住这句话，对我进行了一次终生难忘的教育，潜移默化地影响了我的一生。我一直以他为榜样，尊重战士、团结同志、平等待人、敬业工作。后来当我担任师政委时，我时常想起谭震林当年对我的教诲，"党内没有师长"。

巢湖练兵　争当渡江第一团

1948年2月我在第三野战军24军72师215团任副政委。淮海战役刚结束，部队就奉命开往巢湖练兵。

当时的巢湖聚集了几十万大军，国民党为了防止解放军渡江，把大部分船都毁掉了。我们一面找船，一面练游泳，练在船上射击。当地的老百姓特别支持我们解放军，许多人把自家的门板、房梁拆了造船。造好的船就停在江边的河汊里，用草盖好。每天，国民党的飞机都会来转一圈儿，扔下几颗炸弹。因为船只隐蔽得好，没有受到任何损失。

我们在巢湖练兵，随时准备渡江，就等着北平的谈判结果，等着毛主席、朱

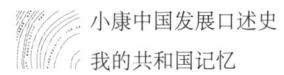

老总的命令。我作为副政委,每天的工作就是宣传进城后党的方针政策,强调三大纪律八项注意……把党的指示传达给每个战士。战士们的士气特别高,身上、鞋上、粮袋上,都写着"打回老家去,活捉蒋介石""打过长江去,解放全中国"。人人争当开路先锋,全团憋足一口气,争当渡江第一团。全团配备了几十条船,每个船上一个排。1949年4月20日下午6点多,渡江作战开始了,万炮齐发,江面上全是渡江的船。在南京地下党的配合支持下,渡江作战特别顺利,几乎没遇到什么抵抗,我们追到哪里,哪里就是胜利。南下的干部顺利接收城市,建立了新政权。

妻女探亲　遇空袭险丧命

1947年,大女儿在山东出生,我给她取名鲁平,希望她能平平安安。但后来大女儿生了一场病,高烧不退,脑部受损,后方医院没有药,得不到有效救治留下了后遗症。这是我们家终身的痛。新中国成立后我一直与大女儿生活在一起,照顾她的饮食起居。

曾有人劝我遗弃这个孩子,但我想这既然是我的孩子,我就有照顾她的义务。我从小没有获得什么亲情,不知道家是什么。但我一定要给我的孩子们一个完整的家,承担起照顾他们的责任,不要让我曾经的悲剧在他们身上重演。

1948年年底,淮海战役刚结束,妻子来巢湖看我。那天她抱着穿着花衣裳、扎着两个小辫子的鲁平,挺着大肚子来见我。警卫员扶她下马,正准备向我这边走来,这时我听到飞机传来的轰鸣声。

只见两架飞机从头顶掠过,向她们射击,我急忙大声喊"快趴下",爱人谢竹青应声而倒,我当时脑中一片空白,整个人蒙了,根本不敢想万一出事儿了怎么办。飞机走后,我立即跑过去,生怕她们真的发生意外。幸运的是,子弹并没有击中她们,爱人听到我的呼喊立马趴下,躲过一劫,我一下子松了口气。

不久,我的二女儿也出生了,我取名"东流",希望中国永远如一江春水向东流。10月1日,天安门上,毛主席宣布成立中华人民共和国,战争终于结束了。

◎投身建设

转入防空军　粉碎国民党"二月轰炸"

1949年4月南京解放后，部队驻守南京。我因长期带病坚持战斗，积劳成疾发烧咳嗽，查出患有肺结核住院。没住多长时间，接到部队要参加解放上海的命令，立即出院返回部队。我认为这是最后一场战斗，我一定要参加。当先遣部队到达上海昆山时，前方传来胜利的喜讯——上海解放了，我这才又返回医院继续治疗。

出院后，我被派去华东军区军政大学高干团学习。几个月后学成归来，我被任命为华东军区南京防空指挥所政治部副主任、副政委，后因防空司令部参谋长谢斌（兼任防空指挥所主任）另有任用，1951年4月15日，我接到兼任南京防空指挥所主任的任命，承担华东地区上海、南京、江西等大城市的空防任务，了解分析敌情，协调布局探照灯、高射炮、雷达等团。我们成功地粉碎了国民党上海"二月轰炸"的阴谋，保卫了上海、南京发电厂、造船厂、纺织厂、港口等一批新中国基础设施，保障了人民正常生活，为此我还得了一枚奖章。

新中国的军队最初不知该如何组织编制，开始时全按照苏联军队编制搞，于是准备成立防空军。后来中央突然决定空防合并，来自陆军的优秀干部，努力学习文化知识，吸收青年学生入伍，留用国民党技术人员，弥补技术上的不足。我们为此做了大量的思想政治工作，改造思想，提高觉悟。

1952年我参加抗美援朝，主要也是在高射炮打飞机上下功夫。

◎晚年生活

不忘抗战　梦中与鬼子拼刺刀

1985年我离休，曾担任北京新四军暨华中抗日根据地研究会理事，为研究新四军历史，总结经验，教育后代继续忙碌。如今我老了，我的儿女接替我，加入新四军研究会六师分会，到各地寻访，组织红歌比赛，传承抗战精神。

组织里的成员大多为军人后代,大家在一起整理史料,弘扬爱国主义精神。我女儿现在也认识到,抢救新四军史料的工作刻不容缓,再不记录下来,遗忘的将会越来越多。大儿子前年联系了几个我战友的子女一同去江苏兴化寻访,近两年,六师研究会组织到浙江、安徽、江西、福建四地寻访抗战遗迹、老战场,参观当地抗日战争纪念馆,纠正展板介绍中的差错,重走父辈曾经走过的烽火历程。

子女每次回来,我都要让他们详细报告出访情况,观看他们拍摄的照片。但看着那些照片,我真的记得不太真切了,巨大的变化让我想不出究竟在这经历过什么,我希望将我知道的事儿尽可能多地记录下来,告诉世人这些年来中国的历史变迁。

1951年,孙德芳与爱人谢竹青年轻时的合照,这是新中国成立初期夫妻二人的第一张合影。由于年代久远,这张照片被修复过很多次。照片最初是黑白的,后来孩子们将它做了彩色复原,冲洗出来裱好挂在家中,留住父母最美的青春年华。

2004年冬的一天夜里，我做梦还梦到跟日本鬼子拼刺刀，我一下子从床上翻起来向前冲去。一个健步迈出去，我从床的北头冲向南头，裹着被子摔倒在地上，半边脸、胳膊、腿擦伤。儿女们知道后可吓坏了，立即购买加宽带护栏的木床，防止类似的事情再发生。

70多年了，我还会做这样的梦，而且真实到直接从床上翻身而起。想一想，这个原因也很简单，我是战争的幸存者，太多人在我身边倒下，一次战斗中我的警卫员就换了两个，我怎能忘记这段民族屈辱史，忘记曾与我一同奋斗的人，忘记战场上的残酷拼杀。

子女幸福　是最大的欣慰

几年前突发脑梗，让我从鬼门关走了一遭，虽然活了过来，但右胳膊僵直不能动弹，每天依靠轮椅走动。除了刮风下雨极端恶劣的天气，保姆每天都会推我到玉渊潭公园转一转，赏赏花、看看树，眼见着周围跟我一般大，常与我聊天的人越来越少，我觉得自己很幸运，没什么可抱怨的。

我曾经开玩笑似的说过："我童年没有被饿死，青年没有被打死，中年没有被整死，老年千万不要被气死，要想得开才行。健康是最大的财富，长寿是最高的奖赏。不怕拿钱少，就怕活得短。"鼓舞自己，启发别人。我女儿常说我是他们的宝，给他们带来了快乐，其实孩子们也是我最大的幸福。

我们这个家庭是革命的家、温暖的家，是遵纪守法的家。我从小就觉得自己没有家，七岁父亲去世，以后寄养在舅舅家，13岁当童工，17岁参军，25岁结婚。我们这支部队一直战斗在敌后，主要在江浙皖地区打游击，没有安定的生活。新中国成立后我特别喜欢我们这个家，喜欢孩子们。

我最大的欣慰，就是子女儿孙们都是老老实实做人、认认真真做事的人。这么多年来，家里没出什么大事，健健康康、平平安安就好。

我每天闲来没事儿，去公园找人聊聊天、看看电视、翻翻报纸、听听歌，我最喜欢《红梅赞》，但具体歌词已经记不得了。唯一记得的也就是《一支钢枪》《沂蒙山小调》中的几句。每天闲来哼上几句，仿佛就又回到70多年前，我们一群热血青年一起唱歌的日子。

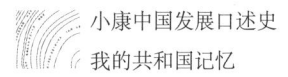

游天安门　成最受关注的"主角"

2015年9月3日,"纪念中国人民抗日战争暨世界反法西斯战争胜利70周年大会"在天安门广场隆重举行,万里碧空写满了胜利的荣耀。我在家认真观看了实况转播,激动的心情依然难以平静。作为抗战的亲历者,我认为这是对我已经逝去的战友们最好的慰藉。天安门广场,再次成为关注的焦点,世界的目光聚焦中国北京。

在"9·3"阅兵纪念大会上,习近平主席紧握右拳振臂高呼"让我们共同铭记历史所启示的伟大真理:正义必胜!和平必胜!人民必胜!"我听到了13亿中国人民的共同心声,感受到全世界人民对美好生活的向往,70年前,我们就是抱着这样的信念,穿梭于枪林弹雨,争取民族的胜利,同时我也相信"正义必将战胜邪恶、光明必将战胜黑暗"。

女儿孙东流看我很兴奋,提议带我去天安门转一转,看看阅兵后的天安门是一种怎样的风景。我欣然接受。家里的车在维修,9月4日东流和保姆推着我,坐公交车去天安门。我戴上所有的军功章,脖子上挂着新颁发的中国人民抗日战争胜利70周年纪念章,一行人兴致昂扬地出发了。

公交车上,售票员主动帮忙把轮椅搬上车,热情地跟我聊天,并询问我的身体状况,嘱咐我好好照顾身体。到了广场上更是气派,刚到天安门广场,一群人就围了过来,只要我们停下照相,就走不了了,武警甚至怕我遭遇危险,站岗守卫在我的两侧,大人、小孩,甚至外国人都来与我合影。我仿佛成了广场上的中心。人们追随着我拍照合影,他们对抗战老兵的热爱,深深地感动了我。他们不是对我个人表示感谢、爱戴,是对所有为新中国的成立流过血、做出牺牲的抗战老兵表达最朴素的敬意。人们惊喜地看到一个95岁的抗战老兵就在他们身边。

看着广场上布置精美的花坛,热情洋溢的人们,我相信9月3日这个难忘的纪念日,会让我铭记终生。我们一起参军的20多个人,只有我一人看到了新中国的成立。如今作为战争的幸存者,能够看到今天祖国的繁荣昌盛,国家在进步,人民生活在不断提高,很是欣慰。我一直深信:中国会崛起,尽管前进的路上还有很多艰辛、很多难题,在以习近平总书记为首的党中央领导下,定会一步一步战胜困难,让我们的国家更加强大,让我们的人民幸福安康!

■文 / 段雁南

☆采访手记

青春与责任同行

几年前的一场大病使孙德芳老人不复往日的健康。但每次拜访老人，他总是笑意盈盈，他追忆意气风发的戎马生涯时，眼神中溢出的奕奕神采深深打动了我。

听老人说他一生的经历，我切实感受到近代以来中国发生的历史巨变。70多年前，他们忍饥挨饿，为了取得战争的胜利，潜伏于青纱帐中，躺在冰面上，穿梭于枪林弹雨无所畏惧。想一想，70年前，爷爷也跟我一般大，但他早已经身经百战。爷爷与我一样，也是有血有肉的人，也有着儿女情长，他是靠怎样强大的信念才走过那段动荡岁月。他们用自己的血肉之躯，为满目疮痍的中国带来平等和希望，让我感受到信仰的力量，理解和平与自由的可贵。

为了今天的幸福生活，老一辈革命家毁家纾难、舍生忘死，更有许多人没来得及看一眼如今强大起来的中国。爷爷说，与他一同参军的20多名军人都没看到新中国成立的那天，他很幸运一直活到了现在，但也不知还能坚持多久。他说他不怕死，就怕这段历史被人遗忘。

他想将新四军的历史讲给更多人听，让更多人知道新四军的铁军传统。历史没有忘记，国家没有忘记，这才是对已经去世的战友们最好的慰藉。纪念抗战，不是为了增加仇恨，而是为了传承。

身为"90后"的我们应该传承些什么呢？我们现在享受了更多更优越的物质资源，但每个身处历史洪流的人都不是孤立存在的个体。历史，也赋予了我们特有的社会责任、历史责任。我们的青春应与责任同行，于浮躁中，沉下心做事，将责任内化于心、外化于行，做好本职工作，珍惜现在的幸福生活。

■文 / 段雁南

小康中国发展口述史
我的共和国记忆

孙新民
血染陈新庄绝处逢生　回忆百年路征程纪事

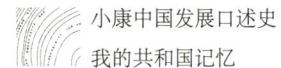

孙新民近照。1983年离休后，孙新民过着幸福而安详的晚年生活。但是老人并不清闲，早年致力奔走于陈新庄、微山湖烈士陵园的兴建，近些年经常接受来自各地媒体、博物馆的采访，同时常受邀到学校、社区以讲师身份开展红色革命教育。老人从来都耐心地对待这些来自社会各界的邀请，将传递那段历史视为己任。

◎人物小传

　　孙新民，本名孙诗轩。1917年出生于山东省肥城县（现为肥城市）一个山村的普通农民家庭。1933年在王晋小学参加中国共产党领导的读书会；1937年组织抗日游击队；1938年5月正式加入中国共产党。抗日战争时期曾任山东西区人民抗敌自卫团二大队指导员、肥城独立营教导员、八路军一一五师教导四旅营教导员、十一团组织股长、党总支书记、微山湖抗日游击大队政委等职。他曾参加众多战斗，在1941年陈新庄战役中掩护大部队撤退，亲自率领另七名战友浴血奋战并成功突围，后于1942年参加微山湖战役期间身负重伤。

　　新中国成立后，历任中央组织部干事、中共中央纪律检查委员会检察员、中国科学院黑龙江流域考察队主任、南水北调考察队副队长、国家计量总局情报研究所党委书记等职。1983年离休，此后曾倡导并致力于陈新庄、微山湖烈士陵园的兴建。2008年起，90岁高龄的孙新民历时八年创作了自传体回忆录《征程纪事》。

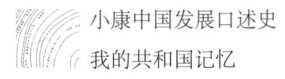

◎少年时代

出身农户　了解农民生活

2016年11月15日，我拿着选民证参加了人大代表换届选举投票。居委会原本说拿着流动票箱来我家，而我告诉他们我能走，最后在投票站亲自投下了我的选票；"七一"前夕，我还回到了中国标准化研究院参加优秀党员表彰活动。由于岁数大了，研究院党委的同志们原本不希望我前去，但是我希望在这个建党纪念日，出席单位组织的活动。当天，研究院党委为我颁发了"优秀共产党员荣誉证书"。

虽然我100多岁了，还曾多次受伤并有过一次重伤，但是我的身体还算不错，能坐、能走，戴上眼镜也看得清，耳朵也好使，身体一直很好，可能跟我自幼就帮助家里做农活有些关系。

1917年12月20日，我出生在山东省泰安市肥城县安临站牛家庄的一个小山村。我本名孙诗轩，抗日战争时期，为避免日伪军对家人的残害改名为孙新民。我家是一个30多口人的大家庭，除了父亲孙尚奎、母亲董怀兰，家里还有祖父、祖母、大伯、二伯等。家里有60多亩土地，主要靠务农维持生计，虽算不上富庶，也可以保证自给自足。

幼时，我随父亲做一些农活，家里主要种些玉米、谷子、高粱等粮食作物。春天，我随着大人们撒种、浇水，此后锄草、施肥，到了秋天，便背着竹筐去收粮食。赶上灾害颗粒无收时，农民们真是苦不堪言。由于亲身经历了农民生活的疾苦，自幼我便对贫苦农民怀有深切的同情。

在我12岁那年，家中祖父去世，我随父母与祖母及两个弟弟、五个妹妹一同生活。我的二伯孙尚梅是一名小学教员，受到新文化运动影响的他思想开明进步。一度在家乡担任乡长的二伯，后因看不惯官场尔虞我诈而弃政。童年时，我便跟随重新担当教员的二伯读书，他也算是我的启蒙老师。

红色记忆篇

孙新民近照。

少年求学　接受进步思想

别看我 100 多岁了，读书、看报、写东西，样样没问题。在我们那个年代小时候能上学学点文化也是件很不容易的事情，我非常感激我的父母省吃俭用供我读书，让我终身受益。

14 岁那年，父母希望我能多学点知识，不惜卖掉几亩地供我上学。我便随着三舅董家存来到泰安十区安驾庄小学上高小。提起我这位三舅，他与我同岁，后来也走上了革命道路。他曾经参加抗美援朝，后任北京军区六分部副部长。

1931 年夏天的一个傍晚，也是我刚到校不久，发生了一件令全校师生震惊的事。泰安市 10 多名警察包围了学校，并抓走了校长刘文玺。我对刘校长有很深的印象，他身材高大、面目慈祥，总穿着一件半旧的蓝长衫，举止文雅稳重，颇有饱读诗书的儒者风范。直到后来才得知，原来刘校长是一名地下党员，因为在校宣传革命思想才被国民党抓捕。当时我和大家都很气愤。

在校长先进思想的影响下，我们除了语文、数学等文化课，还经常开展一些社会活动，宣传革命理论。我的班主任语文老师张兴俊是一位怀有民主主义思想的青年教师，经常组织我们到田间帮助农民干活并进行社会调查。在张老师的教导下，我们逐渐意识到旧社会的不公。农民在田间辛苦一年，收获的粮食大半却被地主收了去，而封建地主不劳动却过着像寄生虫一样的奢侈生活。那时民主思想在我心里渐渐生根发芽，我开始向往没有剥削、没有压迫，人人可以平等生活的社会。

记得一次，老师出了一道以《农夫乐》为题的作文，我结合农民的现状和农民的愿望完成了那篇作文。"农夫在田野里耕作，看到绿油油的庄稼长势很好，丰收在望，高兴地挥动着锄头，一边干活一边唱：'我不受压迫不受欺，家里种着几亩地，吃饱饭来穿上衣，生活快乐又安逸'……"我的这篇描写农民在没有压迫的情况下，愉快劳动的作文被评为全班第一。老师让我在全班朗读，这对我是很大的鼓舞。

见我思想进步，张老师把蒋光慈的进步著作《战鼓》借给了我。"大将军的钢刀，小百姓的肉头，钢刀'擦擦'响，肉头滚滚流……"书中揭露了许多当时社会不公的黑暗现实，让我明白了什么是阶级和阶级压迫；让我明白要想达到理想社会，就必须打倒封建军阀。

进读书会　宣传革命思想

说起后来参加革命，我 15 岁那年在王晋小学期间参加读书会，对我产生影响很大。也是自那时起，我宣传进步思想，正式开始了我的革命生涯。

1932 年夏天，我考入肥城县第二小学。那时候，我的叔伯弟弟孙诗三、孙诗童所上的肥城二区王晋小学，暑期并不放假。充满了求知欲望的我不想错过任何学习机会，便利用 1932 年、1933 年连续两个暑假到王晋小学去复习功课。该校校长赵宝衡是王晋村人，毕业于济南齐鲁大学的他，与县督学李森堂、张维之都热衷于宣传新文化、新思想，并捐资修建了"同乐书社"，向同学们推荐进步书籍。在他们的影响下，学校老师们思想上也追求进步，校园内充满了探索、求知的气息。

记得有一次，学校聘请校外学者来做报告，其中一位是北京大学学生李寿年，他是肥城中共地下党员李文甫的弟弟。他作的报告题目是《山东省军阀韩复榘是怎样利用民生银行剥削人民的》，详细透彻、分析深刻的报告使我们认识了国民党军阀利用金融机构剥削人民的丑态。

在学校进步思想的不断熏陶下，我知道了中国工农红军的故事，了解了国内外形势。那时候，我认识到穷人要想翻身求解放，必须跟着共产党闹革命，推翻国民党的反动统治。那段时期彻底激发了我的爱国热情，也奠定了我信仰马克思主义的革命思想基础。

1933 年，我参加了由赵宝衡校长和老师葛阳斋、赵惠卿等发起的"读书会"。后来得知，这是中共地下党领导的地下秘密组织。包括我在内的会员共有八九名青年学生。那段时期，我们阅读了《冲出云雾的月亮》《少年漂泊者》《战鼓》等进步书籍。老师们为我们讲述着共产主义理论，也讲述着中国共产党是如何从地主老财手中，拯救受剥削、受压迫的穷苦人民。

那时，我们通过板报时刻关注着红军是如何突破国民党的围剿，中国共产党的命运也让我们格外挂心。我们每天都要讨论红军到了哪里、打过哪些仗。回到村里我们也积极宣传革命、进步思想。那时，在各国列强侵略下、在国民党政府的反动统治下，山区的村民们过着衣不遮体、食不果腹的苦难生活，他们都愿意听我们宣传。大爷、大娘们激动地说："共产党、红军是咱们穷人的队伍，能早点儿到咱这里来该有多好啊！"

◎青年时代

担任教员　宣传抗战精神

我还曾担任过小学教员，将我学到的文化以及进步思想传授给他人，那段时间我也认识了很多与我有着相同抱负的年轻人，他们都是我一生宝贵的财富。

1935年春节后，调到肥城三区安临站小学担任校长的葛阳斋老师到牛家庄找到了我。当时学校缺教员，他便希望我到学校去教书。我接受了他的邀请并留他在家中吃饭。当晚，我们两人同床而眠并聊了很多。

安临站小学规模不大，全校200多名学生，分四五个年级，教员算我在内只有四人。我们这些毕业不久思想进步的青年教员，在校长葛阳斋的带领下，传授学生文化知识之余，还对他们进行爱国主义教育和革命思想传播。我们为学生们订阅了史良、章乃器等七君子创办的《生活星期刊》这一进步刊物。这部刊物主要讨论抗日救亡的理论，反映中华民族正处于危急存亡的迫切关头以及全国各族人民的反抗斗争。年轻的学生们都争相阅读。

1935年，一二·九学生爱国运动爆发。很快，运动扩展到工人、市民，大家罢课、罢工，要求国民政府"停止内战，一致抗日"。1936年6月，我们几名教员和葛校长成立了"抗敌后援会"，发动群众进行抗日宣传，同时还组织了募捐。那时，我骑着自行车到集市上、到田间宣传抗战思想，乡亲们听后也很激动，大家有钱的出钱，有物的出物，还有许多妇女捐出了自己的首饰，我募到的款是几个人中最多的。我们把这些钱物邮寄到山东民国日报社，通过他们转到前线部队。

在安临站一次集会上，我慷慨激昂地演讲了被日寇侵占的东三省人民过着备受凌辱的亡国奴生活，不少乡亲都激动得流下了眼泪，不少青年也当即表示要去参军。

我的同学解广临主动提出希望参加抗日队伍的想法。那时，由于家里不同意，我还特意去做了他父亲的思想工作。新中国成立后，在北京工程兵总部任参谋处长的他，每次在我们老战友相聚时，都会说："我是在孙老师的鼓励下才走上革命道路的，你就是我的革命领路人。"

"三顾茅庐" 筹集枪支抗战

在我正式入党前，我们便组织了一支武装队伍。那时候想要抗日，没有武器装备是不行的，也就是在那会儿，我第一次端起枪走上战场。

1936年，西安事变和平解决后，国共两党达成了合作。在日寇大举入侵、国家生死存亡的紧要关头，两党摒弃前嫌、共赴国难。那段时间，我们地方上国共两党的关系也得到了很大缓和。

我当时想，在这样的紧要关头，除了唤醒民众奋起抵抗，别无他路。打击日寇就必须要组织武装力量，而武器就成了首要问题。我便多次与葛阳斋商量，筹集枪支，组建一支抗日队伍。

不久，我们得知肥城三区区长刘方礼收集了散落在民间的枪支，准备在枪把上烙上印再发还。当时我觉得这是获得枪支的好机会，必须想方设法得到这批装备。我便想到了二大伯孙尚梅，他在担任乡长时期与刘方礼有些交情。了解情况后，二大伯很是支持，当即便写了介绍信。我便和葛阳斋一同到区公所拜会刘方礼。

50多岁的刘方礼身着军装，看起来十分庄严。通过交谈，我发现他有很强的正统观念，也很认同国共合作抗战救国。但当我们提出借枪时，他却断然拒绝说枪支还要发还给群众，谁也不能借。

然而，我们并未放弃，继续做他的思想工作。我和中共地下党员徐麟村再次到他家拜访，讲述东三省失陷，沦为亡国奴的人民流离失所的悲惨生活。徐麟村还唱了《在松花江上》"流亡三部曲"等歌曲，刘方礼也感动得流下了热泪。我便对他说："刘区长，我们想组织抗战队伍，希望您能把武器借给我们，抗战胜利后我们一定奉还。"刘方礼为难起来，在屋内踱步良久后说："借给你们了，群众找我要我怎么答复啊。"

1941年1月18日，孙新民所在的八路军115师教导4旅11团3营于陈新庄遭遇1300余日、伪军部队时的场景。照片为战士们在指战员的指挥下以村体为掩护英勇反击的场景。

没过多久，我又一次拜访刘方礼时说："如果把枪支发还下去，再想收集起来几乎就不可能了，群众会明白，只有把大家组织起来，才能有效打击日寇的道理。"他沉默不语，我又继续说："日本人妄图亡我中华，东北、华北已经被占领，眼看日寇就要侵占山东。长城内外生灵涂炭，百姓备受凌辱，全国上下都在发动抗日，有钱的出钱，有力的出力。是男儿就要雪国耻、报家仇。借枪的事情，我会让二大伯作保，给你写下借条，不管发生什么争议，由我全权承担。"

在我的诚恳劝说下，他终于答应了。就这样，我们借得了21支长枪和一些弹药，我们将这些武器转移保存到葛阳斋家里。自此，我们对组织武装队伍的想法有了更强的信心。

满腔热血　投身革命事业

1937年7月7日，卢沟桥事变标志着抗日战争的全面爆发。7月8日，中国共产党通电全国，号召全国同胞团结起来，抵抗日寇侵略。11月中旬，我同葛阳斋、乔绶卿、陈惠民等人在安临站组建起一支60多人的抗日队伍。这支队伍有教员、学生、农民和参加过旧军队的军人。

12月，在日军渡过黄河，侵占泰安的紧急形势下，中共山东省委派张北华、程重远、远静沧到泰西肥城空杏寺，策划泰西抗日武装起义。1938年1月，泰安的武装组织在张北华同志的带领下，于泰安西部的空杏寺会合，并成立了"山东西区人民抗敌自卫团"。大家一致公选张北华任自卫团主席、葛阳斋任副主席、远静沧任政治部主任，而我被任命为一中队政治员。

就在泰西自卫团扛起抗日大旗时，当地一些民族败类却投降日寇，做起了汉奸。因此，自卫团的第一个打击目标，就定在了肥城县城伪维持会上。这是日寇占领泰西后培植的傀儡组织。日寇让大地主、商人范维新做维持会会长，这个家伙组建了几十人的汉奸队，盘踞在县城，为虎作伥、欺压百姓。为了打击日寇和汉奸的嚣张气焰，自卫团决定除掉这个毒瘤。

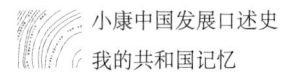

旗开得胜　夜袭肥城伪军

肥城县虽小，仅有南北两门但城墙坚固，仅凭现有装备，正面进攻很难成功，经同志们研究，最终确立了发动奇袭的战略。1938年1月16日晚，同志们群情振奋、摩拳擦掌。然而天公不作美，夜空中纷纷扬扬飘起了大雪。有人提议改日子，张北华主席却说："这是上天帮助我们，越是恶劣的气候，敌人就越麻痹，我们抓住今晚的有利时机，一定能旗开得胜。"

当晚，包括我在内的80多名被挑选出的小伙子，吃过晚饭后便开始养精蓄锐。第一次参加战斗的我非常兴奋，抱着自己的长枪不断擦拭着。午夜时分，随着张北华"出发！"的命令，队伍便冒雪向县城奔去。当时天气很冷，地上的积雪很厚，走起来很吃力。大伙儿呼着热气，静悄悄地紧跟着张北华进发。我扛着一支沉重的"九连登"步枪，到达目的地时膀子已经肿了。拂晓前，我们抵达县城南门外，在一片树林中隐蔽起来。大雪依旧不停，寒风呼啸着穿过树林，张北华提醒大家不要坐下，跺跺脚、搓搓手以免冻伤。

按照部署，两名负责攻取城门的同志来到城下，以有病人急需用药为名义，高声叫喊守卫开门，过了许久没有回应，他们便用力一推，结果城门就这样被打开了。原来，城门是虚掩着的。由于天气寒冷，守城的伪军早就回去睡觉了。

后续部队随即进入城中，街上寒风凛冽，空无一人。我们很快接近了维持会队部——原县警察局大院，大家迅速包围了这座大院，身体伶俐的战士小崔爬上院墙边的一棵树，翻进院内打开了大门。我们包围了各厢房，并将堂屋的武器、弹药收缴。

"不许动，你们被包围了，老老实实穿好衣服出去集合，谁敢反抗就打死谁。"正房里20多名伪军被张北华炸雷般的吼声惊醒，看到枪口早已对准了自己，他们只好穿好衣服，稀里糊涂地做了俘虏。正房的动静惊醒了东西厢房的伪军，有个别顽固分子妄想抵抗，我们便喊道，如果顽抗就往屋里扔手榴弹。这些伪军由于怕死，也将枪支扔出屋外，做了俘虏。

检查俘虏时，我们发现并没有汉奸头子范维新。在一个知情俘虏的引导下，我们来到了范家，从被窝中揪出了这个汉奸。这个家伙当时脸色惨白，身体像筛糠一般哆嗦不停，站都站不起来地瘫在那里。

此次战斗胜利后，经过大家的商讨，在对伪军进行民族气节教育，并要他们保证不再做汉奸后，将他们全部释放。就这样，我们自卫团驱散了这群乌合之众。此后，自卫团还在台儿庄战役中，配合主战场袭扰了日军铁路运输线。通过大小数十次战斗，自卫团队伍得到了不断壮大，并于1938年，正式改编为八路军山东纵队第六支队。

◎陈新庄战役

46人小队　掩护部队突围

说起我一生中最难忘的事情，莫过于陈新庄战役了。在那场九死一生的战斗中，我们付出了惨痛的代价。虽然我有幸作为八名幸存者之一死里逃生，然而，那些牺牲的战友却让我一辈子无法忘怀。

1940年，已经正式加入中国共产党的我转战来到江苏单县，被分派到八路军一一五师教导四旅十一团三营担任教导员。1941年1月16日，我所在的教导四旅第十一团三营接到了拔除丰县欢口镇敌方据点的任务。

经过一夜急行，当我们到达丰县时，驻扎在那里的日军、伪军共1300多人在三辆坦克和三门大炮的掩护下，气势汹汹地向我们扑来。由于敌情发生了变化，攻打欢口镇已经不可能完成。我们三营800多人身处欢口镇东南角开阔地，随时有被包围的危险。

这时，我们接到报告，镇西北大批敌军正向我们扑来。我和营长王吉善商议，决定甩开敌军向东侧移动。部队向东走了七八里，却遭到了敌军的猛烈炮火，前有敌军、后有追兵，我们这800多名战士被压迫在壕沟里，情况万分紧急。

王吉善营长向壕沟南北眺望了片刻，我看到他那一对浓黑的剑眉颤抖着。他转过来对我说："孙教导员，为了保存实力，让副营长李顺清率领全营突围，咱们留下来做掩护怎么样？"我回答道："行，就这样决定。"李顺清在一旁却表示坚持要留下，我对他说："老李，能不能成功突围，决定着全营的存亡。你一定要把大家带出去，保存部队的实力，这个任务也很艰巨，不要争了。"

我们立即抽掉了一个排的兵力,加上营部机关后勤人员,组成了46人的小队掩护全营突围。随着王营长大声喊道:"掩护部队,赶快进入南面的小村庄。"我们像一道疾风,随着他冲了出去。还没冲进村子,敌人就开火了,我们的战马也受到了惊吓,我们四位营级干部便下了战马步行前进。

进村后,我们得知村子叫陈新庄,有百余户人家。村西有一条南北大路,村里多是低矮的草房,无险可守。只有西南侧有一座较大的农家院,里面有五间楼房和12间瓦房,院子东西两侧还有两个楼门和30多间草房,东北、东南、西南三个位置还有三座炮楼。整个院子居高临下可以俯瞰村外四野。当时,院子的主人已经走光,我们立刻占据了整个大院,部署兵力向沟北敌军射击。

照片摄于1944年中秋,微山湖水上游击队于湖面乘船的场景。右侧3人中间头戴斗笠的为时任游击队政委的孙新民,撑船者为警卫员李启月。

我和王营长随后登上东北炮楼用望远镜查看部队突围情况。沟北的野地里，成群的敌军"呀！呀！"地吼叫着扑向壕沟内的我军，枪声震天连成一片。王营长立即命令我们小队从侧面向敌人继续开火。受到侧面攻击的敌人果然掉过头来开始朝我们移动。趁敌人分散之际，副营长李顺清把手一挥，带领壕沟内的战士们迅猛地向东侧突围。

千余日军　猛扑陈新庄

　　看到大部队成功甩开了日军，战士董养成高兴地说："营长、教导员，你们看，主力部队成功突围了。"我拿起望远镜，看到大部队渐渐远去，一颗悬着的心也终于落了地。日军似乎认为我军主力还有不少留在陈新庄内，便朝我们凶猛地扑了过来。三辆坦克和1000多日、伪军将村子团团包围。

　　我们观望着日军的一举一动，开始考虑防御对策。王营长下达命令："小董，你告诉大家，立即分散，看住各方向，找火力点随时准备射击。""是！"董养成应声而去。"老孙，你在这里守着，我去西南角那座炮楼。"眼看西南侧敌兵已经接近，王营长又转过头来对我说。我对他说："还是你在这里指挥全盘，我去吧。"他说："别争了，这里也很重要，还是你留下吧。"说罢，他便下了中心炮楼，不一会儿西南侧便响起了枪声。王营长是全营出名的神枪手，他自幼在微山湖打野鸭，练就了百米之内百发百中的技术。只见他在炮楼上，端着步枪精准地击毙了数名远距离的敌兵。

　　敌军见我们从村子内不断射击，便在村外架起三门大炮，对着村子狂轰滥炸。敌人还向村子投掷燃烧弹，一时间，大院内土崩石飞、弹片四溅、一片火海。我们的伤员不断增加，面对敌人猛烈的炮火，我们完全没有喘息之机。我高声对战士们喊道："注意隐蔽！"随即跑到一堵墙下，突然我感到头顶一声巨响，便失去了知觉。不知过了多久，我渐渐感觉到身边有人翻动。我努力地睁开双眼，隐约中发现自己被埋在了土堆里。原来，是我身旁的那面墙被炸塌了，战士们把我拉了出来，我当时头晕得无法行走，战士们便把我扶到一旁。过了一会儿，我完全清醒了，环顾四周到处是断壁残垣，已是一片狼藉，耳边依旧不断传来枪炮声，战士们还在奋勇抵抗。我强撑起身体，向身边的战士询问情况。

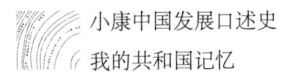

浴血奋战　击退敌人进攻

虽然不断有战士牺牲,但当我看到整个院子还在我们的掌控之中,便又重新燃起了信心。我随即命令副教导员姚友三同志:"你带上两名战士到东南角炮楼上,干掉敌人的炮兵。"他们一行三人随即带上一挺机枪爬上了炮楼。一阵扫射后,成功消灭了敌人的一个炮点。正当他们转向另一座炮楼时,"轰隆"一声巨响,整座炮楼被炸飞,三名战士牺牲了。

我顿时怒火中烧,端起步枪想要冲出去,但是意识到自己身为战场指挥员,一定要沉着冷静。我当时想:这样打下去不行,不用多久我们便会伤亡殆尽,必须在阵地战中坚持游击战,要优先打击敌人的炮点。我立即高声下达命令:"各个战斗小组,不要固定在一个地方,要不断变换位置,打一枪换个地方,让敌人无法掌握咱们的确切位置!"就这样,我们伤亡渐渐减少,并且更加有效地击杀了更多敌人。战士们的情绪不断高涨,敌人的炮火也渐渐稀疏了下来。

我一边射击敌人一边命令战士们,注意节省子弹,准备迎击敌人的步兵部队。话音刚落,墙外突然传来"哗啦哗啦"的履带声。一声巨响,一座院墙被推倒,一辆坦克冲进了院子。董养成刚好在院墙旁被压在了土堆中。然而他并未示弱,一个翻身带着满身土向敌人嘶吼,冲上来的敌军顿时一惊。他抡起步枪向坦克猛砸,枪托碎了,他没有丝毫犹豫,从腰间掏出三颗手榴弹,拉出导火线,塞进了坦克履带,随着一声巨响,敌军的坦克瘫痪起火,而董养成也壮烈牺牲。

我含着眼泪,怒吼着端起排子枪,向坦克后的几名敌人疯狂扫射,敌人鬼哭狼嚎,四散逃窜。经过这一轮激战,敌人死伤惨重,不敢再继续前进,村子内出现了短暂的安静。为了了解战况,我随即爬上了一座被炸掉一半的二层楼房,观察外侧情况。我看到王营长在炮楼上依旧指挥战士们射击,想过去了解下情况。却忽然看到他的腿已经被鲜血染红。他单腿跪在炮楼上,依然端着驳壳枪,弹无虚发。炮楼下已经躺满了敌人的尸体。敌人也渐渐察觉到那一边伤亡惨重,便蜂拥着向他涌去。我立刻高声大喊:"王营长,你负伤了,快下来吧!"王营长对我摆摆手,依旧向敌人开着枪。我便也甩开盒子枪,从侧面开火,给营长以支援。

突然,我发现了村西大路边上,满载敌军的汽车正向这边开过来,我命令身边的文书梁清溪:"你带上手榴弹,叫上几名战士,利用那几间草房作掩护,炸掉敌人的汽车。"看着他们渐渐远去,随后只听"轰隆""轰隆"几声巨响。"小梁，干得好！"我感叹说。

死里逃生　七名勇士突围

此后，战斗进入胶着状态，敌人一次次地进攻，被我们顽强地一次次粉碎。但是由于兵力、火力相差悬殊，战局渐渐朝着不利方向发展。紧接着，最可怕的事情发生了，坚守西门炮楼的王营长不幸中弹牺牲了。我眼看他那铁塔般的高大身躯倒了下去，我嘶声大喊："王营长！"此时，指挥的重担便落到了我一个人肩上。

此时，我的头部和腿部也已经受伤。我便想，不能和敌人硬拼，必须保存力量。我便走下炮楼，这时，一颗炮弹刚好落到我身旁，我的右腿被弹片炸伤，鲜血顺着大腿不断流出，我迅速解开绑腿，紧紧地包扎了一下，努力站了起来。我忍着剧痛，走了几步，心想：还好，没有伤到骨头。

战士们不断倒下，战况对我们越来越不利。我命令大家进入了一座坚固炮楼的一层。我环顾四周，算我在内只剩下八名战士了。看着天色渐渐昏暗，我不断地鼓励着战士们："注意节省子弹，我们等到天黑突围出去。"敌军似乎看出了我们的想法，想趁天黑之前消灭我们。便在我们所处的上风口放出了毒气弹。我们被熏得双眼流泪、呼吸困难。有的战士提出用尿弄湿衣服捂住鼻子，但是，奋战一天的战士们滴水未进，哪里有尿呢。我屏住呼吸，爬到窗口向施放毒气的敌人开了一枪，当场击毙了一名敌人。当我瞄向另一名敌人时，一颗子弹飞来，打中了窗边的石头，飞起的石块击中了我的头部，鲜血顿时顺着我的脸颊淌了下来，战士们马上给我包扎。

整个村子已经乌烟瘴气，我也顾不得伤口，对身边一位战士说："赶快干掉放毒气的敌人！注意隐蔽！"那位战士枪法很好，弹无虚发，接连击毙了数名敌人，剩下的敌人由于看不到我们，便丢下毒气罐落荒而逃。

我们用坚强的意志度过了这次难关。穷凶极恶的敌人最终没能攻下这座堡垒。看到天色渐渐黑了下来，我对身边的七名战士说："同志们，咱们把好枪带走，损坏的枪支取下枪栓，把枪托扔到水井里。咱们马上突围，一定要隐蔽行动，不到万不得已不要开火。"虽然大家不同程度地负了伤，但依然信心满满。大家按

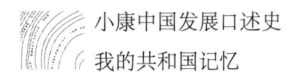

照我的命令，悄无声息地向村外突围，尽管有少数敌人开了枪，但由于漆黑一片，敌人也没有贸然行动。我悄声告诉大家不要理会，最终我们绕开敌人，成功突出了敌人的包围。脱离了危险，身体也瞬间放松下来，我顿时感到钻心的剧痛，伤腿已经不听使唤，战士们见状便找来一块木板抬着我继续前行。

这次战斗，是我一生中经历的最惨痛战斗，生死悬于一线。我们以 38 名勇士牺牲的沉痛代价，击毁日军一辆坦克、三辆汽车，击杀日军 100 多人，阻击日军、伪军 1300 多人，成功掩护了大部队的突围。

后来听村民回忆，整个村子被炮火轰的没有一块平地，也没有一间完整的房屋，到处都是尸体。

面对此情此景，村民们也感到万分的震惊和悲痛。他们含着热泪，将 38 名战士的遗骸、遗物集中在村子外掩埋在一起。1985 年，丰县县政府还将牺牲在村外的萧嗣金等五名战士移到一起安葬，并立起了纪念碑，当地人称为"八路坟"。每逢节日，大家都会自发到坟前，祭奠这些为新中国英勇牺牲的英雄。

作为那次血战的幸存者和当年那场战斗的指挥者，我亲眼见到了敌人的凶残，亲眼见到了战友们为国捐躯的伟大。这一切永远在我脑中挥之不去。我希望后人不要忘记这真实发生的一切，继续守护我们伟大祖国的未来。

◎经历杂记

身经百战　多次遇险逃脱

此后，我又经过了大大小小数十场战斗。1942 年，我被调到微山湖抗日游击大队任政委，在保卫微山湖水上交通线的一次战斗中，我的左腿胯骨被子弹击穿，在战友们的救助下，最终成功脱险，经过几个月的治疗和调养才得以伤愈。

我一直认为自己是一个非常幸运的人，我在鱼台县一老乡家里养伤期间，赶上日军清乡，当时收留我的老夫妻非常惊慌，不知道把我藏在何处。大爷对我说："孙政委，你还是跟我们一起逃吧。""那怎么行，这样更容易暴露目标。我就躲在小屋里，你们将屋门反锁就好，如果日军进来我就打。"说完，我便命令照顾我的警卫员刘凤岭护送老夫妻离开。小刘开始不肯，在我的一再劝说下，小刘终于带着老乡逃离了村子。

他们走后，我躺在漆黑的小屋里，把子弹上膛，并掏出手榴弹，做好了与鬼子同归于尽的准备。日军进村后，不断放枪，不一会儿工夫，屋外传来"砰砰"的敲门声，我屏住呼吸，举起枪对准门口。外边传来话语声："报告太君，屋里没人，门已经锁上了。"听到皮靴的声音渐渐远去，我抽回枪长长吁了一口气，心想：总算是又逃过一劫。

参加工作　受周总理接见

1945年，我从山东分局高级党校毕业，被分配到警备八旅第十六团任政治处主任。在解放战争时期，我参加了南驿车站的日军受降、解放曲阜以及鲁南战役等战斗。1947年，我被调到华东野战军第十四医院担任副政委、党委书记；1948年，我调到了华东军区白求恩医学院任党委副书记。新中国成立后，1950年4月，我由华东军区白求恩医学院调到中共中央组织部任干事，由济南来到北京后，我从中央组织部又调到了中共中央纪律检查委员会任监察员。

1958年，我再次调动来到中国科学院综合考察委员会任办公室主任、综合考察委员会委员、国家科委综合组组员、中国科学院黑龙江流域自然资源中苏科学考察队办公室主任、党的领导小组组长。

1959年，我受邀和中国代表团到苏联莫斯科的北京饭店参加了第三次国际学术会议。1962年，中苏考察第四次学术委员会议在北京召开。参加那次会议，我也荣幸地见到了周总理。20世纪50—60年代，我随考察队多次参与南水北调考察工作，还曾经担任西南地区考察队副队长。

尽职尽责　牢记党员身份

1983年离休至今。我依旧时刻牢记自己党员的身份，坚持思想上不离休。我时刻关注国家大事，当国家遇到困难和灾难时，我也都会以捐款的形式尽我自己的一份力。"老牛自知夕阳短，不用扬鞭自奋蹄"，届耄耋之年的我，希望能竭

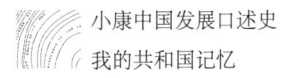

尽所能为国家做些贡献。

年纪大了容易忘怀，但是我却时刻不曾忘记过去的战友们。晚年的我曾不断奔走在为陈新庄、微山湖建立烈士陵园的道路中。在我的不懈努力和当地政府的全力支持下，2004年，微山湖抗日游击大队纪念碑顺利落成。2006年5月19日，在中国标准化研究院和我的大力支持下，陈新庄抗日烈士陵园完成了整修。大门两端还题联"赴国难洒热血千古名垂，抗倭寇拯黎民忠贞赤胆"。也算是了却了我多年的一桩心事。现如今，烈士陵园作为当地的爱国主义教育基地，将永远铭记着我逝去的战友，也教育着下一代，不忘国耻、发愤图强。

近些年，不断有媒体记者、电视台对我进行采访和报道。我想，只要我还有一口气，我都愿意将我所经历的那些事努力回想出来，让大家了解那段历史。2008年，应中国文化出版社邀请，90岁的我开始整理资料，历时八年，终于在去年完成了《征程纪事》这一自传性质的书籍。也算是我代表我们这一代人为祖国留下的痕迹。

■文／丛伟楠

☆采访手记

百岁老兵——中华脊梁

孙新民老人身体很健康，尽管曾经的老伤口时时折磨着他，但是耳聪目明的孙老看上去依旧雄风不减，时刻都保持着挺拔的身躯。每当面目慈祥的孙老描绘着那一段段回忆时，都让我感慨良多。

孙老性格开朗、乐观，对待我们也十分热情，总是为我们的来访准备好茶水、果品。他还是一位非常认真的人，专门准备了本子，每次有记者采访，或者有单位邀请他参加活动，他都会戴上眼镜，详细记录下大家的联系方式。

除了每天下楼散步，晒晒太阳，孙老平时喜欢看书，而且十分关心与国家发展建设相关的新闻报道。而最令人佩服的就是，90岁高龄时，他历时八年，倾尽心血为我们留下了《征程纪事》这一宝贵历史财富。孙老告诉我，创作那会儿，每天都要熬到凌晨一两点。看着孙老家中厚厚的书稿，不禁让人肃然起敬。

孙新民老人就像是一本活历史，让我们了解了那段烽火硝烟的岁月，以及那些为了国家解放独立的革命前辈们的故事。希望这些故事能够代代传承，让人们永远铭记那个年代，更加珍惜今天来之不易的幸福生活，激励大家为祖国伟大复兴而不懈努力。

■文 / 丛伟楠

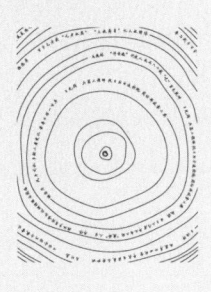

忠厚传家篇

李 垠：燃情岁月终难忘　伉俪情深为国殇

麦佐曾：平凡岁月温暖守望　一生知足恩爱相持

张兰芬：以爱筑美德之家　用行动传承书香

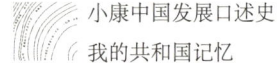

小康中国发展口述史
我的共和国记忆

李　垠

燃情岁月终难忘　伉俪情深为国殇

李垠老人给侄女讲过去的故事

◎人物小传

李垠，1919年2月10日出生于湖北襄樊，革命烈士李策之女。

李垠跟着父母在襄枣宜苏区（湖北宜城县）度过了童年时代。由于父亲的影响，童年时代的她就加入儿童团，还当了团长，宣传抗日思想。后来由于父亲牺牲，年仅12岁的李垠和母亲在游击队员和老乡的掩护下回到老家。

在老家，李垠读完中学后考上了上海一所专科学校。抗日战争爆发后，她毅然退学，和同学一起前往武汉八路军办事处，跟随武大青年救国团创建人谢文耀一起从事抗日宣传工作，并结识了丈夫胡克。国共合作时期，二人一起加入广西军李宗仁84军189师，坚持在前线抗战，并加入中国共产党。抗日战争胜利后，李垠根据组织安排，继续从事宣传工作。

新中国成立后，李垠先后在北京农业机械研究所（今中国农业大学）、新四军第五战区战史编委会、中央工交政治部办公室、国家经委政策研究室工作，直至1982年离休。

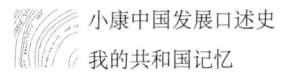

◎童年篇

在父亲影响下参加儿童团

我从小就在父亲的共产主义思想之下成长。父亲生长于一个小康之家,原本在襄樊行医治病,有很多与当时传统社会风气不同的想法。

那时,不少人觉得"女子无才便是德",可是从小父亲就教我读书,我四五岁的时候已经开始读文章了。他也不按照习俗给我裹脚,不给我穿耳洞。村里人去敬神拜佛,父亲从来都不跟风。

后来,共产党来到襄樊。很自然地,父亲渐渐接受了共产主义教育,成为一名共产党员。

1926年至1929年,父亲在襄阳行医。在此期间,他常常和来家里"看病"的共产党久坐长谈,我也不知道他们谈些什么。不久,父亲把家搬回李家营,开始公开从事共产主义活动。

根据组织安排,父亲在湖北宜城县协助当地成立劳动妇女解放协会,并参加筹备成立了苏维埃政府。我们全家都跟着父亲加入了革命的大家庭。

在他的影响下,我和当地几个年龄相仿的小伙伴一起加入了儿童团。我作为儿童团团长,经常在公开场合带领小朋友唱歌谣倡导废除封建剥削,还向当地人宣讲妇女裹脚的坏处,宣扬妇女权利,反对童养媳。

敌人围剿苏区 父亲被捕牺牲

1931年,父亲除在苏区工作外,经常到外面给部队和同志们看病。这年秋冬间,他刚从外面看病回来,就接到敌人分几路围剿苏区的情报。他一边处理机密文件,一边催促同志们快走。

当时我正发着高烧,父亲背着我跟大家一起准备向东山撤退,不幸的是东山也遭到围剿。大家又向北跑,转到李家营时,大家决定分散躲避。一位老乡把我们拉进她家，领到厨房里，要我们一家人都坐进柴堆里，她在外面盖上粮秆掩护。父亲先把我放进柴堆，母亲也进去了。父亲却说，不能让敌人一网打尽，"你们在这，我去别处。"说着，他就帮着那位老乡把柴火堆好，然后急忙走了。

后来我和母亲听那位老乡说，父亲从后门出去，去了另一位李姓老乡家。当时，敌人已经进了李家营，搜得鸡飞狗跳。李姓老乡家里有个病人，父亲正在帮老乡摸脉。敌人进来，听说父亲是医生，拿了两块现洋就走了，父亲也从后门走了。

围剿共产党的领队得知了这件事，立刻判断父亲其实是共产党，赶忙派人追捕，抓住了父亲。由于父亲拒不合作，立场坚定就被敌人杀害了。那时，我刚满12岁。

第二天，收留我们的老乡告诉我们父亲牺牲的消息，敌人还扬言不许收尸。我们家里被抄空了，书被丢得到处都是，真是家破人亡。

老乡柴堆里逃难　进山跟着游击队

为了不被敌人斩草除根，老乡们千方百计保护我们母女。得知父亲牺牲的那个早上，我们辗转躲藏过好几个老乡家的柴堆。

后来，我们跟着一位何妈妈来到李德章大伯家的柴堆里。柴堆中间有棵大树，树周围是杂粮、棉花和草莓秆。我们顺着梯子爬进柴堆里，里面还有些被褥，能坐能躺。水壶、饭盆以及碗筷也都为我们准备好了。

柴堆，是我们当时唯一的庇护所。老乡冒着生命危险掩护，我们十分感动。他们还偷偷把父亲的尸体抬回了家，用我奶奶的棺木下葬了。

何妈妈说，等到敌人撤走，他们会想办法送我和母亲进东山，那里有苏维埃和赤卫队。后来，德章大伯借来一头毛驴，把我们送进了山。很多赤卫队的同志都在，他们已经知道了我父亲牺牲的消息，见到我都难过地流下了眼泪。

从此，我作为烈士孤女受到党的特殊关怀。不管环境多么恶劣，同志们一直带着我们母女打游击。到后来，游击队里只剩下我和母亲两位女同志。

在一次敌人围剿中，游击队遭到了重创，安排我们母女到亲戚家隐蔽。后来我听说，在那次围剿中，很多游击队员都被敌人杀害了。

李垠用放大镜专心阅读的，是年轻时就去世的丈夫胡克写的随军日志。在随军日志的第一页上，写着"献给我的妻儿"。这份日志李垠珍藏了半个多世纪。

◎抗日篇

加入青年救国会　宣传抗日思想

我和母亲投靠亲戚之后，母亲帮人洗衣，我则和亲戚家的孩子一起念书。当时，我的成绩很好，还考取过当地的状元。

中考过后，我进入上海体专读书。求学期间，日本的铁蹄早已踏上中华大地，我深深感受到社会上的抗日形势。在校园里，抗日思潮也很浓，同学们经常讨论抗日救国。

1937年7月，卢沟桥事变爆发，当时我正好18岁。随着抗日战争的爆发，我和一些同学从学校退学，回到老家寻找参加抗日的机会。

在老家，我和一些进步同学会合，又一起来到了武汉，在那里结识了革命烈士、后来的新华社中原野战分社副社长谢文耀。当时，他与武汉大学一批进步青年成立了"武大青年救国团"，并成为负责人之一，秘密创办了油印刊物《武汉学联》。他也是中共武汉大学支部负责人。

我加入了青年救国团，每天都宣传抗日、学习先进思想。我还教大家做广播体操、锻炼身体。当时，我认识了许多来自平津地区的进步学生，后来成为我丈夫的胡克也是其中一员。

在谢文耀的组织下，我们先后成立了武昌学习班和战地服务团，得到了党组织的重视。战地服务团由著名的新闻人邹韬奋主持，他曾多次在武汉新华书店的小楼上和我、胡克等青年面谈。

服务鄂东前线　秘密加入共产党

1938 年，我们这批青年组成的战地服务团在爱国志士李守宪的带领下加入了李宗仁带队的广西军 84 军 189 师，来到了炮声隆隆的鄂东前线。

服务团分头下到连队里去宣传抗日思想，我们创作排练了不少宣传抗日的话剧，如《上前线》《打鬼子去》等，受到战士们的欢迎。我们会去前沿阵地看望战壕里的战士，去医院看望伤员，还会在"九一八"准备纪念演出。

我和胡克经过多方观察，觉得李守宪其实是一名共产党员，就亲切地称他为老大哥，但并没有说破，因为共产党在国民党的军队里难免不被怀疑。李守宪也非常欣赏我和胡克，把我俩作为他第一批想发展的党员，但他同样没有说破。

一次，我们三人单独在一起时，我实在憋不住了，就对李守宪说："我们想找共产党，你是党员吗？"李守宪爽快地点头回答："我们重新认识了。"我们三个开心地拥抱在一起。

1938 年 10 月，武汉沦陷，战地服务团随着李宗仁的部队撤回到湖北襄樊。189 师政治部要求服务团的青年去重庆接受培训，我们拒绝了。

李守宪找到了地下党——鄂西北区党委，由张执一介绍，把我们带到南漳县。我们在襄鄂师管区学院第三队组成宣传队。随后，在李守宪和张执一的介绍下，我和胡克以及另外两位战友一起加入了中国共产党，并每三人组成一个党小组，开展地下活动。

重回襄枣宜苏区　与胡克结为终身伴侣

1939年，战地服务团转移到襄樊，迫于国共两党的形势，不得不分散隐蔽。组织把胡克和我分配到桂军173师政治部工作了一段时间后，五战区下达了秘密逮捕共产党人的命令。党组织又把我们撤出173师，介绍到黄龙垱一带隐蔽。

这一带正是我父亲曾经奋斗过的襄枣宜苏区，也是父亲牺牲的地方。我和胡克在许多父亲老熟人的撮合下相爱了，并在这里举办了婚礼，结为终身伴侣。

我想，对共产主义的信仰成就了父亲的人生，也成就了我和胡克的爱情。

结婚不久，胡克就被党组织派往鄂豫边区党校学习，结业后分配到边区党委组织部任巡视员。我由地下党安排，在白区一所小学当教员，从事统战工作。

因为环境的需要，我们两人很少聚在一起。但我和胡克都没有怨言，因为我们的生活有理想、有热诚，有为之奋斗的信仰和目标。我们相信在为彼此，也为更多人，创造一个美好的未来。

结婚两年见一面　聚少离多中迎来抗战胜利

1941年，我通过统战关系，从白区地下党转入鄂豫边区敌后游击区，开始随县南地委任宣传队队长，参加"三三制"的政权建设。

共产党为了团结一切可以团结的人士参与抗战，不但积极倡导和推动建立了抗日民族统一战线，而且将之付诸政权建设的具体实践，在抗日根据地建立了一种崭新的统一战线性质的政权——"三三制"政权。

当时，抗日根据地政权机构在人员分配上实行"三三制"原则。根据这一政策，

忠厚传家篇

李垠和丈夫、孩子的唯一一张照片。李垠一共有过3个孩子，前两个在战争中夭折了。后来，李垠和丈夫在矿区中生下了第三个孩子。可是天不遂人愿，1948年，丈夫胡克患上肺病，李垠和孩子都受到感染。李垠顽强地活了下来，孩子却没能挺过这一关。后来，丈夫胡克也因病去世。

抗日民主政权中人员的分配，共产党员大体占1/3，左派进步分子大体占1/3，中间分子和其他分子大体占1/3。

"三三制"政权建设完毕后，我又被调到设在京山小花岭的洪山公学学习，受到校长陈少敏的亲切教导。毕业后，我就留在了洪山公学小学部工作。

1942年秋冬，胡克从天门县委组织部调回边区组织部后不久，又被分配到黄陂县委。陈少敏为照顾我和胡克，也向组织申请让我一同前往黄陂工作。这是我

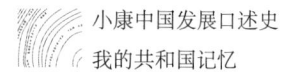

和胡克结婚两年多以来,在敌后的第一次见面。

可是后来由于组织需要,胡克又被调到武湖县委担任副书记兼组织部长,我则继续留在黄陂工作。直到1944年春天,我被调到边区行署巡回宣传团任团长兼党支部书记,才又和胡克相聚。

整个抗日战争期间,我和胡克经常分居两地,全力以赴各自工作,终于迎来了抗日战争的胜利。

◎突围篇

国共谈判破裂 和丈夫化装突围

1946年,国共第二次合作谈判破裂,国民党派30万大军围剿李先念的六万人。当年春天,怀孕的我和许多同志被困在宣化店。蒋介石不断破坏停战协定,形势越来越严重,住在这里的同志们都密切关注着形势的发展。

一天下午,我和胡克到中原组织部去,一进门,同志们看到我挺着大肚子,还开玩笑说"挺进队来了。"同志们像往常一样说笑,我几乎忘了是在敌人的包围中。

在组织部,领导告诉我们形势非常严峻,部队将有大的行动。由于我怀孕不能随军转移,要我们尽快化装突出中原。听到这里,我心里一下子涌出了千头万绪:在那漫长的敌人夹击的日子里,因为在党的身边,我们总是勇气十足、信心百倍地克服了许多难以想象的苦难。从小花岭到大悟山,从平汉线到汉江边,每一个胜利果实,都浇上了同志们的鲜血。我想起那亲如骨肉的边区人民,当我碰上日本鬼子时,他们挺身而出,帮我从虎口脱险;当我一个人走路时,总是他们带路,安全地绕过日寇的碉堡……我不愿离开党,舍不得和同志们分散,更不愿离开和我们建立起亲情的边区人民。

可我那时已经怀孕七个月了,跟着大部队走显然不现实,但是要穿过蒋管区,更要面临许多风险。我久久沉思着,拿不定主意。

胡克也是好久没有吭声，我知道他也不愿意离开大家。但他看着我说："只有这样的办法了。"我心里还是七上八下地不安。组织部的同志看出了我们的疑虑，介绍了蒋管区的混乱状况，说明有很多可以利用的条件，还对我说："不管进到哪个解放区，中原局都负责转组织关系。这次突围，确实是一次艰难的历程，对每个同志都是一次严峻的考验，组织上相信你们经得住……"

雨夜生子　难忘热心百姓救助

1946 年 4 月的一个晴天，我和胡克告别了中原局的首脑机关，和挑夫老龙同志一起离开了宣化店。走了几天，在云梦碰上从襄南撤过来的大队人马。领队李大哥要我们转回赵家棚，准备乘火车北上。听到这个消息，我们高兴地跟着他们一起前进。

这天半夜宿营后，我开始阵阵肚疼，辗转不能入眠。我只好悄悄坐起来静听着雨打屋顶的唰唰声，难受地等待着天明。胡克由于连日来的劳累睡得又香又甜。我轻轻推他一下，他警惕地翻身起来，一看我的神色就连忙跑去找医生。

房东大妈听见响动也披衣出来，问我哪里不舒服。大妈见我的样子，知道是要生了，连忙把我从地铺上拉起来扶到她的床上，就去对门叫接生婆，又赶忙去烧开水，忙得不可开交。等医生来时，一个可爱的小男孩已经在房东大妈的怀里，放开嗓门哇哇地哭起来。

大妈把孩子递给医生，又去煮了一碗荷包蛋。她说："你刚刚生了孩子，肚里空，快吃点东西吧。"胡克接过碗来，感激地望着大妈，不知说什么好。孩子刚刚包好，大队已经冒雨出发了。

雨还在淅淅沥沥地下着，老龙同志带来一副担架准备抬着我们母子走。房东大妈知道形势紧张，我不得不走，就用毛巾帮我把头部护住，告诉我坐月子母子应注意的事，又告诉我应该怎样照顾孩子。

她抬着担架，一直把我送到湾子边，还再三叮嘱："一路上要小心照顾呀！"我们走了老远，还听见她在喊："路太滑，担架走稳些。"胡克几次回过头去，大声喊："大妈，雨下大了，您快回去吧！"

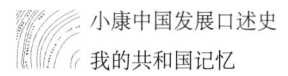

困居武汉　幼子因病夭折

我们赶到赵家棚，打听乘车北上的事，还没交涉好。蒋介石把上车的条件规定得十分苛刻，广水车站上布满了特务，百般刁难。许多同志不能上车，都从这里化装走了。

我们也不能上车，只好按原计划化了装，带着不足满月的小波波暂别中原，踏上了一段艰难的路程。

一个细雨蒙蒙的傍晚，我们到达汉口。一走进市区，满耳都是"何日君再来"之类的靡靡之音。我越听越别扭，恨不得马上离开这个地方。武汉，曾在我的记忆中留下了深刻的印象。当时许多爱国青年集结在一起宣传抗战，谁能想到如今是这个样子呢？

我们在中山大道一个姓徐的亲戚家住下，听说我们从解放区来，一家人都为我们的安全捏了一把汗。住了两天，我们便以买东西为名，到车站去买北上的车票，但火车正忙于运送国民党军和武器，连一张客票也不卖。我们只好又到江边买轮船票，准备从南京、上海转到苏北解放区。可是轮船也被国民党控制起来，忙于运送军火。我们跑了几天，都没有希望。

有一天，张英夫妇以我表哥表嫂的名义到中山大道来找我们。见到自己的同志，那种喜悦的心情简直没法形容。但是，当我们谈到离开武汉的事情时，心情都沉重起来。想了各种办法，但都不能同走。他们找到一个关系，能买几张木船的黑票，但路费又不够。我想着我们不能都困在武汉，就把夹在波波小被子里的九块现洋拿出来，让他俩先走了。

从此，我们两手空空，连过江的钱都没有了，只好由胡克的母亲托人在武昌花园山一座庙里租了几间屋子住下来，等待他父亲的消息。

一个风雨交加的深夜，小波波的病情加重，高烧不退，我们轮换抱着他，在古庙的楼上走来走去。除了楼下出家人的木鱼声外，只有窗外雨声淅沥。我和胡克看着奄奄一息的波儿，却无能为力……这个小小的孩子，就这样离开了人间。

身在南京　心念解放区

1946 年 7 月，全面内战已经打响。中原部队已经胜利突围，局势一天比一天紧张。我们久困武汉，心里日夜煎熬着。

正在这时候，胡克的父亲从重庆到南京，路经武汉。经过多次争取，才答应带我们到南京去。因为国民党军运繁忙，尽管是"还都"的官员，也买不到轮船票，只好托人租了一条木船到南京去。老龙同志不愿再走，就留下来以卖发糕为生，等待着解放。我和胡克跟着他父亲，一起乘着一条木船离开了武汉。

到南京，我一眼就看到码头上和马路旁，到处堆满了行李和家具。许多妇女、孩子就睡在行李堆里，一片混乱。听说，这些是没有找到房子的人家，只好睡在马路上。

我们在国民党"青岛驻京办事处"住下，胡克的父亲正好是这里的主任。我们一边住着，一边想方设法准备到苏北解放区。但我们在南京人生地不熟，一点线索都没有。家里虽然熟人多，但他们不但不肯帮忙，而且不许我们乱跑，要走的事也要对他们保密。

一天饭后，胡克说要出去买几本书回来看看，他父亲听了很高兴地说："这就对了，青年人应该多读点书。"于是介绍我们到中央大学图书馆去看书。

在中央大学图书馆的阅览室里，我们翻阅了许多报纸杂志，《新华日报》《群众》《新观察》……忽然，我在一本杂志上看到了新华书店的地址。我心里怦怦直跳，抄下了地址，就和胡克匆匆离开了图书馆。

找到新华书店　与组织接头

第二天上午，我们又去看书，但不是去中大图书馆，而是到中山东路去找新华书店。我们沿着马路找啊找，胡克先看到了新华书店。我心一下子蹦了老高，恨不得一步跳过马路。但在这里不能露了马脚，我们还是装着没事的样子，一步一步走了进去。

书店里挤满了人，我顺手拿起一本小说，寻找着书店的工作人员。一个女同志从里面出来，把书放在架上，又走进柜台。我跟在她后面，多想跟她握手说话呀！她热情地问我："买书吗？"我点点头说："明天来买。"我目不转睛地认准了她的样子。

回到家里，我们悄悄分析着书店的情况，商量下一步怎么办。胡克主张直接找书店的负责人谈谈。我说："我们没有组织关系，也没有任何证明，谁知同志们接受不接受？"

"去试试看，也许有希望。"经过反复商量，我们决定先写封信去试试看。胡克写了一封短信，大意是"我们从中原来，住在XX号，急需见您，请来信。"下面写了我的名字。

早饭后，我们借照相为名，一口气跑到新华书店。胡克一边翻书，观察着看书的人。我拿着一本《日出》，找到昨天那位女同志，想把信给她，又怕别人看见。我走到长长的柜台边，看看两旁没有人，就把信往书里一夹，书往台子上一放。

那位机灵的女同志忙把书往柜台里一扒，弯下腰去，顺手递给我另一本书。我看看没人注意，两个人一前一后离开了书店。

两天后，我们接到一封信，上面写着："听说你们到了南京，我们很高兴……接信后请到我家来玩。表哥XXX。"我们真是太高兴了，当天就跑到新华书店，还是那位女同志带我们从旁门走进后院，在一间陈设简单的小会客室里会见一位男同志，就是写信的那位"表哥"。

我们详细讲述了离开宣化店后的突围经过、家庭情况和我们的要求等。他告诉我们，五师有许多同事在南京，要我们到梅园新村和大家会合。在那里，我们和许多战友会合。有的同志认为我们家庭条件好，主张我们留在南京工作。但因我们从小一直在党的怀抱长大，缺乏应付旧社会的能力，还是希望回到解放区去。经过研究，组织上同意我们的请求，要我们回家等候通知。

自制"护照"　终回冀中解放区

等候通知的时间里，我们一直待在家里，不是看书就是帮助清理办公桌。有天下午，这里的秘书出去了。在抽屉里，我找到了"青岛驻京办事处"的公章和空白信纸，偷偷盖了几张，准备以后当护照用。

回到房里，胡克正在看书，我把盖好的公章给他一看，他高兴地说这个可以作为护照。后来，我们觉得别的同志可能也需要，以后有机会就盖几张，就这样一共留了20多张。

8月的一个上午，我们拿着党的通知来到梅园新村，一个不熟的同志告诉我们，组织上同意我们回解放区工作，已做好安排，要我们马上到上海办事处去，并给我们准备好了路费和介绍信。

这一夜，我翻来覆去睡不着，胡克拿着一本书一直看到天亮。我们悄悄把行李拿到门口，叫来一辆三轮车，就这样从家里开了小差，跑到下关车站，赶上开往上海的第一班火车离开了南京。

下了火车我们马上找到"周公馆"，这是党的上海办事处的公开称号。一位同志告诉我们，最近总有救济总署的船到烟台，我们可以跟这个船回到解放区。由于形势严峻，我们被查了好几次，多亏了在南京时偷偷盖章的护照帮我们做了掩护。

后来，计划有变，组织又安排我们去了天津。在天津，我们又受到多次搜查，幸亏组织安排好接应的人把我们带到海河边，对岸就是八路军的岗。我们跑到河边上了船，心里高兴得要飞起来，终于回到自己的家了！

◎痛苦与新生

丈夫孩子离世　战地日记成唯一留念

在河北冀中解放区，胡克担任随军记者，我则在地方参加了土改，胡克的许多随军日记就是在那时写的。1947年6月，石家庄战斗打响，胡克冒着炮火上前线采访受伤，转调冀中导报社工作。

1948年，我俩一起调往山西阳泉工矿区《职工报》工作。这时，胡克已经患上了肺结核。由于经常下井，加快了肺结核的恶化。这在当时几乎是无法治愈的

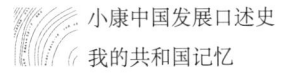

重病。

1948年,我生下了第三个孩子,胡克就大量吐血倒下了。我只好一边照顾爱人,一边照顾孩子,一边又负责工作。

1949年初,孩子也染上了肺结核。有一天打针,孩子没有哭,我就抱着孩子继续工作。等到服务员叫我们吃饭时,我才发现孩子已经没有气息死在我怀里了。当时,床上躺着奄奄一息的胡克,我没有告诉他这个消息,只是强打精神安慰他。

同年4月,病情恶化的胡克被转往北京治病。我继续留在山西阳泉坚守岗位,一方面继续出报,一方面组织报社的班子。到了1950年,我也被查出染上肺结核,病情已经很严重,不得不到北京住院治疗。

为了给我治病,李先念专程去香港为我购买在大陆买不到的抗生素。1951年,我做了全身麻醉的胸腔大手术,终于捡回一条命。可是我刚拆线,胡克便去世了,年仅29岁。我当年也只有31岁。一本战区日记,是胡克给我唯一的留念。

后来,我把这本随军日记放在枕头下,每天都枕着这本日记睡觉。

纵使疾风起 人生不言弃

和平时代,没有战火纷飞,人民过上了安定的生活。可是陪伴我的爱人、孩子都已经去世了,大病初愈的我,好像一下子失去了追求的目标,整个人消极起来,病也总是不见起色。

母亲从老家来到北京,陪我一起住在颐和园里的疗养院。在母亲的陪伴下,我的生活多少有些起色。一次,我去北京双桥参观农场,看到植物的绿色突然感受到勃勃生机,我想我不能这样下去。我要好好地生活,带着那些没能享受到新生活的人的心愿,好好努力地生活下去。

于是,我主动向组织申请去农场工作。1952年,我正式调到北京农机学院的农场担任副厂长。记得当时学校花一万块钱买了一万亩地,农场里只有一台从苏联进口的拖拉机和一台美国产的福特拖拉机。教练教完之后,我们就每天开着拖拉机在农场里干农活,有时还带着学校里来的实习生一起工作。

农场其实只有厂长、副厂长、会计和出纳四个人，我们在农场周围盖了三间小平房，整整在那里住了一年，终于把农场打理得比较像样了。我也渐渐从失去亲人的痛苦中走了出来，把所有的精力都放在了工作上。

重走抗战路　焕发新热情

1953年，李先念从农大把我调出来，和其他几个老战士组成新四军五师战史编写组。我们又重新回到武汉、回到襄阳，重走当年的抗战路，从事抗战史编写工作。

我们在武汉卓刀泉住了四年，常常到大山里走访老乡，寻访老战士。在编写战史的过程中，我又找回了当年的激情和梦想。

曾经在湖北经历的一幕幕又在我脑海中闪过。记得有一次去大别山根据地，因为身体弱，我爬不动了。前面一个战友用绳子拉着我，后面一个战友推着我前进。休息过程中，大家还互相表演快板、说相声，在一片笑声中忘记了疲劳。

是啊，这样的集体多么欢乐！回忆我的青年时期，认识了那么多进步青年，宣传过抗日、参加过土改，还在烽火中与志同道合的爱人胡克喜结连理。这样的人生是多么值得铭记。

虽然，我的爱人和孩子们已经离开了我，但是想到在战争中老百姓对我的帮助、党和国家对我的关怀，我的心中又温暖起来。我所经历的一切，从来都没有后悔。我的人生还能够创造更大的价值。

工作中实现自我价值

回到北京后，我又先后在中苏友好协会、中央工业交通政治部工作，还利用业余时间和其他四位老战士组建了新四军老战士合唱团。1962年，新四军老战士合唱团到人民大会堂登台表演，有400多位老战士都来观看。

那段时间，我真的是尽自己的一切所能为国家做贡献，工作时都干劲十足，同事们都说我每天都是精神焕发。

有趣的事儿每天都在发生。由于工作原因,我时常需要出差去外地调研。记得在烟台长期调研时,我买了一辆自行车每天骑着上班。调研结束,我又舍不得扔掉那辆自行车,竟然把它带回了北京。不少同事以此来打趣我。

1982年,我完成在党校学习的任务之后,响应国家号召,从国家发改委离休。

我离休后不愿意闲下来,继续做一些力所能及的事儿。我参加了老年大学,练过绘画、写过书法,还参加过社区的合唱团。在这些活动中,我认识了不少好朋友,努力把每一天都过得有意义。

如今,由于身体原因,我也不能像以前那样参加各种活动了。但我坚持每天都读书、看报纸,了解国家大事。

■文/姜婉音

丈夫胡克写的随军日记,扉页上写着"献给我的战友和妻儿"。这本日记只有手掌般大小,是胡克当年随身携带的。丈夫去世后,李垠将这本随军日记装到信封里,放在枕头下。每天枕着这本日记睡觉。

☆ 采访手记

重新拥抱生活需要多少勇气

在与李垠奶奶的接触中，我觉得李垠奶奶是一个坚强、可爱又充满热情的人。

其实，第一次入户听李垠奶奶讲她的经历时，我回到家偷偷地哭了。想着奶奶在年轻时经历了那么多苦难，孩子和丈夫先后去世，自己也身患重病。如果是我，一定没法再重新振作起来。

可是李垠奶奶不仅重新振作、埋头工作，为祖国做贡献，还依然保有乐观的心态，待人和善热情，真是非常了不起。如果没有十分坚强的信念，是很难做到这一点的。

奶奶的另一个品质是乐观。回忆抗战的艰辛经历时，奶奶总是对那些艰难轻描淡写地略过，对大家在一起开心和快乐的氛围记忆犹新。如今，奶奶年纪大了，可她几乎每天都坚持出门遛弯，尝遍了家周边的小吃。这样的心态，怎能让人不觉得奶奶可爱呢？

李垠奶奶一直非常配合我们的采访。第一次采访就请我们吃饭，以后每次入户都请我吃西瓜。最感动的是7月的一天去采访，天气特别热。到了奶奶家里，我一直在流汗，不停地擦汗。奶奶就特别心疼，在电扇旁放了一个小凳，让我坐过去吹电扇。奶奶一直和我说，大热天的还来采访真是太辛苦了。我说："没关系，这都是我应该做的。而且这哪有您年轻的时候参加抗日辛苦。"奶奶摆摆手，笑着跟我说："我那时不觉得辛苦。"

这句话，奶奶说得风轻云淡，我却很感动，我想李垠奶奶是真的有理想、有信念的人，所以对于曾经吃过的苦，才能甘之如饴。

老人的坚强、乐观、热情，还有对理想信念的坚持，让我获益良多。希望奶奶在今后的生活中，也能每天快乐、开心。

■文 / 姜婉音

小康中国发展口述史
我的共和国记忆

麦佐曾

平凡岁月温暖守望 一生知足恩爱相持

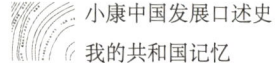

麦佐曾和老伴在工作中结缘,二人于1955年结婚,婚后不久,女儿就出生了。1956年,因工作调动,他们夫妻带着几个月大的女儿前往内蒙古包头工作。孩子太小,适应不了新的地方,晚上总是哭。没办法,他们只能将女儿送回了在北京的姥姥家。

◎人物小传

麦佐曾，1921年出生于广东顺德，三岁随家人迁到北京居住。1942年参加工作，在东海公司做会计工作。1945年日本投降后，在河北田粮处继续从事会计工作。1952年，前往北京土木建筑公司（电力部）从事财务工作。当时，全国正处于基础建设时期，麦佐曾被指派到各地工作，先后在北京、包头、济南、天津等地留下了他的脚步。1980年，麦佐曾被借调到电力建设总局（现电力规划设计院）财务处。

麦佐曾出生那年正值中国共产党成立，而他的人生正是伴随着这最值得记忆的一百年……

从14岁开始，麦老就喜欢上了骑自行车。老人说，"我骑的第一辆车就是"二八"男车，当时在院里学车，我大哥扶着后座，我在前面骑。后来，他松手了，我就会了。"直到95岁那年，他依然喜欢骑自行车出门买东西，麦老喜欢骑车，觉得骑车自由。

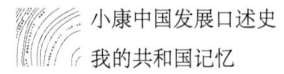

◎年少时光

从小生活在一个普通的家庭，三岁时跟随父母来到北京居住，我兄弟姐妹共有七人。都说长兄如父，所以大哥对我的影响是最大的，他教会了我很多东西，我有很多兴趣爱好也是大哥带出来的。在我上中学的时候，赶上了学潮运动最疯狂的时期，学校组织同学们手持大字报上街游行，"援助绥远抗战！保全中国领土完整！"这样的口号现在还能在我耳边响起。

我17岁那年的一天，一个陌生人忽然找到我，把我带到了警察局，幸亏母亲多方托人才把我保释出来，九死一生……

年幼随全家"北漂"　居住广州会馆

在我的印象里，我的父亲是一名职员，在学校等处做管理工作，在那个年代这样的工作算是又体面又轻松的，因此每月有着不错的收入，而母亲是助产士，也有着一定的收入，所以在广东居住时我的家境还算富裕。

在我三岁那年，由于父亲的工作调动，我跟随父母还有哥哥等来到了北京定居，我们住在前门外草厂头条，那里有一个广州会馆，在那个年代北京有很多这样的会馆，又被称作"同乡会馆"。明清时期，由于经济实力强大的广州人善经商，买卖的多为北方较稀罕的货物，因此，为联络乡谊、方便经营，广州商人便出资在北京商业最繁华的地段集资兴建了广州会馆，并免费提供给从广州迁居到北京的老乡们居住。

我所居住的广州会馆是一座典型的北京四合院形态，坐落在北京众多胡同当中，长长的巷子从西北向东南方向蜿蜒着，在草厂头条最北口便是我的家，记忆中会馆的两扇黑色大门总是虚掩着，跨进大门便可以看见一棵枣树挺拔地长在院落中间，树枝总是随风摆动着，我的童年记忆大抵都和这座院落息息相关……如今位于草厂头条的广州会馆早已被拆除，并在原址上盖了楼房，童年时的记忆也随之被黄土掩埋了，当然这都是后话了。

由于我兄弟姐妹众多，来到北京以后，母亲为了照顾家中老小，一心一意做起了家庭主妇。此后的十几年中，我们全家九口人靠着父亲一个人的工资勉强糊口，生活质量也是大不如前了，兄弟姐妹的衣服都是老大穿完给老二穿，衣服裤子缝了又缝、补了又补。

长兄如父　大哥成为人生第一导师

　　我虽然兄弟姐妹众多，却唯独和年长我四岁的大哥性情最为相投，我们有着同样的喜好，都说长兄如父，我从小就爱跟随大哥一同玩耍。炎热的夏天，别说运动了，就是走几步路也是汗流浃背，刚过晌午，大哥就会带我去中南海游泳池游泳，整个身子浸入清凉的水中，别提多舒服了。等到了冬天，河水上冻了厚厚一层冰，我兄弟二人拿着冰鞋兴高采烈地去滑冰，时而互相追赶、奔跑，现在回忆起来也相当有童趣，所以我许多的爱好都是受到了大哥的影响，直到现在游泳、滑冰、打排球都是我最喜欢的运动，当然这其中少不了我儿时的第一个"玩具"——自行车。

老人喜欢看报，每天都要花至少4个小时在报纸上。《北京晚报》《参考消息》《中国电视报》都是他常读的报纸。晚年以后麦老每天给自己订阅了7份报纸杂志，早上起来头一件事便是看报，麦老说他喜欢读报，读报可以了解国家大事小情，不能因为年纪大了就做一个"废人"。

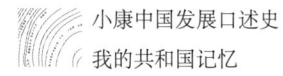

20世纪30年代时自行车还是稀罕玩意,主要用作交通工具和少量物品的运输工具,相信在很多人的记忆中肯定都有着这样一部自行车,车把和车座平行,中间由一条笔直的大梁连接,车轮直径有28英寸,因型号而得名,被那个时代的人们亲切地叫作"二八"自行车。

在我14岁那年,我就喜欢上了骑自行车,我骑的第一辆车就是"二八"男车,由于年龄小,个子矮,最先开始都是"掏裆",就是从自行车的大梁中间把腿伸过去骑,左手握着车把,右手攥紧自行车的横梁,大哥在后面小心翼翼地把着后座,帮助我维持平衡,刚开始的时候,左脚踩在脚踏板上,右脚在地上狠狠地蹬几下,借助着惯性,迅速将右脚穿过车子中间的空隙,踩在右边的踏板上,大哥松开手,我顺利地骑上一段距离,就这样学会了。自行车在我的生活中是必不可少的交通工具,直到现在我还会骑着自行车在四九城里转悠。由于年龄大了,家人会阻止我骑车出门,但我喜欢骑车,骑了80多年的自行车怎么可能放得下,它早已融入了我的生活,在我看来骑车自由、舒服,还不觉得累。

一二·九学生运动　参与上街游行

平淡而安稳的少年生活,终将被战争所破坏,日本侵略者蠢蠢欲动激发了学生的抗日热潮,"援助绥远抗战!保全中国领土完整!"这样的一句口号时常在我的脑海中回响,那是1935年的冬天,数千名北平的大中学生举行了抗日救国示威游行,掀起了全国抗日救国新高潮。自九一八事变以后,日本加紧了对中国的侵略,把魔爪一步步地伸向华北,那时的中国一片混乱,每天都有爱国人士在广场、学校宣讲爱国主义精神,我虽年少,但作为中国人,我自然也是压抑不住内心的怒火。

那天正在上课的我们,被外面高喊的口号声吸引住,学校里广大爱国学生的抗日怒火像火山一样爆发,毫不犹豫地参与到此次游行示威中,学生们纷纷手举横幅、旗帜上街游行,反对华北自治,反对日本帝国主义。前来镇压学生的警察、警车排成一排,手里端着刀枪杀气腾腾,学生们的爱国之情并没有因此被打压,我们不畏强权,继续跟随前进队伍高喊口号。队伍在行进的过程中,不断有爱国人士、学生加入,最后扩大到了四五千人,可无奈最后还是被国民党当局残暴血腥地镇压了,示威游行的队伍也因此被冲散。

在那之后的十几天里，整个北平的各大中学校的学生联合起来罢课，并再次组织游行示威运动，很多普通的老百姓被学生的爱国热情感染，送来水和吃的东西，有的主动参与到了游行队伍中来，那时才十几岁的我，第一次亲身经历了这样的游行运动，深感人民群众团结的伟大。

被怀疑是地下党　日本派出所内险象环生

1937年七七事变之后，日本帝国主义全面侵华战争正式开始，居住在北平的我们沦陷在了日寇的贪婪掠夺与残暴不仁中，并度过了长达八年的时间。在这个人人自危的年代里，尽管我小心翼翼地生存，但最终还是没能逃过战争的"魔爪"。

1938年的一天，一个陌生男人忽然闯入我的家中，二话不说，开口只问我是否叫麦佐曾，我点头回答是，他推开我径直走向了屋内，就如同所有电影桥段里演的那样，他肆意翻动我家的所有物品，最终在抽屉中找到了我的日记本，摆着一副险恶的嘴脸转身质问我："这是什么？"

当天，我被这个陌生男人带到了警察局并关了起来，到了晚上，我又被带到市警察局昏黄的灯光下，站着两三个人，还牵着一条狼狗，透过灯光，狼狗的眼睛里仿佛晃着绿光，虎视眈眈地盯着我看。这时，审讯我的人开口问道："知不知道自己犯了何事？"我左右思索许久，并没有想到任何事情可以导致我被抓进来，老实本分的我如实回答："不知。"这个人并没有为难我，他拿出一封书信。我定睛一看，原来是封不久前我同学从重庆发来的信件，发现文章包含"左倾"思想，他让我写"左倾"的思想，我写了一篇文章，大意是：我是学生不是共产党员。所谓"左倾"就是指在政治上追求进步、同情劳动人民的倾向，我向这名审讯官解释了个中缘由，他再次将我关进监狱中，等待审讯。那时候犯了事的人会先被关在警察局几日，再交接给日本宪兵队，如果是到了宪兵队的大牢，大概这一辈子也别想出来了。

两天后，我被母亲几经周折托付的广东学者力保出狱。机缘巧合，我在大街上撞见了那日来我家的陌生男子，他坐着黄包车从我面前经过，这时我才知道他原来是日本人的狗腿子。

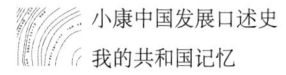

◎成长经历

由于家中突如其来的变故高中毕业后的我,不得不放弃读书参加工作,我第一份工作为生活所迫,考入日本公司做练习生,学习财务。在我21岁那年,因为家境贫困母亲的病未得到及时医治离我而去,我伤心欲绝。

直到1952年以后,我辗转来到了电力建设单位,依然从事老本行。那时候国家正处于建设的紧张时期,我曾因为工作原因调派到全国多个城市工作,也因此结识了我的妻子,并养育了一个可爱的女儿,后来我被下放到单位做瓦工,苦不堪言……

高中经历家庭变故　主动扛起家中重担

1937年对中国来说是不幸的一年,同样对我来说也是糟糕的一年。七七事变以后,由于父亲独自南下,去了香港,我们一家人失去了唯一的经济来源。因此高中毕业的我不得不放弃学业,被生活所迫来到日本一家公司做练习生,学习财务,赚取一些微薄的薪水来维持弟妹的学费和全家人的生活开销。我虽然在日本公司学习却一句日语也不会说,每天来到工作的地方,日本人教我们如何做工作,我们只要跟着学就可以,旁边有懂日语的人帮我们做翻译。

我刚参加工作时,正好赶上了日本为掠夺中国经济财富从而产生的"联银券"时期,日本人对法币和其他纸币加以回收和限制,迫使北平百姓只能使用"联银券"作为交易,这套钱币存在时间很短,而且由于日方大量支取"联银券"充当军饷,导致通货膨胀,随后又发行了百元以至千元大钞,绝大多数百姓生活苦不堪言。

也正是这年,市场上出现了一种新的粮食"混合面儿",日本人说营养价值高,这种面粉在我的一生中留下了深刻的印象,现在的人大概都不知道什么叫作混合面儿。混合面儿实际上是一种极劣质的面粉,其中掺杂着栗子皮、花生皮等十几种原材料,就算是其中有少量的杂粮也都是发了霉的,这种混合面原本是喂给牲口吃的,用这种面粉做出来的窝头都是黑色的,简直无法下咽,很多人都是因为吃了这混合面儿拉不出屎,路都走不动。即便如此,这种糟糕的粮食也是供不应求的,常常半夜就要去粮食店排队,还有拿着警棍的黑衣警察维持秩序,要是买不到的话,一家子都要饿肚子。

无钱看病　年仅 40 余岁的母亲因病去世

1942 年，我 21 岁时，慈爱的母亲骤然离世，使我经受了不小的打击。母亲是个节俭朴实的女人，这一辈子忙前跑后地为我们兄弟姐妹七个人操碎了心，自从父亲丢下一家人南下以后，整个家都靠她在支撑，平日里有些病痛也都是自己扛过去的，从来不和家里人说，怕孩子们担心。

还记得那一日母亲忽然腹痛难忍，腹部胀得像是揣了个西瓜，我们兄弟几人马上将母亲送往了医院，那时候家里特别困难，到了医院医生让我们缴纳 30 元的住院费，我们几个面面相觑，摸了摸口袋实在囊中羞涩。哪里拿得出这样高昂的治疗费用。但医院收不到住院费用坚持不愿意为母亲做手术，我不忍母亲受苦，交代兄弟照看好母亲，便一个人跑出医院，我刚刚参加工作，没有任何积蓄，无奈之下只好张口向左邻右舍借钱为母亲看病。

我几经周折拿着 30 元钱跑回医院，如数给母亲缴纳了住院费以后，医生却告知我们母亲的病已经晚了，死在了手术台上。最终母亲还是去世了，那一年她刚刚 40 岁出头，我知道母亲是死于急性肠梗阻，这种病是因为肠道内异物堵塞引起的，病情发展很快。在那个年代，每天都有上百人死于这样的病症，原因便是吃了那日本人所谓高营养的混合面儿。

工作中结识一生伴侣　对妻子一见钟情

1952 年，我几经辗转来到了北京土木建筑公司（电力部）从事财务工作，也就是在这一年，我认识了一生中最重要的女人，我的妻子——黄文彰。

20 世纪 50 年代，适逢新中国刚刚成立，中国女性的自我解放意识开始觉醒，"恋爱自由婚姻自主"的新恋爱观冲击和荡涤了统治中国千百年的"父母之命媒妁之言"式的传统婚恋模式。

我与妻子是自由恋爱，是同一个办公室的同事，她比我小七岁。初见她时，我便对这个梳着一头干练的短发、气质脱俗的天津姑娘产生了好感。随后的相处中，我们很快确立了恋爱关系，要知道 20 世纪 50 年代的时候谈恋爱还不流行看电影、吃饭、逛街，我们在工作中互相帮助、扶持，真心觉得那个时候的爱情很简单,也很容易满足。

两年后,我们结婚了。

说起结婚的事情,我一直觉得很愧对妻子,那个年代家境不好,不能像现在一样设宴摆席,就连一顿好一点的饭也没有吃上。即便如此,我还是用平日里节省下来的钱给妻子买了一枚金戒指,作为结婚的聘礼送给妻子,妻子很感动,因为在那个物资匮乏的年代里,这样一枚戒指包含了很多不一样的情感。

直到现在,结婚当天的情景依然历历在目。一纸婚约,两床新被子,几位好友前来恭祝,这样就算是结婚了。婚后的生活简单而幸福,妻子是个贤良淑德的女人,家里的一切全靠她来打点,我和妻子的感情很深,我们在工作中互相帮助,在生活里彼此照顾。我不会做饭,这一辈子都是她做饭给我吃,直到她去世前,依然坚持每天给我做饭,可惜2007年,爱妻因病去世,当然这些都是后话了。

结婚一年以后,我们有了一个可爱的女儿,我给她起名叫麦青。麦青出生后不久,我就因为工作调动被派往了内蒙古包头。1956年,我的妻子也被调动来到了包头工作,由于孩子太小,没办法适应新的环境,夜里总是哭闹不止。我夫妻二人只好将女儿送回了在北京的姥姥家生活。

麦老有一个哥哥,居住在南京。麦老说过他的很多兴趣爱好都是由哥哥带出来的。麦老家中虽然兄弟姐妹众多,但唯独和大哥兴趣最为相投,都说长兄如父,麦老跟随哥哥学了不少东西,包括打排球,年过90岁的老哥俩还会经常通话聊女排。

为国家建设跑遍全国各地　　"文革"时期遭下放做瓦工

　　因为我在土木建筑公司工作，当时全国正处于基础建设时期，因此我被公司指派到各地工作，先后在北京、包头、济南、天津等地，每周六天的工作时间，每天醒来有各种成本计算报表等着核对，所以周末想回北京看孩子便成了一件奢求的事情。即便如此，日子也落得安稳太平，我以为我的一生就会在平淡而忙碌中度过。

　　1960年粮食困难时期，正好赶上我在山东工作，老一辈的人肯定都还记得三年自然灾害的情形，国家正处于生产紧张的阶段，供不应求，买任何东西都需要票，如粮食需要粮票，用品需要工业票，没有票的话就不能买到东西。那时候正好赶上粮食紧张，每天只能吃白薯干喝水充饥，由于吃不饱饭，有人身体出现大面积水肿非常痛苦。

　　1966年，一场长达十年、给党和人民造成严重灾难的"文化大革命"爆发了，这是我一生中最受挫折的十年。还记得那时候的人们在全国发起了一场"破四旧"运动，红卫兵们高唱《大海航行靠舵手》《爹亲娘亲不如毛主席亲》，歌声此起彼伏，一浪高过一浪。每天上班前必须对着毛主席的画像，举着《毛主席语录》庄严宣誓，下班的时候还要对着毛主席画像进行工作汇报，如果你不这样做，就会被别人认定为反革命。因此，每天都过得小心翼翼。

　　1968年我从公司被下放到了农村做瓦工，每天从事着重体力劳动，一干就是三年多的时间。那段日子可以说是我人生中最痛苦的时候，我从参加工作以来一直从事脑力劳动，忽然间让我和水泥、沙砾打上交道，身心俱疲。

◎晚年生活

　　一直以来我的身体都很健康，直到95岁时，依然可以自己骑着自行车出门，生活基本可以自理。在我的印象里，我只有过一次比较严重的病症，医生下了三次病危通知，但仍然从鬼门关将我拉了回来。20世纪80年代以后，随着物质条件的提高，我的生活变得越来越好，为了弥补和妻子年轻时的遗憾，我们决定去旅游，但旅途中却闹了笑话……

晚年的我喜欢听世界古典名曲，喜欢看女排比赛，女排的精神深深感动着我。

曾患急性肾炎　被医院下三次病危通知

1976年我得了一场大病，这个病来得快，去得也快。起初的时候仅仅是水肿，早上起来以后眼睑水肿，或者在腿部有轻微水肿，到了医院做化验，尿蛋白急剧增加到四个加号，在医生强迫下住了院，三四个月的时间里被下了三次病危通知书。住院的时候，我的妻子每天都会给我送饭，但因胃口不好，我常常是一口都吃不下，妻子因为过度担心，经常在病床前哭泣，我看着她心想，我一定要挺过来，这个家还需要我！

由于生病导致我全身水肿，甚至连同事来看望的时候都不敢相认。之后的几个月里，我积极配合医院的治疗，中药西药一起治，还托人多方打听偏方，最后终于在妻子细心的照料下，我的身体逐渐好转。为了进一步调理身体，我向单位申请了病休。

完成心愿　陪同妻子外出旅游

我和妻子结婚几十年，因为工作忙碌，从来没有外出游玩过。退休以后，我二人打算去北戴河游玩。于是，说走就走，坐上火车直奔向往已久的地方。万万没想到，到了旅馆还闹出了一场笑话。

过去男女想要在旅馆过夜，必须要拿着结婚证件进行登记，证明是夫妻关系才可以同住在一个房间内。那日我和妻子下了火车，找到一个小旅店居住，在前台登记时，服务人员一定要我们交出证明是夫妻的证件来，才可以安排我们住在一起，我和妻子面面相觑，嘟囔道："谁出来旅游还会带着结婚证。"之后又和前台服务人员征求了好久，他依然斩钉截铁地说："不行！"没办法，我和妻子只好分开居住。白天的时候收拾好东西一起出去玩，等回了旅馆以后，就各回各屋，就这样过了两三天的时间，一日老板将我二人叫过去，说："你们看着像是夫妻，行了，可以住在一起了。"我和妻子打趣道："我们结婚已经几十年了，还是第一次遇到这样的事。"那次旅行虽然有些囧态，现在回想起来却是无尽的快乐。

这辈子唯一一次和妻子外出旅行的记忆，便这样深深地留存在了我的记忆中。

老人的养生之道

很多人都问过我养生之道是什么？其实哪有什么养生之道，我只能说大抵是因为我从年轻起就性子好，很少生气，也从不与别人发生口角。中医里讲过，生气伤肝，肝气郁结而导致身体生病，外加我喜爱运动，就算是现在年龄大了，我也不忘记健身，最喜欢的就是骑自行车，不论路途多遥远，只要可以骑车，我就不觉得累。

我喜欢看报，每天都要花至少四个小时在报纸上。《北京晚报》《参考消息》《中国电视报》都是我常读的报纸。晚年以后我给自己订阅了七份报纸杂志，早上起来头一件事便是看报，读报可以了解国家大事小情，让自己的晚年生活更加丰富。奥运会的时候，我每天都会守在电视机前等着看女排比赛，我喜欢女排的精神，团结而又坚韧的精神，值得现在的年轻人去学习。每当到了女排比赛，我都会用录像带将比赛全场录下来，等想看的时候随时回放。我的柜子里有上百盘黑色录像带，全都是我这几年录制的女排比赛还有动物世界。

在我年幼的时候家庭条件不好，又经历了抗战、"文化大革命"等变革运动，这一辈子虽然平淡却又充满了回忆。现在，生活条件好了，国家也越来越发达，我看在眼里乐在心里。如果让我形容这近一百年的生活，我只想用四个字来表达：知足常乐。

■文 / 徐梦然

☆采访手记

知足得以常乐

刚接触麦老的时候，给我留下了很深刻的印象，虽然已经年过九旬，却声如洪钟，开朗爱笑，一副老式眼镜架在高耸的鼻梁上。一进门便看见了老人慈祥的面孔，笑盈盈地招呼我们进去坐。他在给我们看旧照片时，总是侃侃而谈，每一

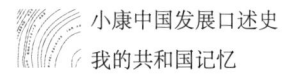

张都充满了回忆。由于老人不会做饭,所以除了吃喝方面由保姆照料,剩下的都是老人自理。麦老的房间里最显眼的莫过于那辆二八自行车,这辆车是麦老曾骑过的第三辆二八自行车。由于年龄关系,如今出门,他都是骑着老伴的二六女车。照顾他五年的保姆张阿姨说过,麦老特别喜欢骑自行车,还不愿意让人跟着。

麦老的一生或许和很多人一样平淡无奇,但却在这些平淡无奇的岁月里经历了多次由于社会变革而造就的不平凡的一生。在如今这个物质欲望横流的年代,我们或许无法理解老人如何做到与世无争,不求扬名立万,只求平安一生。可我知道,在那样的时代背景下,活着也许才是最大的渴望,老人一辈子没有争过什么,却也乐得快乐宁静。一个历经风雨的百岁老人,最后在总结他这近百年的一生时却只用了"知足常乐"四个字来形容。

老人经历过国家最动荡的年代,民国政府、国共内战、日本侵略、中华人民共和国成立,以至于后来的三年自然灾害、十年"文革"动乱等。或许我们从历史书中学习了很多英雄人物的传奇故事,但我却认为小人物的一生才是最值得被后人挖掘记载的,就如同一千个人就有一千个哈姆雷特一样,每个再平凡的人都有一段不平凡的过往值得后辈去细细品味。

麦老做了一辈子的财务工作,在电力集团负责成本核算,在国家最需要人才的时候他奋不顾身地投入了生产建设,从1952年起致力于电力基本建设财物工作,50余年间辗转于全国各地,甚至最心爱的女儿都没办法亲手带大,就算是这样他依然没有逃脱20世纪70年代"文化大革命"给他带来的不幸,"文革"确实改变了一代人的命运,那代人的伤痛也随着时间的流逝被掩埋在了历史的长河中。好在一切痛苦都已经过去,麦老晚年的生活很幸福安逸,现在的他偶尔看看电视、读读报纸,闲下来还可以骑着他最爱的自行车四九城转悠,这大概就是麦老所说的"知足常乐"吧!

■文 / 徐梦然

◉ 忠厚传家篇

张兰芬
以爱筑美德之家　用行动传承书香

张兰芬坐在客厅打毛衣，大女儿童自恒在一旁陪伴。每天下午午休结束，闲不住的张兰芬总习惯给自己找点活干。女儿童自恒介绍，小时候家人的毛衣都是母亲一针一线织成的，穿着母亲织成的毛衣，他们姐弟五人冬天从没挨过冻。

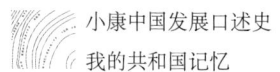

◎人物小传

张兰芬，1915年出生于浙江宁波一户富裕人家，她从小被送到学堂上学，受中国传统文化的熏陶，这也奠定了她一生的精神富足。

1938年，张兰芬与老实内向的丈夫成婚后即来到上海谋生，育有两女三儿，上海解放后她又携子女随丈夫工作调动并定居北京。

2015年5月，张兰芬平静地度过了她的百岁生日。如今别看她年龄过百，身体却依然康健，头脑也很灵活。每天还要坚持早起练气功，不仅生活基本自理，还能做些洗衣、择菜的家务活，有兴趣时她会弹弹电子琴、练练毛笔字，甚至在子女的陪同下一起搓搓麻将……

她的五个子女都很孝顺，小辈们对她也是照顾有加，每天都有人轮流陪在她身边照看。她经常挂在嘴边的一句话就是："人活百岁是福，我要好好珍惜咯！"

◎童年

殷实家境成长　摆脱传统陋习

1915 年，她降生在浙江宁波一户张姓富裕家庭，由于是张家的长女，父母为她取名张兰芬，希望她能拥有像兰花一样芬芳美好的气质。

据家谱和宗祠记载，张家是明朝万历年间杰出政治家、中国历史上著名的改革家张居正的后人，家有几十亩土地和一家南北货店铺。由于她的父亲自小体弱多病，所以并不亲自从事经营，而是将土地、店铺交给别人打理，只是到时收收租子，一家人落得清闲自在。

她的出生为这个家庭带来不少欢乐。听母亲回忆，她自小聪明灵巧，非常懂事，很受父亲疼爱，经常在院子里抱着哄她入眠。到了会走路的年纪，她常常跟在堂哥、堂姐屁股后面玩耍，一起踢足球、捉迷藏，家中的佣人有时也会陪着一起玩耍，很快乐。

到五六岁时，家里就是否给她缠足发生了分歧。年长者根深蒂固的观念认为"足小为美"，女孩就应该缠足，小脚是身份的象征之一。而她的父母接触过一些"新书"，观念比较开明，认为缠足会对孩子身心造成伤害，她的母亲就已经深受其害。这样，在父母的反对下，她逃脱了封建礼教的束缚，最终没有缠足。

冲破世俗求学　何惧顽童戏弄

转眼间，张兰芬已经 10 岁了，父母认为女孩应学习一点文化，于是她和年长一岁的堂姐一起被送进了附近的学堂。在那个时代，女孩能够到学堂上学的还很少，她成了班里仅有的一名女生。

那时学习的主要功课有国文、算术、音乐、体育、大字课等，她天生聪颖，在班上学习成绩优异，每次文化课考试都名列前茅。回忆起上学那段时光，除了令她现在想起来还感到自豪的考试成绩外，更加难忘的却是每天放学后路上受到男孩子恐吓时的心情。

"张兰芬来了!张兰芬来了!快打!快打她!"在她放学回家的路上,经常遇到几个男孩子挥舞着小树枝,从远处向她跑过来,边跑边喊。她被吓得战战兢兢,拔腿就往家跑,那几个调皮的男孩子在后面虚张声势地紧追不舍,直到她跑进家门才停止。为了防止发生意外,她会尽量和堂姐一起走,或者让家中的佣人按时接送。

张兰芬很喜欢上学,因为在学校里她学到了很多东西,学会了认字,学会了算术。她儿时最喜欢的小说是《薛刚反唐》,这部小说她反复看了四五遍。每天放学回家以后,她都会躲在院子安静的角落,手捧小说一字一句地读,看到精彩的地方还会跟着书中的人物手舞足蹈。院子里做工的用人看到她入神的样子,都会忍不住笑起来。

早上八点半,趁着阳光还不太足,天气不是很热,大女儿董自恒、二儿子董景阳陪母亲在楼下散步。一边散步,母亲与子女边聊着家长。好一幅温馨的场景!

十三四岁，舅舅教会她如何识乐谱、弹风琴。她虽然年纪不大，但很有音乐天赋，舅舅稍微一点拨，就能领悟要点，很快她就弹得一手好琴。现在儿女在家中准备了一台电子琴，她有兴致时会坐在琴旁弹上几曲，手指依然灵活，当年的曲谱也仍牢记在心。

常怀善良之心　佳肴赠送路人

张兰芬 16 岁那年（1931 年），国家政治形势严峻，军阀混战，时局动荡，人们流离失所、饿殍遍地。学校也无法正常上课，她被迫辍学回家，担负起帮助父母照顾年幼弟弟妹妹的责任。

一天傍晚，她和弟弟妹妹在门前玩耍，突然一个衣衫褴褛、蓬头垢面的中年路人"扑通"跪在了她家院门口。他们闻声跑出去，只听那个路人呻吟着乞求道："大小姐，您行行好，我已经三天没吃饭了，求您给我点吃的吧！"她想了想，立刻不假思索地说："你等一会儿。"然后就朝厨房跑去。

进了厨房，佣人们正在准备晚饭，张兰芬掀开锅盖，见锅里有几只刚蒸好的醉鸡，她麻利地找了一块干净的屉布包起一只醉鸡就往外走，用人拦住她问要干什么，她把事情的原委告诉了佣人。佣人劝阻她不要去帮助一个毫不相干的人，但她没听，执意把醉鸡带出去送给那个乞讨的路人。路人感动得磕头不起，激动地说："大小姐，你一定会长命百岁的！"

突发伤寒重病　幸遇良医施救

在张兰芬 20 岁时已经可以替父母分担家里的大小事情，特别是负担起照顾家里几个弟弟妹妹的责任。

有一次，她在院子里洗衣服，弟弟妹妹和大侄子在玩捉迷藏。淘气的大侄子爬上水缸，一不小心头朝下滑了进去，缸里满是水，呛得他两只脚腾在空中扑打。她一个箭步冲过去拽，可是力气太小，怎么也拽不出来，急得她大声喊"救命啊！"她母亲听到呼救声急忙跑出来，大家一起把大侄子拉出了水缸。幸亏抢救及时，大侄子倒没什么大碍，可是经过这一场惊吓，张兰芬自己却得了场伤寒病。

这场病病得不轻,整天发高烧,吃不下饭,一个多月高烧也不退,身体日渐消瘦,越来越虚弱。父母为她请来了附近几位有名的郎中,可他们诊断后都对她的病情表示无能为力,甚至告知家人等着准备后事吧。她的父母担心得整日眉头紧锁,只能在家里烧香拜佛。

在全家人都不得已做了放弃的打算时,亲戚帮忙请来了宁波教会医院里的一位外国医生。医生来到她家,把她房间所有的窗户打开透气,并给她打了点滴、开了些药。没想到几天以后,张兰芬死里逃生,竟奇迹般地康复,以致家中谁见了她都不免感慨地说:"你真是大难不死,必有后福啊!"

◎婚恋

择婿注重品质　婉拒富家子弟

正值二十一二岁芳龄的张兰芬已经出落得漂亮大方,而且知书达理,家境也很优越,当时去家里说媒的人快踏破她家的门槛了,有些当地银行世家的公子也前来提亲,可她就是瞧不上,一一婉言回绝了。那时她心里就是想找一个老实本分能够一辈子对她好的男人,至于他有没有钱都不重要。

她姑姑家有一个侄子,从小就失去父母,跟着姑姑一起生活。小的时候,姑姑经常带侄子来她家玩儿。接触中张兰芬感觉这个小伙子待人接物都很懂礼貌,老实巴交不爱说话,喜欢一个人独处,显得有些不合群。

有一天姑父试探着问张兰芬对这个小伙子感觉怎么样,并告诉她,小伙子在钱庄做学徒,很积极上进,学什么东西都很用心。张兰芬最看重的就是一个人的品质,而小伙子身上的老实与勤奋让她很喜欢,对他的喜欢里也包含一些同情。小伙子从小失去父母的宠爱,寄养在伯父家长大,因此也养成了凡事吃亏忍让的习惯。这使张兰芬觉得心疼,想一生一世去好好照顾他。

在张兰芬做出要嫁给小伙子的决定后,父母曾一度想方设法加以阻挠,旁人也在背后说她太傻:有钱公子看不上,非要下嫁给一个穷小子。然而她和小伙子的感情是真挚的,在她的执意坚持下,父母最终还是勉强同意了这门婚事。

1937年，在一个阳光明媚的上午，张兰芬坐着花轿，在亲人的祝福中出嫁了。

战乱辗转流离　油条稀饭果腹

成婚不久，因为日本侵略在即，宁波战事混乱，民不聊生，夫妇二人决定前往上海谋生。一同逃难到上海的还有张兰芬的两个表妹，大家租住在上海法租界一个弄堂的狭小房子里。丈夫在上海一家银行谋到一份会计的工作，每月34银圆的微薄收入勉强来维持这一大家子人。有时家里买不起蔬菜，每人只能拿一根油条蘸酱油就着稀饭将就下肚，有时还要受二房东的欺负，不定时地催缴房租和任意地谩骂，过着惊恐的日子。

没过多久，张兰芬的父亲在战乱中病逝，母亲也只好带着子女来投靠他们。他们毫无怨言并且很用心周到地照顾老人家和其他弟弟妹妹。为了补贴家用，丈夫不得不利用下班时间到表叔的药店兼职，多挣一份工钱。他们的五个孩子就在这样艰难的环境下陆续出生，张兰芬既要赡养老人，又要照顾孩子、体贴丈夫，从早忙到晚，一刻也不停歇。这样的状态一直持续到新中国成立，家庭经济状况才稍有缓解。

恩爱相敬如宾　患难模范夫妻

1952年，丈夫响应国家号召支援内地建设，被分配到北京一机部工作，并在西城区百万庄分配了宿舍。1954年，全家从上海搬到了北京，生活条件改善了许多，但几个孩子的生活、学习还需要有人照顾。和其他家庭妇女一样，张兰芬每天的主要家务就是到家附近的合作社买菜，然后尽可能精心地准备好每顿饭，保证丈夫和孩子们工作学习所需要的营养。

白天空闲的时候，她会读书看报，或拿出针线织织毛衣。"父亲和我们五姐妹的毛衣基本都是妈妈亲手织的，我们穿着妈妈织的毛衣很暖和，没有挨过一天冻。"她的大女儿经常骄傲地对外人说。

丈夫白天上了一天班，晚上有时会利用业余时间出去放松一下，打打乒乓球或者唱唱曾经很擅长的京剧。每次丈夫出门前，张兰芬会把他换洗的干净衣服熨烫整齐摆放在床头，使丈夫在外面永远穿着干净得体。无论丈夫多晚回家，她都会等着给他开门，哪怕已经半夜了也从不抱怨。

两口子就这样相濡以沫，举案齐眉，除了一些小小的摩擦外，一辈子从没有因为任何事吵过嘴，堪称模范夫妻。在这样的家庭环境下成长起来的五个子女也都以父母为榜样，个个心地善良、举止端庄。

◎生活

恪尽工作职守　淡泊名誉利益

由于当时的历史原因，张兰芬一生大部分时间在家相夫教子，只有短暂两年的工作经历。

1958年正是国家"大跃进"高潮的时期，街道把没有工作的家庭妇女纷纷组织起来办街道工厂，为建设祖国尽一份力。张兰芬作为一机部职工家属，也响应国家号召，到西城区展览路街道的一机部职工家属工厂上班，主要工作是焊锡、剥云母片。

那时她每天天不亮就得起床，做好全家人一天要吃的饭菜。因为工作的午休时间很短，根本来不及回家做饭，所以必须在早晨把一天的饭菜都做出来，为了防止饭菜放凉了，就自己做一个很大的草窠塞上棉絮把菜温在里面，这样不管谁什么时候回到家都能吃上保温的饭菜。

没有了"后顾之忧"，张兰芬一心扑在工作上，因为从未走出家门劳动过，开始时她感到很不适应，每天从早到晚手忙脚乱安排不开，晚上睡觉就感到腰酸背痛、手脚浮肿，即使这样，她也从不抱怨，在工厂忙忙碌碌，回到家照样洗衣做饭。

由于工厂的工作是按照工作量进行统计的，张兰芬因为初来乍到，干得较慢，因此总是排名靠后，为了赶上大家的工作效率，她只好经常加班加点延长劳动时间，这样才慢慢能够跟上大家的步伐。在同事的印象中，张兰芬是一个不会讲普通话，也不太爱说话，从不争抢荣誉，只知道埋头苦干的老实人。

阳光明媚的午后，张兰芬坐在钢琴前弹奏《学习雷锋好榜样》，婉转、美妙的音符在她的指尖流转。张兰芬从小就对音乐非常喜爱，并擅长弹钢琴、手风琴。现在即使年已过百，依然对音乐热爱有加。

1960 年，因为身体和家庭的原因，张兰芬不得不放弃在工厂的工作返回家中。在她的百年人生中，走出家门参加工作这短短的两年无疑也是她人生中难得的经历。然而每当回忆起这段岁月时，她总是轻描淡写地一笔带过。因为在她的心目中分量最重的还是自己的家庭。

"退休"不享清福　照旧里外忙碌

1981 年丈夫不幸因病去世，突如其来的打击使张兰芬伤心了很长一段时间。以后她和小儿子一家在一起生活了十余年，虽然那时已经年过六旬，可她依然希望能在家庭中贡献余热，力所能及地帮助子女带孩子，直到把孩子照看长大后，

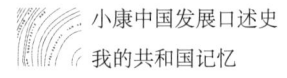

才在家庭生活中"退休"。

"退休"后的张兰芬还是闲不住，每时每刻都要给自己找点家务干，孩子烧饭她就打打下手，还有收拾房间、整理东西、搞卫生之类的事情，总之一刻也不闲着。后来年岁越来越大，体力也减弱了，孩子们通过举行家庭会议决定由兄弟姐妹五人共同轮流照顾她的起居生活。

在她的房间里可以看到一张子女排班表，上面整齐地排列着子女们从2000年到2015年每年的排班情况。子女们经常说母亲为他们付出了一辈子的心血却从不索取，现在他们退休了，主要精力已经从工作转移到了家中，他们希望能让母亲度过一个安详的晚年。

子女尽心照料　品味生活乐趣

由于年龄的原因，张兰芬的牙齿早已掉光了，消化功能也逐渐减退，子女们为了照顾她，把每顿饭菜都烧得尽可能软烂些，还要少放油、盐等调味品。他们常年陪伴母亲一起生活，也逐渐适应了这种饮食方式。为了让母亲的身体营养均衡，他们改进了多种菜肴，每道菜都尽可能做到既符合老母亲的胃口，又要保证营养丰富。在照顾母亲的过程中，子女们不仅仅单纯关注母亲的饮食起居，而且做到了更深层次的"孝"与"敬"，一有时间大家就尽可能聚集到母亲身旁，陪她聊聊天，看看电视，有时还搓搓麻将，充实她的精神生活。

别看张兰芬老人已年岁过百，后背也有些佝偻，但腿脚很好、精气神儿十足，她很愿意与子女们一起到外面转转，因此子女们会在比较适合老人出行的晴朗天气开车带她出去到公园走走，看看外面的大千世界。有时在公园里散步时，孩子们走半圈就觉得有些累了，她却越走越轻松，有时还要停下来等等他人。

子女的陪伴使张兰芬老人能够长期保持愉悦的心情，她在晚年生活中找到了自身的价值。干家务活一辈子操劳习惯了，现在家里什么事都不需要她帮忙，有时会莫名产生挫折感。子女们觉察到这一点，就适可而止地在生活中为她找点事做。在厨房烧饭炒菜已经不太现实，子女们就把饭前择菜、洗菜，饭后收拾碗筷的部分活儿留给她干，使她仍然能感受到自己是家庭中不可或缺的一员。

其实经她洗过的碗，子女们还要趁她不注意时再洗一遍；经她择过的菜还要偷偷再择一遍，因为毕竟她的眼神不太好，已经看不太清楚了。子女们经常对她说，他们太依赖母亲了，母亲是全家的宝贝。当然对于她来说，子女们的幸福也是她一生奋斗的结晶。

◎养生

一生心态平和　老年顺其自然

"大小姐，您一定会长命百岁的。"儿时她送给门口乞讨者一只醉鸡后所听到的一句感激的话，竟然真的在她的身上得以实现。

人生步入老年，该是可遇而不可求的福气，这种福气伴随着人生在平淡朴实中自然而然逐渐衰老的过程和形式而存在，正所谓仁者之寿。当一个人郑重其事以致孜孜以求地关注长寿的时候，反而十有八九会事与愿违。

张兰芬老人总结自己的长寿秘诀最主要的还是心地善良、心态平和，一切顺其自然。

张兰芬一生以他人为重，事事为他人着想。儿时帮助父母照顾弟弟妹妹；出嫁后相夫教子；母亲年迈时她又回到母亲身边尽孝；在她自己步入老年后，还在尽力帮助子女把孙辈带大……穷其一生，她时时处处考虑的都是别人，唯独没有她自己。在她的脑海里就没有"自私"这个词，她的一生真正在自觉地践行作为一名贤妻良母必备的优良品质。

每当有人向她询问如何保健养生的问题时，她自己也不知道应该怎么回答，她只能谦虚地说："如果一定要说有什么养生秘笈的话，我的长寿大概跟有规律的饮食作息习惯、坚持了20多年静坐气功、喜欢劳动运动、爱动脑筋有一定的关系吧！"

张兰芬老人的饮食作息都很有规律，无论严冬酷暑，她基本保持以下作息时间，哪怕除夕，也都坚持有规律的作息。每天早上5点半起床、8点吃早饭、上午做家务、12点吃午饭、13点午休、14点起床、15点吃些许点心、18点吃晚饭、21点准时入睡。

上午,二儿子董景阳帮母亲准备好宣纸,磨好石墨,张兰芬饶有兴致地写起大字来。从小在课堂学会的书法,张兰芬一辈子都没有丢,不时就练练。然而随着年岁的增长,眼神越来越不好使,她现在已经不经常写大字了。

练习静坐气功是她坚持了20多年的运动。20多年前,老人的腰不慎扭伤,她的一位外甥女建议她可以练静坐气功以活血松筋,从此她每天早上起床后就要在房间里静坐半个小时以上。慢慢地有效果了,连年轻人都不太容易恢复的腰肌损伤,在当时已年届八旬的老人身上奇迹般地恢复了。体会到了静坐气功的益处,她现在每天都要坚持练习。甚至在她79岁因锁骨、股骨骨折卧床休息期间,依然坚持在床上练习气功。每天早上起床后静坐在沙发上,均匀地吸气、呼气,一会儿的工夫就青筋进出、脸色红润。早上练上半个小时,整天气血都是畅通的。

练完气功,老人"忙碌"的一天就开始了。可以这样说,只要老人没在睡觉,就一定是在活动的,她总会给自己找出点儿活儿来干。早上起床收拾房间、扫地、用抹布擦家具、洗自己的小件衣物、做饭时到厨房帮助洗菜等家务她都会抢着干。午休结束后,实在找不到什么家务做,她就坐到沙发上织毛衣,以至于家中有不少毛衣已被她织了拆、拆了再织,反复好几轮了。

除了做家务,老人也有自己的爱好。她从小养成的读书、看报习惯一直坚持到现在,所以子女们回家也经常带《老年文摘》回来给她看。有时看书看累了,她会取出自己的文房四宝,挥毫练上一篇大字。她写过的字,有些到现在还被好好地保存着,已经有厚厚的一盒了。除此之外,从小跟舅舅学会的弹琴手艺也一辈子没有丢,饶有兴致时她会坐到电子琴旁叮叮咚咚地弹上两首。2015 年 9 月,为了庆祝抗日战争胜利 70 周年,老人还专门练习并为大家弹奏了《中国男儿》《学习雷锋好榜样》等红色歌曲。

张兰芬老人一生为家庭的付出,子女们都看在眼里、记在心里,他们现在就像照顾孩子那样地去关心照顾自己的母亲。老人听力不好,聊天交流有困难,但她喜欢打麻将。为了帮助老人活跃大脑、锻炼思维,家里的子女包括孙辈的儿女一有空就会赶过来凑成一局,陪老人玩上两三个小时。别看老人年纪大了,在麻将桌上可一点不服老,孩子们有时都会输给她。子女们常说,一打起麻将,母亲变成 60 岁,我们反倒更像百岁了。

优雅地老去,那是文化的境界;体面地老去,那是物化的境界。二者内涵太讲究了。只有像张兰芬老人这样,平平淡淡从从容容地老去才是最自然而然、顺应天命的精彩人生。

■ 文 / 丁金蕊

☆ 身边人讲述

我的姥姥我的宝

人常说,"家有一老,如有一宝。"我们家便有一个每天还在不断增值的宝。

故事要先从我的母亲说起，母亲今年75岁了，但仍然身体健康、精力旺盛、爱好广泛、童心不泯。别的老太太唱歌她觉得不过瘾，偏要自己当指挥才觉得够味。在我们那个地处近郊的中低端小区里，她领着一群拆迁后致富的当地村民坚持每周一次练歌学曲，愣是把这个曾经五音不全的小区合唱团带成了大兴区的前三名。钢琴弹了一辈子水平停滞不前了，她又练上了手风琴，幸亏平时邻里关系好，否则一般的邻居还真忍受不了她那气势恢宏却难说连贯的音符串的刺激。

老妈从不掩饰对舞蹈的狂爱，平时不论去串门还是去超市购物，见到广场上有人跳舞就眼馋腿发痒，恨不得马上蹿上去露两手年轻时的朝天蹬的基本功（当然现在只能踢到10点钟方向了），只要老太太一出手，还是挺博眼球的。电脑游戏也是她的爱好之一，"连连看"玩腻了，开始学"斗地主"和"保卫橙子"，经常是夜里11点后我都要以"法西斯"的粗暴态度加上"养生堂"的时尚理论连批评带吓唬把她撵回房间睡觉，否则真不知道她会玩到几点！总之，她就是老顽童一个。不过你们不要误会，我今天要炫耀的主角并不是我老妈，而是我老妈的老妈——我那年过百岁的姥姥。

作为一名财经频道的编导，我喜欢先报几个数字。姥姥1915年出生，属兔，按中国的算法今年2015年是101岁，按西方的算法是100岁零四个月。小学毕业，有六年的正规文化基础，写得一首好字，但近两年写得有些少了。她有五个子女、五个孙辈、六个重孙辈。每次祝寿的标准规模是26人，且每年几乎很少有人缺席。每次人来全了，鞋就至少50只。在小区里，我们这个家庭可以说是最令人羡慕的，因为我们有小区里最稀缺的资源之一——百岁老人。

据不完全统计，在北京市，百岁老人应该有500多位。我们经常这样鼓励她：您努力保持，您现在已经是北京市五百强。再努力一把，争取进全国五百强，进世界五百强。每次听到这个话，姥姥眼里总是闪现出一些难以捉摸的目光。据我分析，有一丝不屑的成分，用一句前些年时髦的话来说："眼中飘来五个字——那都不是事儿。"姥姥是个谦逊的人，但在长寿这件事儿上，她却有了骄傲的资本。她是一位"年龄＋心态＋质量"都让人羡慕的百岁老人。

姥姥的长寿秘诀我们总结了很多次，可是总觉得没有什么神秘之处，可能只有几个字，好像在"养生堂"里都听说过：生活规律、心宽、注意营养、适度运动。

姥姥每天的作息极其规律，就像是一台时钟一样。早晨5点半起床，做一小时气功；洗漱完毕后，8点完成早餐，品种是牛奶和点心；饭后有人在身边就聊会儿天，没人就拿起布来擦家具和窗台，有时看会儿电视，有时打会儿毛线。午饭前会帮助洗菜择菜，午饭后是一小时的午休。下午打会儿麻将或看会儿电视，5点半洗脸洗脚，晚饭后聊天或打麻将，睡前会喝一杯牛奶，在9点前就寝。姥姥是个待人很周到的人，每个客人进门必给泡水，吃完饭必递毛巾，但她从不会熬夜待客。即使是年三十她也是到了9点就和大家打个招呼去睡觉。她觉得自己长寿健康，不给子女添麻烦就是最大的贡献。

姥姥心宽，她是宁波人，从小听她说的最多的就是"蛮好咯"。当年全家七口挤在两居室时，她说"蛮好咯"。后来唐山地震，全家搬进了地震棚，她还是说"蛮好咯"。姥爷去世后，她没了收入，子女们每次问她钱够不够花，她还是那句"蛮好咯"。79岁从床上摔下来锁骨骨折，大夫告诉家人这个年纪的人有可能今后就再也起不来床了，我们问她感觉怎么样，她还是说"蛮好咯"。也许是说多了这个词，从此百年人生走过来了，她如今可以算得上真是"蛮好咯"。这几年，连伴随她多年的皮肤病和胃病也都消失了，我还发现连原本就不多的老人斑也变得更少了，皮肤显得更加白皙而有光泽，小区里的人都亲切地叫她"老美人"。

姥姥有几个宝贝的小罐子，里面装着她最爱吃的几样营养品——奶粉、饼干、枸杞、人参，偶尔也会吃点西洋参。不但自己吃，还不忘多熬一些给我们这些晚辈。我们明知这些营养品有效，但真是没人能像她这样有规律地持续补养。其实养生也是一种能力，姥姥从80多岁就没牙了，少食多餐是她保证营养的方式。

姥姥爱静但也不怕动，只要不耽误睡午觉，她很愿意跟我们去一些近处旅游，99岁时我还带她小爬了一下妙峰山。有趣的是当时因为没有带老年证证明自己的年龄，她75岁的女儿也就是我的母亲因为有证所以免费登山，而百岁的姥姥却是购票进去的，可姥姥一点不生气，还是那句"蛮好咯"。

现在我已经搬了新家，姥姥依然住在我原来的房子里。妈妈有时会过来帮我照顾孩子，她和舅舅、阿姨约定每人一个月轮流照顾姥姥。如今老妈总是一有空就往家跑，我们总觉得她每次这么从东跑到南，走1/4个北京去看妈太累，但是她总是说不累。每次下楼遇到熟人问她去哪时，她总是故作为难状地说："想妈了，不能光顾着自己的孩子呀，咱还是有妈的人呢！"说完后在别人羡慕的目光中脚步轻快地向地铁站跑去，这背影时常会让人想起放学的高中生，在她眼里回家吃妈做的饭是人生最美的事。

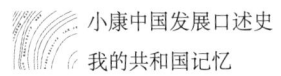

其实说句实话，姥姥根本不盼着她回家去照顾，她的身体状况让我们这些孙辈都有些望尘莫及。记得我妻子曾经羡慕地和我说，姥姥每天拿着灌开水的壶，连像她这30多岁的人举着都费劲，她有几次想从姥姥的手中抢下来替她灌水都没有成功。我记忆深刻的还有姥姥每次亲切地拍完我妻子的肩膀后，她都会龇牙向我表示："手劲太大，痛呀！"

我们不知道姥姥还能与我们相伴多少年，但她带给我们的都是满满的正能量，她的存在是家庭的福气，也是社会的福气。因为有了她，一个家庭可以开心地工作、开心地生活，一个家庭有了强大的凝聚力和创造力。我祈祷老天赐予姥姥更多健康快乐的时光，让她创造更加长寿的奇迹。

■文 / 吕忻

☆采访手记

张兰芬奶奶，温雅贤淑，气质如兰。据家谱记载，张家是明朝万历年间杰出政治家、改革家张居正的后人，数百年来家学世代相传，源远流长。奶奶从小被父母送到学堂读书学理，深受中国传统文化的熏陶，更是高情远致、精神富足。

奶奶给穷苦人一只醉鸡，所谓"做善良之事，行仁者之寿"大概就是这样的。人生能步入期颐之年，是可遇而不可求的福气，这种福气十有八九伴随着对人生平淡自然的态度而来；当一个人孜孜以求地关注长寿的时候，反而往往会事与愿违。换来长命百岁的哪是一只醉鸡，那分明是仁厚的心性——长寿看似很简单，但是能做到这一点的又能有几人呢！

优雅地老去，体面地老去，那是文化的境界。像张兰芬老人这样，从容地老去才是自然而然、顺应天命的精彩人生。

■文 / 丁金蕊

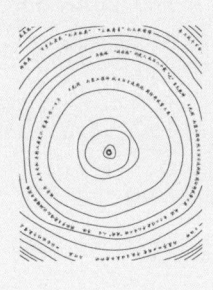

品质生活篇

力伯师：两度享四世同堂 平淡生活是长寿秘诀

马竹英：旧社会的巧手裁剪匠 新中国的『闲人马大姐』

涂兆祥：随潮流而动 年老心不老

杨德厚：百岁元老获『元老杯奖』 『太极寿星』忆太极情缘

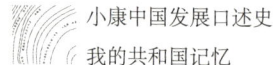

小康中国发展口述史
我的共和国记忆

力伯师

两度享四世同堂　平淡生活是长寿秘诀

力伯师"玩"电脑

◎ 品质生活篇

力伯师

◎人物小传

　　力伯师，1914年4月生于北平。曾在国立北京高等师范学校附属小学校（现在的第一实验小学）、贝满中学（后来的女12中学，现在的166中学）、南京金陵女子大学、燕京大学就读。毕业后，她先后在天津英租界做家教、在天津基督教女青年会任干事，抗战时到成都就职于铁路系统，新中国成立后一直在北京铁路局做财务工作，直到退休。

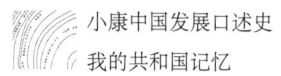

◎幼年篇

1914年4月,我出生在北平宣武门外的老墙根地区。我的父亲曾留学日本学医,回国后在不同单位就职,后来在宣武门外大街自己开了一家私人诊所,我的家庭在当时来说算是中上等。在自家的四合院里,我度过了快乐的童年时光。

生于北平老墙根　祖上行医乐助人

我祖父名叫力钧,是个举人,是晚清时著名的医学家、学者和藏书家,家里留有不少中医的医著及藏书,现在国内多家图书馆中都收藏有他的著作和书籍。

祖父年轻时从福建来到北平。当时的宣武门外老墙根一带很荒凉,我的祖父在这里租了地,盖起了一个很大的四合院,后来一大家子几代人都住在这个四合院里。我就出生在这里,这是我童年与少年时代生活的地方,它给我带来很多快乐的回忆。

祖父精通中医,但深知中西医各有所长,于是,祖父就送父亲东渡日本,在熊本市读医科、学西医,我的母亲跟过去陪读。在那里,母亲生下了哥哥力伯雄。父亲回国后,曾在不同单位任职。后来,他在宣武门外大街开了自己的诊所,而我的母亲则在家照顾我们三个孩子。

在当时的社会环境里,我家算是中上等条件,家境不错。留在我童年记忆中的是父亲从日本带回来的一些从没见过的"洋玩意儿",记得有冰箱和织袜机等。那冰箱是"土冰箱",和现在的冰箱完全不是一回事,不用电,是硬木做的,形状类似床头柜。分上下两层,上层放食物,下层放买来的大冰块,再下面还有一个托盘用来接冰块化成的水。

盛夏时节,不仅食物可以保鲜,冰融化时吸收室内的热气,还有空调的作用呢。当我的小伙伴到我家来玩时,我们经常把冰块儿从冰箱里掏出来,放在手心里把玩,冰冰凉凉,很舒服。难熬的暑热似乎因为冰箱的存在而变得"清凉"了很多。

那架织袜机是个简单机械,它是母亲做"女红"的好帮手。有了它,母亲的事情就更多了。我放学后回到家还经常看见她在机器上忙碌着。

除了冰箱与织袜机,让我记忆最深的就是家里的那台电话了。电话机是很原

品质生活篇

始的，开始需要用手摇，那时有电话的人家很少。电话是父亲工作所必需的，因为时常有病人打电话来预约看病时间或者在半夜请我父亲出诊。当时能够打电话来的病人大多是"有钱人"，而宣武门外是较为穷苦人的居所，如拉洋车的、剃头的、小商贩等。父亲在为他们诊治时，总是考虑尽量节省费用，有时少收或免收他们的诊费，这些事儿我都看在眼里。

父亲平时不爱说话，甚至有些威严，但对于病人不管穷富都很和蔼。每当看到他解除了病人的病痛，并照顾那些较穷苦的病人时，我总是对他肃然起敬。

童年还有一件事记忆深刻。祖父过70大寿，家里专门请了戏班子来唱戏，很多亲友与街坊四邻也都请过来观看，好不热闹。唱的哪几出戏我已经记不得了，但和伙伴们挤在人群中看大戏的场景仍经久不忘。

| 1946年春节，力伯师全家福

二月春风放沙燕　四合院里有童年

我真羡慕现在的孩子，如我的重孙、重孙女，他们有那么多可玩的玩具，那么多可去的地方。而我的童年大部分时间是在那个很大的四合院里玩耍，虽然有些单调，但别有情趣，十分快乐。

那时候我的"发小"大多是生活在这个大院里的表兄弟姐妹们。我们常常可以找到四五个玩伴，大家在一起放风筝、滚铁环、跳大绳……在我的童年里，那是在四合院里"摸爬滚打"、互相嬉戏的童年。

说到游戏就不得不提到放风筝，它是我众多童年记忆里印象最深的一个游戏。老北京的风筝中，有一种最具代表性的风筝，那就是其外形像一个"大"字形的"沙燕儿"。沙燕儿有胖瘦之分。胖的像"大胖小子"，瘦的像"亭亭玉立的少女"。

我们女孩子还是喜欢瘦沙燕儿，但是不喜欢纯黑色的，而是喜欢那些加了蝙蝠、桃子、牡丹等吉祥图案，五彩缤纷、生动活泼的。那时城市中电线不多，但树木还是不少，所以家中四合院空地上最适合放风筝。到了每年的二三月份，在我们的央求下，家长就会给买风筝。

放了学，伴着和煦的春风，我们几个小孩就在院子里玩开了。我不会放风筝，每次都是等表哥把风筝放到天上之后，我再小心翼翼地从他们的手里接过转轴，然后用力扯着线，不让风筝掉下来。虽然没能体验风筝被自己放到天上的快感，但掌控风筝的过程还是让自己兴奋不已。

除了放风筝，滚铁环、踢毽子、跳大绳也是那时我们爱玩的游戏。铁环是院里男孩子们的，每次他们拿出来玩的时候我总是跟在后头跑，乞求他们给我玩一会儿。那铁环滚动的吱扭声伴随着孩子们的欢笑声成了我儿时难忘的记忆。

除了游戏，就要说吃的了，印象较深的是吃菱角。那卖菱角的小贩的吆喝声在宁静的胡同里格外清脆悦耳。他们一般是下午时分来胡同里，而我们几个小伙伴总是在小贩快要到的时候扒在胡同口张望。远远看到小贩的身影，我们便跑回屋子里跟大人撒娇，让他们掏钱。而大人们也总是拗不过孩子的执着，掏出零钱时还总不忘说上一两句："别买太多，吃多少买多少。"

◎ 求学篇

出生在旧中国的我，相比起很多同龄人来算是很幸运的。除了家庭条件允许外，父亲认为女孩子也需要受到良好的教育，才能够自立于社会，这使我有了上学的机会。家里一直供我从小学读到大学，哥哥也为我读书给予了大力资助，我真的很感谢我的父母与兄长。

一路走来我认识了很多人，我读小学时周恩来总理的夫人邓颖超是我的级任老师（相当于现在的班主任），读燕京大学时司徒雷登是我的校长，他们给我的印象使我终生难忘。

求学路上遇"贵人"　班主任是邓颖超

1920年我六岁，当时和我的一个表妹一起报考了师大附小（当时正式的名称是国立北京高等师范学校附属小学校，也叫北京师大附小，现在为北京第一实验小学）。那时没有统一考试，要上哪个学校就要事先报名，然后在指定的日期参加学校的考试，考上了才能入学。

考试在进门不远的一幢二层木制小楼里进行，面试我的是一位年轻的女老师。她个子不高，留着齐耳短发，有一双明亮的眼睛。她问问题时很和蔼，给人很亲切的感觉。师大附小是当时很有名的公立学校，能考上那个学校我非常高兴。开学时又是那位老师把我们接进了那个小楼的教室。她告诉我们她姓邓，是我们的级任老师邓颖超老师。

记得初入学时，她叫我们把课桌椅在教室里围成一个圈，而她坐在最前面，给我们讲简单而有趣的小故事，从故事内容中引出要学的字词和记数方法。有时她会引导我们复述她讲的故事，讲得好时给予鼓励。下课后，她总会带着大家到院里活动，做捉迷藏等游戏。

邓老师几乎教授所有的课程：语文、算术、唱歌……她语言清晰、态度和蔼，也十分耐心。那时候我话并不多，和邓老师没有太多的交流，但她总是对我们每一个人嘘寒问暖，极力照顾好每一个学生。

我很幸运，在人生路途中遇到的第一个老师会遇到邓颖超。她的音容笑貌至今还能浮现在眼前,和她在一起的时光使我终生难忘。新中国成立后在报纸上我见到邓颖超的名字,才知道她是周总理的夫人,一位受人们尊敬的无产阶级革命家。

我的妹妹是个医生,新中国成立后长期做中央首长的保健工作,她和周恩来总理及邓颖超都有过不少接触。从妹妹的口中得知,邓老师对我这个学生印象还很深,因为我的姓氏很少见。她还向我的妹妹问起过我的情况,我们也托妹妹带去我们对于邓老师以及周总理的问候。

2014年我去了和平门外师大附小的旧址,那座木制的二层楼现在归属师大附中所有,它作为文物保留了下来。因为我是到访母校年纪最大的校友,学校的老师专门出来接待我,我在楼前留了影。在那里我又一次想到了我的童年,我的小学和令我尊敬的邓老师。那座小楼现在是钱学森纪念馆,他和我都是附中的校友,但不在一个年级。在附中校庆的时候作为老校友大家聚在了一起,还一起合影留念。

| 力伯师抄经过百岁

下学途中唱"竹马"　人生路上有"缘分"

师大附小的生活除了让我有缘认识了邓颖超老师外，还让我结识了我生命中最为重要的人——我的丈夫李守洪。我与他的缘分从这所小学里开始。

在我小学的同班同学里有一对姐弟，姐姐李守仪和弟弟李守洪。姐姐与我同岁，弟弟比我小两岁。李守仪是我最要好的同伴。李守洪比我们小，我们玩不到一块儿，但我们住得很近，李守仪家住在宣武门校场头条，我家在老墙根，步行只需10分钟，所以在放学时我们常常一起回家。当时学校教过一首儿歌，名字叫作《对对竹马慢慢走》，歌词是这样的：

对对竹马慢慢走，大家牵着手。你我今日小朋友，他年老朋友。朋友相亲又相爱，交好要长久。

这是在回家路上我们三个经常哼的歌。这首歌我至今仍然会唱。

上了五年级，学校开始分班。李守仪在甲班，李守洪在乙班，我分在丙班。虽然不在一个班了，我和李守仪还是最要好的朋友，但我与李守洪来往就很少了，只是偶尔我到李守仪家去玩时还能见到他。后来，上初中，我和李守仪考取了师大附中，李守洪考入了在绒线胡同的崇德中学（现在的三十一中，当时是一所教会学校），此后我们就没有再见过面。由于命运的安排或许说是缘分，也是因为李守仪的关系，让我们在后来的岁月里再度相遇，最后成为终身伴侣，这是后话了。

贝满中学念高中　初接触西方教育

初中毕业后，我的家人开始为我张罗念高中的事情。当时的北平城有一些教会中学，如育英、贝满、汇文、崇德等。由于外国人介入了学校的管理，校风与教师的水准以及教学质量都比较好。我的哥哥极力主张我报考教会学校。几经斟酌我报考了当时的北平私立贝满女子中学（后来的女12中，现在的北京市第166中学），并被录取。

贝满女子中学校址在东城灯市口一带，由于离家很远，我开始当住校生。但

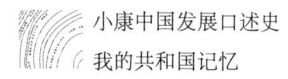

我很恋家，在学校住不习惯，就转成"走读"，上下学自己坐有轨电车回家，从灯市口站坐到宣武门站，之后走回家。

贝满女中的校训是"敬业乐群"，它曾在相当长的时间里被书写在一块醒目的横匾上，挂在作为高中部礼堂的"训怀堂"北墙上，以一种无形的力量鼓舞着大家。

学校还定有《学则》，对学生的衣着都有统一要求，规定"学生衣着要庄重朴素，在校要穿'学衣'"——我现在还保存着一张在贝满毕业时大家穿着"学衣"的合影。

因为是教会学校，学校有时候会举办宗教活动，但安排在课外，并且自愿参加，基督徒与非基督徒之间都是普通同学关系。每年的圣诞节还是很热闹的。这一天，学校会放假，师生共同活动，我们班级中只有少部分同学信教，我不信，但是大家相处得都很融洽。

在贝满，学校里经常会开设一些兴趣班，那时候有钢琴课、音乐课、舞蹈课等，我还学了一段时间的踢踏舞。学校还专门聘请了美国人教英语，学校对于英文教学抓得很紧，这给我后来的工作带来了不少便利。

"金陵"求学遇战火 避祸回京读燕大

1934年初夏，面临毕业，升学，我开始寻觅目标大学。父亲认为我长大了，可以自己做主。长兄如父，哥哥则钟情于金陵女大。当时它是南京的一座国内知名的由美国教会开办的大学。可是对于去外地上学我还是有些犹豫的，但是哥哥对我说："去外地大学挺好，除了能学到知识之外，也能认识更多的人，没出过远门的你也能到南方城市看看，多见见世面。"

那时哥哥已经工作了，他答应我如果能够考取金陵，他会在经济上资助我，最后我决定投考金陵女大。当时金陵女大在北平的考场就设在贝满校内。通过努力，我顺利地考取了金陵女大，那年由贝满毕业考上金陵女大的同学还有一些。

开学前，舅舅正好要去南京办事，我就与他同行。那是我第一次出远门，父母没有来送我，一时间空前的孤独感占满了心头。列车颠簸了一天一夜，终于到了南京。走下火车,我就被这个江南城市吸引了。和北方城市的大气苍凉相比,这里显得婉约清新。

在南京我并不孤独,因为我的好友李守仪高中毕业后已经在南京铁道部工作了。

因为家在外地,学校有规定,外地学生不得在校外留宿,除非是在南京有"监护人",则可以去监护人家里住。于是我在"监护人"一栏写上了李守仪的名字,在那里,她是我最亲近的人。周末如学习不忙,我就会到李守仪所在单位的宿舍住,跟她一起逛街、聊心事,与李守洪的联系也是从那时候恢复的。

1937年七七事变后,日本展开对中国全面大规模侵略,抗日战争全面爆发。那年适逢暑假,我回到了北平的老墙根老宅。当时的形势非常紧张,北平的老百姓全都人心惶惶,家人一致阻拦我再回南京继续学业。但是,我当时想,如果不回学校,我就变成"肄业"了,三年的苦读岂不就白费了?后来了解到根据当时的形势,燕京大学的司徒雷登校长同意接收"插班生",我就可以在通过燕大的考试后"插班"进入四年级就读,继续我最后一年的大学课程。由于我没有回到

1938年,力伯师(中)大学时候给同学当伴娘

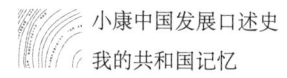

南京,幸运地躲过了南京大屠杀的劫难。

燕京大学是当时北平的一座名校。是在1918年由文汇大学和协和大学合并而成,司徒雷登任第一任校长。从1937年七七事变到1941年,日本偷袭珍珠港的四年半里,司徒雷登再次担任了该校校长。

在中国的抗战时期,司徒雷登曾策略性地强调燕大是美国学校,悬挂起美国国旗,以防日机轰炸。他还聘请了一位会说日语的燕大校友为校长秘书,与日方周旋,包括保释被捕的燕大学生。由于毕业班功课繁重,我们经常"泡在"图书馆里,很少能够有机会见到这位美国校长,直到1937年的圣诞节,我才有机会近距离地见到这位令人尊敬的校长。那时毕业班的学生在圣诞夜会去他们的老师家里拜访,共庆圣诞。就像中国在机关大院里的春节"团拜",司徒雷登校长就是我们拜访的对象之一。

那天傍晚,同学们坐着驴车,在手风琴的伴奏下,一路走一路唱,沿着未名湖漫步,"Merry Christmas to you..."优美的旋律回荡在燕园上空,开始了我们的"团拜"之旅。

记得司徒雷登在燕京大学的"家"叫作"临湖轩",名字是冰心先生取的。它是燕园里现存的最古老的一所建筑,西北有山林环抱,东北可眺山色湖光,南有竹林作屏障,东临幽谷深池,周围有密林环绕,环境特别幽静。

我们一路唱着歌到了司徒雷登校长家门口。大家下车,敲了门,他打开门邀请我们进去。我们二三十个人在司徒雷登校长家一起闲聊、唱歌,他还准备了点心和饮料与大家共度圣诞。

离开司徒雷登校长家后,我们又乘着驴车开始到别的老师家"串门儿"了,直到午夜之后才结束我们的浪漫之旅。

直到如今,每到圣诞夜我都常常会想起那个在燕京大学度过的不平凡的夜晚:那驴车、风琴、圣诞歌,以及那位外国校长和蔼的面容和彬彬有礼的风度。

◎工作篇

1938年大学毕业后,我先在天津的英租界做家教,后到天津基督教女青年会做干事，并做慈善义工。

太平洋战争爆发之后我前往四川成都，在铁路局上班，抗战胜利后回到北京，继续在铁路系统工作，直至20世纪70年代退休。

英租界里当家教　青年会中做慈善

1938年毕业时，哥哥已经在天津工作了。他建议我去天津找他，说可以帮我找工作。我考虑到当时天津的繁华，工作机会多，有个照应，于是同意去了天津。

初到天津，哥哥给我在英租界找了一个家管（和现在的家教性质一样）的工作，给两个准备考大学的学生补习。每天晚上在学生放学后，我就到她们家里去上课。每次上课时间是两个小时，主要补习英语和语文。两个学生都是女生，她们的父母都很好，晚上还让我一起吃饭。

那时候我挣的钱不多，为了省钱，我就想找一个较为便宜的宿舍。一个偶然的机会我租到天津基督教女青年会提供的廉价宿舍。后来我了解到女青年会的一项主要工作就是要支持和帮助妇女工作，为她们提供就业机会，解决工作中的困难。因为我的宿舍就在他们办公室的楼上，就会时常同青年会的人有接触。一天，他们找到我，问我是否愿意去他们那里工作。于是我辞去了家管的工作，去了女青年会，在那里工作了五年。

天津女青年会成立于1913年3月，设在海大道（大沽路）伦敦会，其宗旨是以基督的爱做根基，通过服务回应社会各阶层的需要，它是较早成立的城市女青年会之一。它为妇女和儿童特别是劳动妇女、职业妇女和青年学生服务，提供廉价宿舍、为他们介绍工作等，属于慈善机构。

我到女青年会之后做了干事，主要工作是管财务，也负责教育班的组织工作，偶尔也去"募捐"。那时候，青年会开办了成年班，为已经工作的成年人提供再次学习的机会，相当于现在的成人教育。成年班开设语文、英语等文化课程，也开设烹饪班等兴趣课程，为刚结婚的女士提升家务能力。

1939年天津发大水，这期间，女青年会分布在各区的难民收容所即达13处，共收容两万多人。抗日战争时期，大批青年学生失学失业、流离失所，女青年会

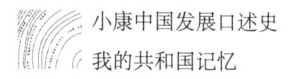

和青年会一同开展学生救济工作，提供学生助学金和生活费。

我虽然在那里工作，可是并不信仰基督教，但我和那些信教的同人都相处得很好。

天府之国办婚礼　铁路系统勤耕耘

我在南京的时候，李守洪常去南京看他的姐姐。因为我们从小就认识，关系一直很好，那时候，我开始和李守洪有书信往来，关系逐渐密切起来。

1943年年初，由于日本袭击了美国珍珠港，美国对日宣战，太平洋战争爆发。美日关系恶化，美国基督教主办的女青年会必须在天津终止其工作。而在大后方的四川成都还有女青年会存在，于是我就打算去成都，在那里寻找工作。

那时李守洪也在成都，他是跟随当时的平津铁路局从北平撤离到那的。由于当时大后方的铁路不发达，而大量抗战物资、民用物资需要运输。根据当地马匹较多的实际情况成立了驿运处，用马车运送货物，补充铁路运力的不足。命运安排我和李守洪在成都见面了，我们从相恋走向了婚姻。1943年农历十一月二十九，我们举行了一个简单的婚礼。婚礼在教堂举行，我们乘坐了李守洪单位的带篷的马车，把它稍微"打扮"了一下。我穿了一件家里做的紫红色的丝绒旗袍，坐着马车一路颠簸来到教堂。远在北平的父母无法来大后方参加婚礼，我表妹、妹夫和李守仪还有一些亲朋好友参加了婚礼。

在牧师的见证下，我俩交换戒指，在那个特殊的战争时期没有嫁妆，没有奢华的布置与盛大的宴会，举行的仪式也相对简单。后来，我给儿孙讲到那场婚礼，他们对于我们坐带篷马车去教堂最感兴趣，说现在要是这样办婚礼可能是最时髦的了。

结婚之后，我们住进了铁路宿舍，我也进了铁路系统在驿运处工作。那是抗日战争艰苦的时期，日军经常派飞机来后方轰炸，城市不时就会响起空袭警报。警报一响大家就急忙往防空洞里跑。不少老百姓来不及躲避，惨死在了日军飞机的炸弹之下。记得在我怀孕七八个月的时候无法快步行走，是同事用担架把我抬到防空洞里的。空袭过后，同事们又把我从洞里抬出来，这样来回折腾过好几次。战争给国家的大后方人民也带来了巨大的灾难，所幸不久我们终于打败了日本帝

品质生活篇

| 结婚不久后,力伯师与爱人合影

国主义。

1944年10月,儿子在成都出生。

抗日战争胜利之后,我们一家回到了北平,我在平津铁路局工作。新中国成立后成立了北京铁路局,我仍是铁路职工,也一直做财务工作,直至20世纪70年代初退休。50年代后期,作为先进集体的代表参加了北京的"群英会",得到了表彰并受到中央领导同志的接见。

◎晚年篇

20世纪70年代末期,我从工作岗位上退下来,开始了退休生活,开始了我的两次四世同堂的生活。它曾是辛苦的,但更是快乐的。

晚年时光里,我打太极健身,用计算机娱乐,还在居住的小区里认识了很多新朋友,生活简单而充实。

百岁之后,我还想趁着能走动,去曾经工作过的地方走走看看,回顾逝去的时光。这期间,多亏有家人的支持和陪伴。

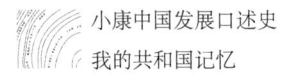
小康中国发展口述史
我的共和国记忆

两度享四世同堂　和谐盛世度晚年

　　从20世纪50年代，我和丈夫就一直与我的父母同住，担任起照顾老人的繁重任务。无论在60年代的困难时期还是动乱的"文革"时代我们都坚持把老人照顾好，让他们有一个舒心的晚年。1976年儿子结婚，1978年孙子出生，家庭迎来了第一次四世同堂。那时候我们一家还住在老墙根，我父亲92岁。我感受到了大家庭带来的欢乐，同时也感到了家庭的重负。

　　孙子出生后琐事很多，加上父亲年老体衰，后两年几乎长期卧床，直到96岁去世。我们虽然请了一个阿姨，但全家依然忙作一团。接送孙子去幼儿园时常成为我和丈夫的工作，有时陪父亲去医院就诊也是我的任务。我那时一直身体不好，儿子、儿媳特别是守洪对我的健康十分关心，陪医、购药、照顾饮食。当看着一大家子人围坐在一起吃团圆饭，看着年老的父亲坐在藤椅上用脚来回晃动童车哄重孙睡觉的时候，我感到一个四世同堂家庭的辛苦与快乐。

　　2005年孙子结婚。2008年重孙出生，家庭迎来了第二次四世同堂。2014年重孙女出生了，时逢我100岁。现在我特别喜欢的是重孙女会用小手指着我的房间对她妈妈说："要去，去。"在我这儿接过小饼干自己吃了，还递到我的嘴里。

　　后来，儿子在郊区买了房子，每年我和儿子、儿媳会在那边住上一段时间，在那里环境优美，小区里有不少老年人，这让我的晚年时光多了很多一起聊天的老伙伴儿。只要天气好我都会出门遛弯儿，和别的老人一起在湖边走走、聊天。偶尔也会在小区里的健身器材上摆弄两下，练练身体。孙子一家在周末或假日就会跑过来与我们相聚。

　　我也更愿意回城里住，和孙子重孙子热闹热闹。每天看着第四代天天长大，孩子们的欢笑声使我的生活不再寂寞，这是我最快乐的事情。

　　锻炼身体是我退休后一直坚持的，从20世纪60年代我开始学习太极拳，几十年不间断，在北京市职工太极拳比赛中得过第七名，直到九十三四岁家人怕我摔倒才不练了。现在以散步为主。每天上下午都要坚持，冬季外面太冷，我会在楼房的长走廊中来回走上3000步。

　　70岁时我和老伴儿开始对佛学感兴趣，进而信仰佛教，抄写经书。

儿孙们还常常把电脑摆弄好,让我用电脑听歌、玩游戏、看照片。我最爱看那些老照片,它们能勾起我对于往事美好的回忆。我的生活也因为电脑与网络变得丰富多彩。

都说人老了最重要的一个标志就是爱回想往事。的确,随着年纪的慢慢增大,我很想能够故地重游,去看看以前学习与工作的地方。

2014年,在儿子的陪伴下,我去了和平门外师大附小与附中的旧址,走进至今保存完好的二层木制小楼,还在楼前留影。坐高铁去了天津,去了基督教女青年会的旧址。它现在是天津妇联机关,由于是文物保护单位,所以一切都是原来的模样。我走进了当年工作过的办公室,一切都还是老样子。办公桌摆放的位置都没有变。当年工作的场景立刻浮现出来,仿佛又回到20世纪30年代。我还去了已经搬迁到承德道的女青年会,与那里的干事聊天了,他们竟然从历史资料上还知道我在那里工作过,并送给我他们主办的刊物。

南京金陵女子大学的旧址也是全国重点文物保护单位,现在是南京师范大学。也是我一直想要去的地方,但因为年纪大,无法亲自前往,我叫儿子去了南京,到学校拍了不少校园的照片做成相册,没事儿就拿来翻翻,回忆那些愉快的往事……

百岁有感

我不知不觉竟然活过了100岁。回想一生,有不少感触。由于父亲、哥哥的支持,我有机会读书并上到了大学。我与守洪相识了91年,相濡以沫地走过了70年的光阴。我们共同照顾、赡养了我的父母。虽然共同经受了抗战与"文革"时期的艰难但也享受了晚年生活的快乐。妹妹是个医生,在医疗上给了我太多的指导与帮助,这些是我此生的幸运。经常有人问我长寿的秘诀,我真的说不好。我这个人心比较细,不是别人说的那种心态好"什么都放得下"的人。晚年的我不忌口,红烧肉、烤鸭是我的所爱。说到长寿的原因,我想说家庭的和谐,儿子、儿媳对于我的关心,孙子的孝敬使我没有什么"烦心事儿"这应该算是一条。此外长期坚持锻炼对于我身体的健康也一定是有益的。我现在仍然可以自己走路,不用拐杖,这和我现在天天坚持走路有关,这该算是第二条吧。最后要说到的是现在全社会对于老人的关爱。我的出行乘车、医疗、上公园现在全都是免费的。

| 记者采访时，力伯师老人正在和儿子在小区里遛弯

2014年我乘公交去了北海、琉璃厂。太阳城还组织各种老年人的活动，我参加了春季的小区健康大步走。居委会主任还请我去参加老人们的集体生日聚会。我百岁生日时，洪茂沟社区领导、单位领导都来看望我，并送了礼物。101岁生日时，西城区民政局的领导又上门看望，送来了蛋糕和祝福。正是由于社会对于我们这些老年人的关爱与照顾，才使我们能够健康、快乐地生活着……

■文/辜益燕

☆采访手记

"平淡生活"是长寿秘诀

顺义区有个东方太阳城，小区里有美丽的人工湖，有覆盖率很高的植被，还有很多和力伯师一样在那里颐养天年的老人。在这个世外桃源里，远离城市的喧嚣,十年来力伯师每年都会在这里住一段时间,我们正是在那儿采访的这位老人。

岁月并没有在力伯师的身上留下太多的印记,她的肌肤很柔嫩,头发大部分是很有光泽的黑色,走起路来也不用别人搀扶。很多见到她的人都以为她只有80多岁,对她已经有已愈百岁的高龄惊叹不已。

如果非要找出时间留下的痕迹,那就是力伯师的听力没有从前那样好了,需要借助助听器才能和人交流。和很多别的老人一样,力伯师也有轻微的"阿尔兹海默症"迹象,对刚刚发生的事情立刻就忘记了。但是对于自己小时候和工作时候的事情,却总是记忆清晰,能娓娓道来。

每天早上6点,力伯师就起床了,自己穿好衣服、鞋子,再将被褥叠整齐就去洗漱。爱整洁的她头发必须盘起来,用发卡卡住。而在衣服的选择上,她喜欢把自己打扮得大方得体,夏天的短袖洋装上衣是最爱,冬天则是端庄的呢子大衣。虽然已经101岁了,但看上去却比很多岁数小的老人更有精神。

吃罢早饭,力伯师就会在家人或保姆的陪伴下出门遛弯儿。太阳城小区有一个大大的人工湖,采访的时候正值荷花盛开,景色十分漂亮。力伯师和儿子、保姆一起欣赏荷塘美景,画面很温馨。

跟着老人一起在小区里转悠,总会碰到很多人,他们一见到力伯师,都会过来打个招呼,聊上两句。原来,百岁老人力伯师在小区里很"出名",很多人找她讨教过"长寿秘诀"。每次被问到,力伯师总说:"没啥秘诀,我就是个很普通的人。"过着平凡的生活,她很满足现在拥有的。她说:"孩子们照顾得好,我才能长寿。"

的确,不是每个人的一生都轰轰烈烈,有过大起大落。大部分人的生活都是在平淡中度过的,他们享受生活,感念和平时光。懂得珍惜、满足当下的生活,其实就是生活之道,力伯师用她乐观、简单、平凡的心态为我们诠释着这一道理。

现在,力伯师的儿子已经退休,孙子也有了自己的家庭,重孙子已经上小学,重孙女也牙牙学语、能够开口叫"祖奶奶"了。周末,在城里上班的孙子会带着家人来看望她,重孙子、重孙女都围在她的身边,听她讲过去的事情。力伯师说,她很享受现在一大家子人带给她的温馨,也很庆幸自己能够享受到四世同堂的天伦之乐。

■文 / 辜益燕

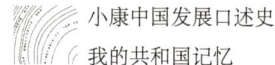

马竹英

旧社会的巧手裁剪匠　新中国的"闲人马大姐"

| 儿子常治生陪老妈妈马竹英散步

品质生活篇

马竹英给重孙女做的布鞋。马竹英爱好做手工活,晚年时期仍闲不下来,给自己的第四辈做鞋,图中的虎鞋、猪鞋做得栩栩如生,十分传神,每一针每一线都是马竹英亲自制作,小猪头和小虎头的胡须都根根分明,每一双鞋的针脚都十分匀称整齐。重孙女的这些鞋都舍不得穿,被爸爸留作纪念存放了起来。

◎人物小传

马竹英,1912年5月23日出生在河北省保定市蠡县的一户普通农民家庭。她20世纪30年代逃难来到北京,一直居住在什刹海地区。

天资聪颖的马竹英在耳濡目染中习得剪裁好手艺,从此与针线、剪刀相伴一生,每每生活艰辛无比时,一双灵巧的手和一颗善良的心总能让生活得以继续维持。

从河北保定府的童年时期,到成家后的北京生活,贫苦与劳碌始终伴随着她,与丈夫相互扶持,携儿带女,不论辛劳,终换来温馨的生活。

因为勤劳与善良,年近40岁的她又做起了"积极分子",成为北京市最早一批投身社区工作的人。就跟后来电视剧《闲人马大姐》演的一样,她热心助人,成为居民眼中的热心肠儿。

于勤劳中经营家庭,于双手中充实生活,马竹英就是这样一个闲不住的人,做了一辈子好活儿。她没有轰轰烈烈的大事,但却用勤劳的双手为自己的家庭撑起了一片天空。

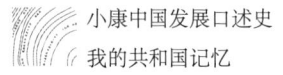

◎少年篇

姥姥家长大　学得裁剪好手艺

  1912年春末，在河北省保定市蠡县的一户农家，马力字的妻子诞下了自己的第二个孩子。小婴儿出生后没多久，就被马力字的妻子送到了娘家保定市高阳县。临别前，马力字给她取名马竹英。从此，小女婴便告别了父母和大自己三岁的哥哥，跟着姥爷姥姥一起生活。

  清末民初，社会动荡不安，底层的老百姓生活艰苦，能吃上高粱面就很不错了，白面是绝对的"奢侈品"。尚在襁褓中的马竹英没有母亲奶水的喂养，能吃的也只有高粱面，姥姥只得用高粱面做软糊，用手指蘸着面糊喂到小小的马竹英嘴中。那个年代的贫苦生活造就了孩子们顽强的生命力，依靠着高粱面和野菜，日复一日，马竹英慢慢长大，身型瘦小，四岁时还被裹了小脚，贫苦瘦小是时代在马竹英身上留下的烙印。

  马力字是清朝末年的最后一批秀才，饱读诗书让他在时代变换中方能找到自己的立足之地。民国后，马力字一直教书，不管是初中文化，还是高中课程，他都教得很好，蠡县、高阳县、河间县都有马力字的学生。

  马竹英虽然没有父母的疼爱，但在姥姥家，姨和舅妈都对待自己视如己出，没有寄人篱下的窘迫。

  乡间人们的生活，吃饭要自己种粮、收粮，穿衣也要自己纺线、织布、剪裁，家中的少年是要干活的，无论是农活还是家务都要分担，马竹英也不例外。在姥姥家，姥姥、舅妈都是做家务的好手，尤其在裁剪衣服上，都是做得又好又快的能手。衣服要怎样剪裁才合身、布料要怎样缝制才平整，姥姥、舅妈在讨论的时候，马竹英一直在旁边听，上到帽子、下到鞋子，舅妈为一家老小制作的过程中，马竹英耳濡目染，不知不觉中，纺织、剪裁、缝制的套路都记在了心中，连绣花这种精细的活儿也学得了几分。

  1925年，因姥姥家中出现变故，13岁的马竹英回到了父母身边生活。回到自己家后，马竹英的生活内容并没有太大的变化，干家务、做农活，依然不能进学堂读书，只是跟着父亲学习了几十个汉字。唯一不同的是，马竹英开始操起剪

◎ 品质生活篇

马竹英展示自己为重孙女做的四双鞋,每一双都是自己一针一线缝制,针脚匀称、整齐,虎头、猫头栩栩如生。

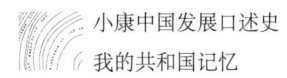

刀和针线，自己尝试着做衣服。随着剪裁的衣服越来越多，心灵手巧的马竹英越做越熟练，衣服也剪裁得越来越好。一家人的衣服大到外套、小至鞋帽，都开始由马竹英操持缝制。每一寸、每一尺都是剪裁得如此服帖，再细看这针脚是如此平整均匀，这让家人都纷纷赞叹马竹英的手真是巧！两个弟弟（之后马力宇又生下两名男孩）结婚的新衣服也交给马竹英来做：每人一件绸缎材质的长袍、一件马褂、一件坎肩儿，贴身的新衣服让弟弟们心里美极了！

很快，马竹英做衣服做得非常好的话传遍了村子，乡亲们纷纷带着布料来找马竹英剪裁衣服，尤其是过年过节的衣服，都纷纷要求一定要让她亲自来做。马竹英每天做在炕沿儿上，要么忙着穿针引线，要么忙着量体裁衣。白天一直忙活，有时晚上还要点灯熬夜，甚至都顾不上睡觉。尽管有时会十分疲惫，眼睛酸、手臂疼，但当乡亲们收到自己剪裁的衣服而感激不已、赞美不已时，忙碌的疲惫就顿然全无。

日军打来　逃难落户北平城

时间的脚步一刻不停，转眼间，马竹英就出落成落落大方的姑娘，在那个年代已经到了谈婚论嫁的年纪。

1931年，19岁的马竹英在媒人的介绍下，结识了高阳县的常柳荫。农活、家务全能的马竹英立刻得到了常柳荫及家人的认可，随后，常柳荫便到家中提亲，同年，二人拜堂成亲。

常柳荫有弟兄三人，他排行老三，马竹英嫁过去后，三对年轻夫妻和公婆住在一起，关系十分融洽，马竹英与婆婆和两位嫂子相处得也非常好。在三个儿媳妇中，马竹英因为裁剪衣服做得非常好而深得婆婆的喜爱。马竹英也不辞劳苦，一大家人中，无论谁需要做衣服，她都非常乐意接手去做。

其乐融融的生活只持续了短暂的时间，日本侵略者的铁蹄便践踏到河北的土地上，马竹英一家人的平静也就此被打破。日本兵烧杀抢掠，村子里20多个年轻的壮年被烧死后，全村人惶惶不安，纷纷弃家而逃。马竹英一家也不例外，因为婆婆家经营绸缎庄的生意，经济条件尚可，全家人便携带着财产，乘坐着马车逃难到了北平。

初到北平，马竹英一家便落户到了什刹海地区附近。寺庙、胡同，全家人辗转在几个地方居住，社会的动荡让全家人的生活都不得安宁，背井离乡的一家人也没能找到经济来源，只得过着吃"老本儿"的日子，尽管一家人省吃俭用，但长此以往，也只能面临着坐吃山空的结局。

就这样过了很久，随着社会势态平稳些后，马竹英的婆婆提出了返回河北保定，回家种地过活的想法。此时，马竹英已经生下了第一个女儿，在和丈夫常柳荫商量后，二人却决定留在北平。就这样，家人与夫妻二人告别，临别前，婆婆对儿媳妇马竹英说："混不下去了，就回老家，跟娘一起种地，日子再苦，我们也能挨过去！"

要强的马竹英挥泪告别了婆婆，就跟丈夫商量如何才能继续维持生活。马竹英想到，可以依靠自己的双手，当一名裁缝，给家人挣口饭吃。尽管有着好手艺，但人生地不熟的也无人知晓，马竹英只好从邻里街坊那寻求帮助，问问邻家有没有需要裁缝的活儿。

当时，马竹英和丈夫、大女儿租住在钟鼓楼南面豆腐池胡同的两间小屋内，房东是一位姓韩的大哥，马竹英给街坊做过一些小活儿，街坊们都觉得做得很好，这话传到了韩大哥的耳中。韩大哥在一大户人家当差，当得知这户人家需要给孩子做衣服时，便推荐了马竹英。从此，韩大哥便将布料和写好孩子身高、体型尺寸的纸带给马竹英，马竹英在家中抓紧时间剪裁、缝制，再将做好的衣服和下脚料一并返还韩大哥。这样一来二往后，马竹英的手艺得到了这户人家的认可，春夏秋冬一年四季的衣服都交给马竹英来做，给贫苦的一家人带来了一丝希望。

"当时这户人家心地特别善良，知道我家穷，不仅做衣服的手工费一分不少给，还把做完衣服后剩下的布料都给了我，连冬天做衣服剩下的棉花都会留给我，这样一来，我家孩子的衣服也就有了着落。"马竹英回忆道。

随着裁剪衣服的活儿越来越多，马竹英做活儿好的口碑在邻里街坊中也逐渐传开，做得越来越多，挣到的加工费也逐渐多了起来。勤劳的马竹英靠双手为家人撑起一片天，丈夫也做起了倒卖旧衣服的小买卖。背井离乡的"北漂"生活虽然艰苦，社会势态的不安定也让他们漂泊不定，但夫妻二人的辛勤却让这个小家庭的生活逐渐有了起色。

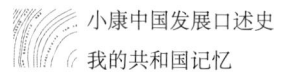

◎ 中年篇

当"积极分子" 三寸金莲走遍周边胡同

生活就这样在忙碌中度过,转眼到了 1949 年。新中国成立后,百业待兴,城市管理也成为一项摸着石头过河的工作,街道办事处以及社区的概念在当时还没有那么明晰,马竹英却成了最早一批街道与社区工作参与者。

当时,马竹英的大女儿已经 15 岁,二女儿、三女儿、四女儿和大儿子相继出世,都尚不足 10 岁,大儿子常治生仅一岁。夫妻二人带着孩子们租住过羊房胡同、大翔凤胡同、板厂胡同等,最后,落户在了北官房胡同。在北官房胡同居住期间,管片民警何志文发现马竹英经常打扫胡同的环境卫生。当时,何志文正在寻找一些热心的居民能够协助民警做一些工作,勤劳的马竹英成为何志文眼中的候选人之一。

何志文来到马竹英家,向她说明了义务协助民警做工作的情况,希望她能做一名愿意参与社区工作的"积极分子"。一项义务工作,没有分文报酬,仅凭着一个"积极分子"的称号就让热情善良的马竹英投身其中。

马竹英回忆道,当时积极分子主要是以协助民警工作为主,包括打扫街巷卫生,通知居民开会,帮助居民处理家长里短的琐事等。

"当时开会特别频繁,十天左右民警就要召集居民开一次会,给大家念报纸,讲社会形势和时事政治等。"马竹英回忆道,"一到开会前,我就得负责通知我包片儿的那些居民,让他们去听会。"马竹英包片儿的胡同包括北官房胡同、后海南沿、前井胡同、大小金丝胡同、大小翔凤胡同等,马竹英就挨家挨户去通知居民。

随着跟周边居民联系越来越多,马竹英与大家越来越熟悉,"热心肠儿"、"积极分子"的名声也在居民中广泛传播开来,居民在生活中一遇到难以解决的事情就会想到去找马竹英,不管是老人生病、孕妇生孩子,还是婆媳不和、邻里纠纷等,都会找马竹英帮忙解决。居民的信任让马竹英更乐于去帮助他们,只要居民找到自己,不管当时自己有多忙的工作在做,不管自己的家庭中有多少事情需要处理,她都会扔下手里的事情,扔下自己尚需要照顾的孩子,去义务帮助大家处理问题。

当时，马竹英家附近住着一位叫王哲民的居民，一天早上，王哲民家八岁大的女儿急匆匆地跑到马竹英家中，带着哭腔儿说："大妈，快去看看我妈吧，她一直嚷着肚子疼，躺在床上都动不了了。"听到这样的话，马竹英二话不说，就随着孩子跑到了王哲民家，推开门一看，王哲民的妻子在床上翻来覆去打滚，一身冷汗，见状，马竹英急忙跑到最近的大夫家，请大夫来看病，大夫带着诊疗箱来到王哲民家，对马竹英说，这种情况只能先打针试试，要是止不住疼，必须立刻去医院。一针止痛药下去，依然不能解决王哲民妻子的问题。

在这种十分紧急的情况下，王哲民不在家，马竹英只得做主带他的妻子去医院看病。马竹英先跑回自己家带上钱，跟丈夫匆匆忙忙地打声招呼后，就急忙跑出家门，一路跑到鼓楼附近叫辆三轮车，拉上王哲民的妻子，赶往医院。到了医院检查后，医生告知，是情况非常严重的宫外孕，需要立刻做手术。在没有家属在场的情况下，马竹英在手术通知单上签下了自己的名字，医生立即进行了手术，挽救了病人的生命。

手术签字、支付费用、等待手术，再将王哲民的妻子送回家中，安顿好休息，忙碌了一天的马竹英回到家时天都黑了。一大早出门，晚上才回家，孩子们不知道妈妈去哪里了，在哭声中睡去，忙碌了一天的丈夫知道妻子一定是又被哪位居民叫走帮忙了。而这一切，最终都在王哲民夫妇的一声声感谢中得到体谅。

"那时候，这种居民需要帮忙的事情发生得非常多，因为忙别人家的事而无法照顾子女的情况经常发生，虽然这只是义务帮忙，就这样我也高兴，就为了积极分子这个称呼！"马竹英说。

随着工作开展得越来越丰富，越来越多像马竹英一样热心的积极分子被挖掘出来，投身到社区工作中，并逐渐有了分组，如卫生组、治安组、人民组等，构成了城市管理中的社区工作的雏形，这批人便是北京市最早一批投身社区工作的人员。

日复一日、年复一年，马竹英义务做"积极分子"工作，乐在其中，不知疲倦。直到1966年"文革"爆发，马竹英因为父亲是清末秀才的身份而遭到批斗，被遣返回了河北省保定市的农村进行劳动改造。1976年得到平反后，她才回到了北京，回到了什刹海地区。回来后，北京市的城市管理工作又发生了巨大的变化，社区的工作人员邀请马竹英继续做社区工作，不好推辞，马竹英又坚持做了几年，直到 1980 年，已 68 岁的马竹英深感体力不支，正式告别了"积极分子"的称号。

打零工养家　"兼职"社区工作

"积极分子"是一个只赚吆喝不赚钱的工作，六个孩子需要吃饭穿衣，家庭生活需要继续维持才是真正摆在马竹英面前的实际问题。因此，在马竹英义务做社区工作的这些年中，她还继续做着剪裁衣服、纺线、织口袋、做鞋帮子等工作，来分担丈夫养家糊口的负担。

最初，在鼓楼附近有个鞋厂招工，工作是制作胶鞋的鞋帮子，马竹英因为一直爱好做手工活，就去应聘，很自然就被选中了。进了鞋厂的车间后，马竹英干活利落效率高的优势很快就显现了出来，一间筒子屋内摆放着 40 多台缝纫机，马竹英操作的那台尤其快。很快，马竹英就被车间主任选为了小组长，让大家向马竹英学习做活如何又好又快。

1958 年，随着"大跃进"运动的开展，在生产上追求高速度的目标在车间传播开来，马竹英所在的鞋厂顺势开展了竞赛，让工人们比一比，看谁在一天内做的鞋帮子又多又快又好。马竹英参加了竞赛活动，并以一天内制作 240 双鞋帮子而取得了车间第一名，比第二名要高出 20 多双。"当时的车间主任姓郭，他评价我说，马竹英都要把缝纫机踩飞起来了！"马竹英笑着说道。

就是这样如此卖力地工作，只要是规定的上班时间，不管刮风下雨，马竹英都会坚持去上班，每个月可以挣到 26 元，有时还可以挣到 28 元，这就可以缓解一个八口之家的一部分生活负担。

除了做鞋帮子，马竹英还纺过线、织过口袋等，马竹英帮人剪裁衣服的活计始终没有放下，做活儿好的名声一直在邻里街坊间传播，只要有人找到她，马竹英都会应承下来，因为用她的话来说，"没有我不会做的衣服，什么料子的衣服我都能做，对衣服有什么要求，我都能做出来"。

就是这样一位为家庭生活而忙碌不停的妇女，全部凭借着自己一双灵巧的手为家人创造着幸福的生活，怀揣着一颗善良的心，肩负着"积极分子"的责任。"生活其实非常辛苦，但是我一点都不觉得累，越累我觉得越充实，干的活儿越多，我觉得越开心。"马竹英回忆说。

住在平房院里，马竹英经常一边做着饭，一边纺着线，还要照看着孩子。在民警召集居民们开会的时候，马竹英经常是一边手里做着活儿，一边听会，民警何志文笑着对马竹英说，"瞧你忙的，你到底顾着哪头啊？"马竹英头也不抬地回答道，"我哪头都能顾得了。"

这样忙碌的生活一直持续到1960年，马竹英26岁的大女儿怀孕，即将生下自己的第一个孩子，马竹英需要照顾女儿和照看即将出生的外孙，于是，马竹英不再出去打零工，留在家中，但是"积极分子"的工作却始终没有放下。

把自己的孩子照看大，看着儿女们纷纷成家立业，孙辈的孩子们就又相继出世了。"大姐的三个孩子、二姐的两个孩子以及三姐的孩子都是我妈看大的，在印象中，我妈就是怀里抱着小的，手里拉着大的，后面还跑着再大点的孩子。"马竹英的大儿子常治生说，"看孩子是个很辛苦的活儿，但从没见她嚷着喊累，她就是这样一个要强的老太太，虽然一直是个身型瘦小的人。"

因为马竹英一直没有放下积极分子的工作，邻里街坊对待自己的孩子以及自己的外孙们都非常热情，一辈辈的孩子们就在这风和日丽的海畔美景中奔跑着长大。

◎晚年篇

写字画画　过诗意晚年

1980年，已68岁的马竹英正式告别了"积极分子"的工作，外孙、孙子们也都长大上学了，按理来说，马竹英到了安享晚年的时候了，但忙碌了一辈子的她怎么舍得清闲地"虚度"大好光阴呢？

"我就寻思着给自己找事做，外孙、孙子们都长大了，以后会结婚生孩子，那我就给这未出世的第四辈孩子们做鞋、做小衣服吧，趁着现在眼睛还能看清针线。"马竹英说。马竹英干活利落干脆，说做就做，翻出自己的布料包，拿起针和线，开始做小宝宝鞋、小猪头鞋、小猫头鞋、小虎头鞋，外加一双普通的小方

马竹英展示自己的画作

口鞋,细看这鞋,材质全部都是小布鞋,猪头、猫头、虎头都做得栩栩如生,眼睛炯炯有神,胡须根根分明,针脚走线十分匀称整齐,连鞋底纳线的花形都各不相同。这些还未出世的小宝宝一定不知道,有一位如此疼爱自己的"太太"已经为自己做了这么多精致的鞋。

马竹英的大孙子常继承2008年结婚,2011年有了自己的宝贝女儿常馨月,马竹英把做好的小宝宝鞋送给孙子后,常继承一直舍不得给女儿穿,"太珍贵了,这是现在花钱都买不着的东西,留个纪念吧。"

马竹英的晚年生活就在针线活中继续忙碌着,她将自己布料包裹中的碎布头挑拣出来,都剪成10厘米见方的正方形,然后一块块地拼接起来,做成褥子面。"每个褥子面都是由96块小正方形的方布拼接而成的,这样的褥子,我一共做了6条。"马竹英说。

现在马竹英的床上就放着这样一条褥子，方块图案有红色、粉色、绿色、黑色等，做工整齐，颜色搭配也非常漂亮。"多漂亮，看着都像艺术品似的。"大儿子常治生笑着说，"我的姐姐们都觉得非常好看，每人拿走一条。"

"再看我身上穿的衣服，脚上穿的鞋，也全部是我自己做的，我从来没有买过衣服穿。"清凉的汗衫、棉布裤子、小布鞋，一身清闲、宽松的衣服包裹着这位瘦小的老人，马竹英笑盈盈的脸上透出骄傲的神情，"趁着眼睛好使，我连自己的寿鞋都做好了。"

时光带着人们继续向前行，马竹英就在这家庭琐事中步入了耄耋之年。虽然身体一直十分硬朗，但家中的活计子女已不再希望老人家继续做，拿了一辈子的针线与剪刀也就在儿女的关怀中渐渐搁置了。

"我手里没事做就觉得很别扭，虽然都90多岁了，但我还得给自己找点事儿做。"马竹英说。看到家里的桌子上有孩子们未用完的作文本，空白的方字格竟勾起了马竹英学习写字的欲望。

马竹英的父亲马力字虽然是位学问颇高的老师，桃李满天下，但在大环境的影响下，却没能教自己的女儿读书识字。马竹英的手是闲不下的，但回想起来，忙活了一辈子，唯独没握过笔。现在终于闲下来了，就操起笔，开始学写字，看到什么就往本上抄什么。后来，马竹英在家中发现了一套《三国演义》的小人书，便来了兴致，竟一笔笔地看着书上的字写了起来，从开始的每天写几十个字到后来熟练后每天写几百个字。无论翻开哪一本作文本，马竹英的字迹都非常工整，一笔一画抄写得非常认真，没有错别字，更没有随意涂改的痕迹，干干净净、整整齐齐的字迹让过来串门的邻居都着实吃了一惊。"从没见你拿过笔，都这么大岁数了，怎么能写得这么好！"邻居们的惊讶是因为马竹英有一套自己的方法，"我写的不是字帖，就是对照着书上的字抄写，所以下笔前就对这个字的结构进行了分析，是横是竖，还是一撇一捺，看明白后再下笔，这样就不会出错。"

在抄书的过程中，马竹英发现不认识的字，就找子女们问，就这样，竟然又认识了很多汉字。马竹英越写越上瘾，每天一闲下来就拿起笔来抄书，不知不觉中，32开大小的作文本就写满了，整整20页的汉字清清楚楚、工工整整，儿子常治生见老人写得如此高兴，又拿出新的作文本交给她继续写，马竹英乐此不疲，写满一个本就再写一个本，最后，竟将一整套《三国演义》的小人书抄写完成，写满汉字的作文本高高地摞了起来，一数，竟然有42本！

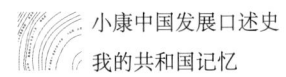

"虽然我没上过学,但我觉得抄书很有意思,又能练手又能练脑,还能打发时间。"马竹英说。

和42本写满字的作文本并排放在桌子里的,还有一个大号笔记本,打开一看,竟是一本画册,老鹰、仙鹤、孔雀、龙、凤、金鱼、蝴蝶、鲜花……全部是用铅笔细细勾勒,笔触细腻,栩栩如生。"我妈记性特别好,这只老鹰是她在电视上看了一眼,就记下了,并画了出来,像金鱼、仙鹤,还有龙、凤等,都是老人家原来做手工活时布料上的图案,她做过,见过,就记下了,现在全部都展现在了纸上。"常治生说。

四世同堂 儿孙齐聚庆百岁

马竹英辛勤劳碌了一辈子,虽然自己没有上过学,但子女们学习都非常好,学业有成后,也都有了不错的工作。大儿子常治生在兄弟姐妹中排行老五,也是一名知识青年,后来下乡到了山西,便扎根山西,在那里娶妻生子。2003年退休后,因惦念90岁高龄的老母亲,便返回了北京。此前,马竹英一直与女儿们住在一起,常治生回京后,便与老母亲一起住在了小新开胡同,自重孙女常馨月出生后,马竹英一家四世同堂,生活其乐融融。

上有高龄老母亲,下有刚出生不久的小孙女,按理说,常治生与其妻子杨小琴的退休生活应该特别忙碌,但是事实却出乎意料。

"我妈不愿意让人伺候,凡是自己能做的事情,一定要自己去做,自己起床穿衣,床铺一定要自己叠整齐,连衣服都不让我洗。"儿媳妇杨小琴说,"我妈换下衣服后就藏起来,趁着我们外出的空当,自己拿出来洗,等我们回来了一看,洗好的衣服已经挂上了。"

但马竹英毕竟年岁大了,衣服洗得不是很干净,杨小琴为了照顾老人的情绪,每次都是趁马竹英不注意的时候,把晾在绳上的衣服再拿去洗一遍,然后再悄悄挂上,这样,等衣服干了,再给婆婆拿去。

闲不住的马竹英除了料理自己的事务外,还愿意干家务活,比如择菜、包饺子,杨小琴在做饭的时候,让老人家动手参与,虽然有时菜择得不干净,需要择第二遍,虽然饺子有时包不严,需要再捏一遍,但都尽量满足老人的需求。"老

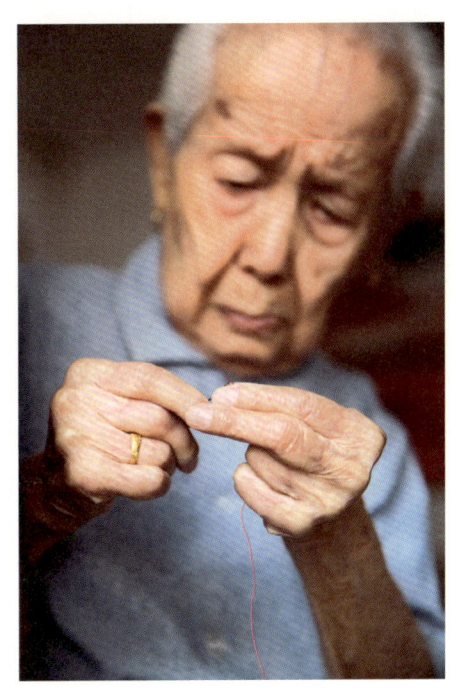

百岁高龄的马竹英动作十分敏捷,自己都能穿针引线

人愿意做家务,是因为她想证明自己虽然年岁大了,但还能干活,她不服老。"杨小琴说。

"有个好儿子不如有个好儿媳妇,在照顾老人上,我爱人做得确实很好,无论是日常生活的照料上,还是在老人的精神需求上。"常治生说。

话说言传身教是对孩子最好的教育,常治生和妻子杨小琴对老母亲的照顾,让小孙女也深受教育,三岁的常馨月对太太也十分关心。马竹英每天早饭要喝粥、吃咸菜,这给老人端咸菜的活儿都得小馨月来做。有次,常治生直接给老人把饭端过去了,小孙女竟不高兴了,最后,非得是自己给太太端咸菜才行。

平常若是看到马竹英在屋子里走路,小重孙女一定会跑过来说:"搀着太太,太太慢点走。"碰上刮风下雨的天气,小馨月出门玩的时候,一定会主动把门关严,因为"外面风大,不关门,太太会冷的。"碰到自己做不了的事情,馨月还会像爷爷求助,"爷爷,快去帮帮太太呀!"懂事的小重孙女深得马竹英的心,要问起家里这么多孩子,最疼爱哪一个,马竹英一定会说是"我的那个可爱的小四辈儿!"

2011年5月23日,是马竹英99岁的生日,这对于马竹英众多儿女来说,是个特别的日子。马竹英从来不喜欢过生日这样的仪式,但是这次,儿女们达成一致,要给老人家庆祝一番。

当天,马竹英早早起床,自己洗脸、梳头后,穿上了儿媳妇杨小琴准备的大红色毛衫,喜盈盈地等待着孩子们的到来。儿女、外孙、孙子、重孙们提前就从四面八方赶到了北京,并一早来到了老人家中。三女儿家的外孙子从山东过来,因为自己爱好书法,专门给姥姥写了一幅"百寿图";四女儿家的外孙子知道姥姥耳背,专门买了一个助听器送过来……孩子们的孝心让马竹英特别高兴。

常治生与妻子提前备好了蔬菜、水果等,当天给家人们准备了两大桌丰盛的饭菜。全家20多口人围坐在桌子旁,一起向马竹英祝寿。吃着长寿面,儿孙围身旁,看着马竹英高兴得合不拢嘴,儿女们也都情不自禁地开心起来。

■文/张洋

☆采访手记

百岁长寿密码 竟是"不服老"

2014年5月23日,马竹英已经走了103个年头,时光并没有将她雕刻成老态龙钟的模样,相反,鹤发童颜、精神矍铄,头脑非常敏捷,双手十分灵巧,步履依然矫健。

每天早上6点钟,马竹英就起床了,自己穿好衣服、穿好鞋,再将被褥叠整齐就去卫生间洗漱,头发一定要向后梳整齐。然后回到自己的屋里,要么喝点开水、吃块糕点,要么喝碗粥、吃点咸菜,早餐就吃好了,接下来就是消闲时光,打开电视听戏曲。电视看累了,马竹英便会自己去胡同里溜达,从不用拐杖的她可以从小新开胡同口一直走到柳荫街,慢悠悠地享受阳光洒在身上温暖的感觉。

到了中午吃饭的时间,一碗打卤面,可以吃得津津有味,若是换成猪肉萝卜馅的饺子,那吃上十几个也不在话下。饭后稍坐片刻,马竹英就到了午休的时间,等睡足了,精神头儿大了,便再开始听戏或散步的消闲时光。晚餐就更简单了一些，喝点粥，吃半个馒头，如果儿媳端上一盘醋熘白菜来，那吃得就更美了！晚饭过后，8点半左右，就又准时上床休息了。

这就是如今马竹英一天的生活，对于睁开眼就想干活儿的马竹英来说，如今的生活实在是太过清闲。但年岁大了，确实是什么活儿都干不了了。儿子常治生知道老人家的心思，有时便会叫上家人陪老人家打麻将解闷儿。打麻将对于马竹英来说，是个又能动手又能动脑的趣事儿，自己特别喜欢，还特别上瘾，百岁的她打起麻将来一连四五个小时都不愿意休息。"90多岁那会儿，和邻居们打麻将都能熬夜打，精神头儿比我都大，我都睡醒一觉了，一看老太太还瞪着眼睛摸牌呢。"常治生说。

"我妈干了一辈子活儿，爱动手爱动脑，在思想上又不服老，我觉得这是她长寿最重要的原因。"常治生分析说。

马竹英在吃的方面从不挑剔："什么有营养就不吃什么"，鸡蛋、牛奶、牛羊肉、鸡肉全都不吃，最爱的就是大白菜、胡萝卜，猪肉可以吃一点，鸭肉喜欢吃一些。"吃饭要求简单、软乎，就足够了。"马竹英说。要说马竹英这么硬朗的身板，除了不讲究吃外，更不把生病放在眼里。病了喝口白开水就好，医院更是坚决不去。这么多年来，马竹英就是在一次摔伤后去了医院看病，此后，便跟医院无缘了。

2014年8月，什刹海街道妇联将马竹英一家评选为"最美家庭"，在柳荫街社区举办"最美家庭"的系列活动时，马竹英还被邀请到社区参加活动，常治生与妻子杨小琴在现场讲述与老人生活的点点滴滴，"我妈的一生没有轰轰烈烈的大事，但她却用自己勤劳的双手为我们这个大家庭撑起了一片天。"常治生讲述道，一个个生活小细节的故事构成了马竹英在人们眼中的勤劳、善良、坚强、宽厚、自立、长寿的形象。

就是这样一位百岁老人，在活过一个世纪后，依然保持着矍铄的精神，等待着生活的惊喜。如果你漫步在柳荫街时，看到这位身型瘦小的老人家迈着小碎步散步时，你可以上前跟她打个招呼，她一定会报以溢满笑容的脸庞，温暖你的内心。

■文/张洋

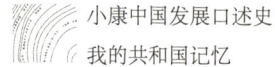

小康中国发展口述史
我的共和国记忆

涂兆祥

随潮流而动　年老心不老

虽然涂兆祥已经年近百岁，但有自己的微信账号，每天刷朋友圈，还成立了家庭群。每当有家人过生日，他会制作电子贺卡，配上卡通人物和音乐，还会滚动播放祝福语，并将电子贺卡发到家庭群里，为家人送上祝福。

◎人物小传

　　涂兆祥，1920年出生于湖北汉口，父亲涂维藩是保定陆军军官学校第一期步兵科毕业生。因为是军人的缘故，父亲在涂兆祥小时候便对其严格要求，将其培养到大学毕业。涂兆祥的童年生活并不稳定，曾多次转学、寄宿在不同的亲戚家，从小到大没有和母亲生活过，这也是他一生中无法弥补的最大遗憾。

　　毕业于重庆国立中央大学电机系，走上工作岗位后，踏实肯干的态度和精湛的专业知识使涂兆祥在事业上蒸蒸日上，曾多次前往多国进行机电贸易谈判，并赴美组建华美机械有限公司任职副董事长兼总经理长达八年，为推动中国机电设备发展和拉动中国经济贡献了全部青春和毕生精力。1990年，涂兆祥奉调回国，结束了新中国成立前后47年的工作生涯。

　　老人的退休生活很丰富，和儿子、孙子一起逛街看电影，使用微信刷朋友圈，网购、追剧、听音乐，和后辈们聚在一起打四川麻将……年轻人的喜好在他身上都能看到。

　　现在，年近百岁的他依旧精神矍铄，身体健朗。

◎我的学生时代（1920—1943）

我出生在湖北汉口。母亲是湖北人，父亲是江西人，家中还有一个姐姐、一个弟弟、一个妹妹。兄弟姐妹四人和父母，一家六口，本应其乐融融，无奈赶上了战乱年代，我和家人被迫分开生活，和姐姐在武昌的外婆家度过了五年时光。

五年时间并不长，那个年代生活也并不是很富足。但是，我并不觉得有多苦，这段生活反而成为一段弥足珍贵的回忆。

◎学前回忆

外婆的味道：鱼子烧豆腐

我对父母的记忆少之又少，最大的遗憾就是从来没有和母亲一起生活过，甚至母亲的样貌在我记忆中都是模糊不清的。在我儿时的记忆中，唯独外婆让我印象深刻。我特别喜欢外婆，所以一直都把外婆称为"奶奶"。在我们家乡，叫"奶奶"会比叫"外婆"更显关系亲密。外婆很疼爱我，虽然家里生活并不富裕，但却总想尽办法对我好。

因为是在武昌，我们住的地方靠水边，所以偶尔能吃到一些水产品。到现在我仍旧记得最爱吃的菜——鱼子烧豆腐。外婆知道我喜欢吃这道菜，一有机会便做给我吃。那个年代，没有什么鸡精、味精，调味料也是简单的几种，外婆总是能将简单的食材做成小孩子爱吃的口味。吃到了她用心做的饭，我也觉得无比好吃。

时间一晃，我也已经年过九旬，深知已经没有机会再次吃到那道出自外婆之手的鱼子烧豆腐。但那又何妨？外婆的味道不是早已深埋在我心中了吗？时间如车轮般不停，唯有儿时的记忆沉淀下来，成为我的珍藏。

◎小学

汉口中山公园里的口琴声

六岁时我离开了外婆家,回到了出生地汉口,住到了伯母家。七岁在汉口实验二小上学。记得四年级的时候,学校组织学生们踢足球、郊游。我开始喜欢上了球类运动,从此便一发不可收拾,直到今日仍旧喜欢得不得了。

第一次跟着同学们一起去郊游,去的是汉口中山公园。与北京的中山公园不同的是,汉口中山公园占地面积非常大,像个大花园一样,有枝叶繁茂的大树,有碧波荡漾的水波,也有小伙伴们追逐嬉戏的笑声,夕阳西下,良辰美景。

我们游园划船,兴起时拿出口琴,一边欣赏园内别致的景色,一边吹奏出优美的旋律,微风划过脸庞。我望着暮色,内心许愿让时间永远定格在那一刻。

那个时候吹的口琴,我留存至今。曾不止一次我吹响口琴,但始终无法回到小时候童心未泯的情景。

老先生的打手板

我不断转学,在汉口实验二小只上了四年小学,便离开汉口前往武昌四小继续念高小,也从伯母家搬出来,住进了大妈家。父亲虽然不与我住在一起,但是在教育上还是管得很严,很注重对孩子的教育。

转学到了武昌四小后,父亲怕我学习成绩下降,便请来了一位老先生,也就是现在的家教。这位老先生,可是地地道道的老先生,下巴上长满了胡子,每次来我家,总要先考我背书。

"子曰:有朋自远方来,不亦说乎……"我一边乖乖背出老先生留的"作业",一边摇头晃脑,双手背后拿着语文书。回想起自己背书的模样,特别有意思。每次背不出来或者背错了的时候,老先生就打手板,下手挺重,因此为了不挨手板,我每次都认真完成老先生的背书作业。

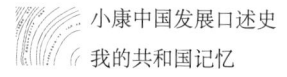

车技兜风我全会

五年级时我学会了骑自行车,刚学会就练习用脚定车。怎么定车?很简单,就是把车把往左侧一拐,右脚脱离车镫子,让前车轮右侧的轮胎迅速摩擦地面就行了。我闲不住,经常在学校旁边的阅马场玩"车技"。这个"车技"也不同于现在的"车技",那个年代哪里有专门练习车技的自行车呢,所有自行车都是一个样子的。阅马场很宽敞,我就使劲蹬车,达到很快的速度然后纵身一跃,双脚离开车镫,从后面跳到车下,此时自行车还在飞速往前冲,接着跑着追上自行车,再飞跃到车座上继续骑。

小孩子的年纪只知道好玩,并不知道那样做会有什么样的后果。有一次,家人给我买了一条新棉裤,我很喜欢,穿上它第一件事就是想去玩车技,结果一个失误,新棉裤被剐了个大口子出来,变成了"破棉裤"。穿回家,毫无悬念地被说了一顿,当时的景象现在想起来还觉得很好笑。

不仅是玩车技,我还喜欢"兜风"。我们家附近有一座珞珈山,上面有武汉大学。通往大学的是一条坡路,骑上去之后,掉过头来,双手叉腰,改用腰部左右摆动控制车把掌握方向,从坡上飞速滑下来,一条长长的坡道从上到下,速度越来越快,既惊险又刺激,特别好玩。

◎初中

我的新家

高小毕业后,我又告别了大妈一家,来到了江西省立南昌二中念书。这次,终于不用借宿亲戚家了,因为我的家就在南昌。

父亲娶了另一个女人,那就是我的继母。我的学校是寄宿学校,只有周末我才会回家,和父亲、继母同住。

在这所学校,我第一次接触到了网球。这是一项非常考验体力的运动,另外,身体协调性、反应力都是一个网球运动员要具备的基本素质。那时光想着打球好玩，现在看来，我最佩服的网球界球星就是我国的李娜，每当有她的比赛，我都要准时打开电视机观看。我喜欢网球，大概也就是初中时候开始的，一直延续到了现在。

◎高中

夏令会让我们相遇

由于我初中时的成绩很好，获得了直升高中的机会。然而时局动乱，那一年正好赶上了七七事变。和家人短暂的相聚之后，我再次离家，远赴成都读书。

我的父亲是军人，对于时局形势比一般老百姓懂得多。在他的安排下，我带着弟弟从武汉坐轮船，沿着长江北上，到达重庆，转到成都上学。我们身上只带了一些衣物和一封上学的介绍信。那一年，我17岁，弟弟15岁。

我要上的学校叫成都协和高中，是一所教会学校。在我高二的时候，几所教会学校组织的夏令会，成为我一段难以忘怀的记忆。夏令会和现在的夏令营是一样的，几所学校的200多名学生聚在一起搞活动，参加表演可以结交到很多新朋友，学到很多新知识。参加的学校除了我们高中以外，还有华西大学、金陵大学、齐鲁大学、华美女中和华英女中。大家不分学校、不分性别和年龄，十几个人随意结成小组，我在小组里任组长。有趣的是，每个组还要给组长配备一名"女秘书"，帮助组长完成领导队伍的任务。我的秘书是华美女中的学生，她叫洪登璧，在夏令会持续一周的时间里，我们配合默契，她非常尽职尽责。这，就是我和我夫人的相识。

我们相爱了

一周的夏令会临近尾声，告别演出时，我为大家表演了口琴。因从小学时就喜欢，高中时我已经能即兴吹出几段有名的曲子来，我的口琴声吸引了场下的伙伴们。

结束后，洪登璧和我互留了学校地址，她向我借口琴乐谱，我借给她的第一首乐谱名字叫作《风流寡妇》，是世界著名的圆舞曲。

17岁是情窦初开的年纪，和洪登璧见面几次后，我们开始彼此喜欢，她也成了我的女朋友。当时的学校和现在太不一样了，校园周边没有高高的围墙，也没有如此森严的安保系统，即使没有这些，大家也都是非常讲秩序的。在我们学校宿舍旁，有一条河沟，她来了我就给她抓好多螃蟹吃，我们还经常到附近的油菜花田里玩。

"记者汇报我很潮，编导不信要来考。这次采访不一样，又是拍照又摄像。问题连珠向我发，从容笑对也逍遥。"这是志愿者到涂兆祥家拍摄视频时，他有感而发写下的诗句。涂兆祥喜欢写诗，习惯用诗记录日常生活感悟。现在写字手会微抖，他会使用电脑记录诗作。

初次接触排球

在学校,我又接触到了一个新的球类运动——排球。不同于现在的九人排球阵型,当时一队只需六人:前面三个人,后面三个人,第一排中间的球员负责供球,左右两边球员负责杀球。我因为个子高,幸运地被校排球队选中,我是左边攻击手。

我们校队经常和其他学校的球队一决高下,不论结局如何,切磋球技本身就是一种快乐。

学习、交女朋友、打排球,三件事填满了我的高中生活。

◎大学

"贷金"上大学

高中毕业后,我凭借自身学习实力考进了重庆国立中央大学工学院电机系,女朋友洪登璧考进了重庆大学化工系。因为总要进行化学实验,她不喜欢,所以上了一年大学后重新考学,考进了成都金陵大学。

流亡学生大多是没有钱读书的,那么,学费、食宿怎么解决呢?可享受"贷金"。贷金就是向学校借贷,学费和食宿都先欠着,学校会在毕业证书上注明贷款的金额,等到有钱了再还。

食堂盛饭的大桶一个人都抱不住,足足和腰一边高,每次盛饭我都得把身子弯进桶里才行。因为高中在教会学校,我养成了饭前祷告的习惯。可是等我祷告完,饭菜都快没有了。

这个年份,正好赶上日本人不断轰炸。日本鬼子一来,警报就响得吓人,仿佛在传递着死亡讯号,人们慌乱逃到防空洞。可是防空洞空间有限,有一些人根本没有地方跑。小鬼子开着飞机就在我们的头上飞来飞去,不时扔下炸弹。我站在平地上,抬头都能看清小鬼子的轰炸机,他们的暴虐行径简直丧心病狂。

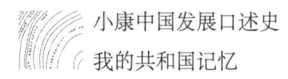

进入排球校队

我被选入中央大学排球校队,每周都要拿出更多的时间去练球;同时,我还被选进了中央大学学生自治会,参与社会活动也让我分了心;我还利用晚自习的时间给女朋友写信,这些占据了我大部分学习的时间,导致我成绩下降。

有一次,三民主义青年团的一个军事教官找到我,问我想不想骑马打枪、学习军事技能,加入三青团,我因为参加了学生自治会而没有精力参加更多,就拒绝了。

◎感情风波

父亲促成订婚大事

大学时,我在沙坪坝,女朋友在成都,见面机会并不是很多,所以我们俩经常靠书信来往。这时,父亲已经搬到了化龙桥附近居住,我依旧住宿,一周回去一次,偶尔会住一晚再回学校。

大二的时候,我无意中遇到了曾经一起参加夏令会的华英女中的一个女孩,她在歌乐山药专,我们距离很近,于是就一起出去玩。没过多久,父亲无意之中得知了这件事,很是愤怒。他曾见过洪登璧,也知道和我见面的女孩不是她。于是,父亲安排我尽快和洪登璧订婚,促成了我俩的婚姻大事。

拜访准岳父

订婚没有什么戒指婚纱照,我只是去见了准岳父。父亲派了一个副官为我俩引路,从重庆坐船到万县,抵达万县后,还要乘坐两天的滑竿,翻山越岭才能到达她的家乡——达县。

滑竿是山区特有的一种供人乘坐的传统交通工具,是用两根结实的长竹竿绑扎成担架，中间架以竹片编成的躺椅或用绳索结成的坐兜，前垂有脚踏板，前后两个人一起抬，边走边唱，用唱腔协调步调，要一致才可以稳稳前进。

到了准岳父家我才知道，准岳父是当地的县官，洪登璧出生在书香门第，家庭环境也十分好。印象最深的是在准岳父家的饮食水平，腊肉肥瘦适中，喜沙盒子口感也非常棒。这是一种点心，里面是豆沙，外面是一层一层的酥皮，甜而不腻。

就这样在一起住了大概半个月左右，我和洪登璧的婚事就算是定下来了。婚事已定，还要回去继续念大学。准岳父为我们租了一条有篷的木船，回来时走水路到沙坪坝。

◎走上工作岗位（1944—1990）

在资源委员会昆明电工四厂　和妻子喜结良缘

1943年，我毕业后被分配到了资源委员会昆明电工四厂工作，我的准妻子学园艺，1944年毕业后被分配到了云南边境工作。由于相距昆明太远，她主动放弃了工作。我也刚走入社会，单凭我一个人的工资难以养活两个人，于是我的准岳父每个月给我们汇钱，补贴家用，资助我们生活。

不久后，我们喜结连理，办了一场婚宴。在物资十分稀缺的当时，我们并没有办像现在这样的婚礼，也没有现在这样宴请的规格，因为那些花销对我们来说简直是天文数字。我们就请了身边的至亲好友聚在一起吃了一顿饭，我工作的工厂成了我俩的婚宴场所，摆上一些茶水和瓜子，还有一些糖果招待大家。我穿上了西装，妻子身着白纱裙，就像一个刚刚落入人间的天使，美极了。

我们唯一的结婚纪念就是一块白绸缎子，上面有每一位来宾的签名和祝福。

由于刚去厂里不到一年，我还不具备分房的资格，于是我俩在厂附近租了一小间房子作为婚房。这个房子是个套间，我们要经过别人的房间才能进入自己的房间。屋子里什么也没有，我就用四块木板和两条长凳搭起了简陋床铺。没有桌子，我就搬来了工厂里废旧的绕线盘，勉强可以放些生活用品在上面。

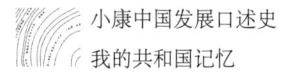

帮助学生应征远征军

当时,工厂招了许多初中生和更低学历的孩子进厂学手艺,成为"艺徒",并让大家上夜校、补习知识。我是大学毕业,就主动参与教学当老师,给大家讲数学。我们的教学关系非常融洽,老师和学生之间没有隔阂,都是真诚相待。

我有一个学生,叫陈庆麟,他怀有远大的救国理想和抱负,加入远征军是他的梦想。但是远征军的报名条件是高中毕业,这无疑成了他救国梦的绊脚石。我知道后,就把自己的高中毕业证借给他。他对我非常感谢,我也没有多说,只是祝他一切顺利,早日实现救国梦。

婚后生活

1945年,我的大儿子出生了。当时我们住在平房里,门前有一块地。昆明的气候非常好,我就在门前的空地上种一些冬瓜、南瓜,还有紫色的圆白菜,再圈起一小块地,养几只鸡,虽不能完全承担一家的饮食需求,但是能分担不少,而且下班后还能享受到田园之乐。

参加"读书会"

厂里有一个叫芦荣光的职工,我当时并不知道他是地下党。他暗中物色一些思想进步的人,邀请他们加入"读书会",宣传共产党的思想,带领大家看一些进步书籍、讨论一些革命思想。我也是被邀请人之一。

为了获取更多的先进思想和战事讯息,我拿出了自己制作的收音机供大家使用。每天晚上,大家聚在我家,我便偷偷拿出收音机,收听延安电台的革命前线报道,了解最新的革命形势。每当这时,我的妻子就会守在门外,帮我们把风。我家的房子有前门有后门,只要一有异样,来学习的同志们就会从后门悄悄离开,我则迅速收好收音机,装作若无其事。

除了收听无线电波,我还用油印机印刷一些学习材料,暗中在厂里发放,就一些中国共产党的先进思想进行宣传。毛泽东的文章《星星之火可以燎原》就受到了大家的青睐，我们每次印刷完，总是能最先发出去。

"护厂迎解"运动

1949年，解放战争胜利。我所在的湘潭电机厂成了全国唯一能制造电机的厂子，为了保护好机器设备，党员和积极分子开展了"护厂迎解"运动，保护好厂子里每台机电设备，迎接解放的到来。我负责接近厂子警卫队的队长，通过宣传共产党的先进思想对他做工作。最终经过不懈的努力，警卫队将他们的枪交给我们，我们成立了"护厂队"，我是队长，主导大家同心协力保护厂子。

有一次，厂子还真就遭遇了抢劫。当时已是深夜，我们照例夜间巡查，几个不法分子偷偷潜入，要来抢劫南国村家属区。因为夜巡的都是壮年的小伙子，没几下，我们就击退了不法分子。

1949年8月，解放军到了长沙，派出了两个解放军为前哨，与厂里的党员、积极分子接触，然后又与解放军的军代表接触。军代表里面有个人叫邓毅生，他是邓子恢的儿子。当时有我、芦荣光和一个工人代表一起去，双方一起商量如何迎接解放军进厂，最终决定组织职工跳秧歌。只有欢歌起舞，才能表达大家迎接解放的激动之情。

经过了"护厂迎解"后，解放军代表正式接管湘潭电机厂，邓子恢的大儿子邓毅生建议我们厂成立自己的营业部，当时叫作"业务课"，我从技术岗转到了业务课，被任命为副课长，迎来了第一次工作转型。

我是"高龄"团员

1949年8月，邓毅生介绍我入团，当时我已经29岁了。在我们厂里，发展的团员基本都是工人，职工里面只有我一个，而且我们这一批入团的人里面，就属我的年纪最大，别人都是20岁左右，一开会，我这个年纪最大的团员还真是有些不好意思。

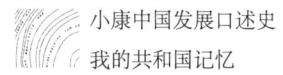

能够入团,给我这个积极分子很大的鼓舞。我决心要一心一意跟党走,永远为党、为国家奉献。

◎ 调到北京

就职中南工业部驻京办事处

1951年,我从湘潭调到北京的中南工业部驻京办事处,长期开展业务工作。这是我第一次来到北京,此后,我便和家人落脚北京,居住在重工业部经理司后面花园的小房间里。

调任到中南工业部,要参加重工业部经理司举办的大区会议。中国分为华南、华北、中南、西南等区,经理司负责组织各大区的代表开会,进行业务接洽,调配一些重工业机器。简单来讲,就是为供求双方搭建一个调配的平台。我就是中南工业部湘潭电机厂的代表,每次会议都要把我们厂的一些产品提出来供全国分配。

1953年,我被调到第一机械工业部电器工业管理局,我的工作也由地方转向了中央。

五次赴苏联谈判

1954年,我被临时借调到了外贸部,并先后五年五次赴苏联进行贸易谈判。例如,当时,国内需要进口一些防爆电机,中国自己生产的电机马力很小,而且不防爆。外贸部没有这样的专业人士,于是将我借调过来,在引进设备时参加谈判,并提供技术支持。

1956年,我还在莫斯科谈判时接到了国内的通知,党组织批准了我的入党申请,这对我来说是又惊又喜。来到北京后,我写过好几份入党申请书,组织一直在考察我。虽然没有入党,但是我一直在用党员的标准要求自己,吃苦在前、享乐在后。能够入党,对我来说是非常重要的一件事,因为我非常崇拜毛主席,中国共产党是我的终生信仰。在莫斯科的时候,斯大林在红场阅兵,红场上的观礼台站满了观礼的人。我有幸参加,遗憾的是当时没有相机,没能拍下这珍贵的一幕。

1959年,是新中国成立10周年。国庆节时,我也同大家一样,去天安门广场观看升旗、参加阅兵仪式。这是我第一次亲眼见到毛主席。这是我人生中最珍贵的经历,当时的场景至今回想起来依然历历在目。这一年,我还参加了人民英雄纪念碑揭幕典礼,真是太幸福了。

有幸与毛主席合影

1965年,我有幸和毛主席、刘主席、周总理"近距离"接触。我们受到了毛主席接见,在人民大会堂接见厅里,我们与领导人合影留念。外贸会议代表近百人都来到现场,我们先排好位置,随后,刘少奇主席、周总理、邓小平等党和国家领导慢慢入席,毛主席最后入场落座。

当时用来拍照的相机叫"胶片摇头机",这种相机从左拍到右,能够将所有人收纳在镜头中。我坐在第一排靠右边的位置,这是我第二次见到崇拜已久的毛主席,又是如此近的距离,忍不住想多看两眼,等到相机摇到我这边时,我就不能动了,于是相机只拍下了我半张脸。尽管如此,我并不觉得遗憾,能够如此近距离见到领导人,如今想想,内心依旧激动。

有趣的是,不仅是我,代表中的很多人都是"半张脸",都是想多看看伟大领袖毛主席,将他的一举一动记在心里。

下放劳动

1966年,国家成立中共中央西北局机械总局,进行"三线建设"。我被调任到那里开展工作。那时,我已经46岁了。

1970年,我来到江西奉新五七干校参加劳动。从造房子开始,种地、喂牲口、打柴、背竹……我从小到大从来没有亲身体验过这些,工作以后也是一直和机电设备打交道,对农活可是一窍不通,就连种地的时候也分不清韭菜和麦子。

作为一名党员，又是干校里的一名排长，我要冲在最前面干活。大家都不喜欢喂猪，因为猪圈又脏又臭，是所有劳动里面最艰苦的工作。我担起了这项劳动任务。为了不把鞋子弄脏，我光着脚、撸起裤管走进去。猪圈里都是猪粪便和泥巴，即使是光着脚走进去也会打滑。有一次，我还真在里面摔了个大屁墩儿，弄得浑身都是粪便和泥巴，又脏又臭地走出猪圈。别人见我就笑，连我自己也忍不住笑自己的模样。就这样，我在这里度过了两年艰苦的劳动生活。

◎美国八年时光

首次前往美国的激动与忐忑

1978年，我来到中国机械设备进出口总公司，负责成套设备进出口业务。在此之前，机械部并没有自己的进出口权，进出口都要通过外贸部，成立总公司后，我们就有了自己的进出口权。

1979年1月1日，美国总统尼克松访华，中美正式建交。建交后也并不是任何人都可以出国，只有工作需要拿到邀请的人，才能够被批准出国。3月，我收到了原中央大学同学的邀请，当时，我的这位同学已经是美国的教授了，叫Alex曾。第一次坐上飞机，我内心有些许的激动，更多的是忐忑，因为我从没有去过资本主义国家。坐飞机先到日本，再转机到美国，心里很没底儿，不知道到了美国之后会发生什么样的事情，毕竟当时中美才刚建交不久，我也算是公司里"第一个吃螃蟹的人"了。

销售了20套成套水力发电设备

1979年8月，我率团到美国旧金山参加小水力发电设备展览。我们带去了一套样机展示，并售出20套20千瓦以下成套小水力发电机，设备出口成功。在当时，美国有很多的小水坝，他们生产的都是一些大功率水力发电设备，20千瓦以下的发电机正好满足了他们的需求。这20套，是中国出口美国的第一批成套设备。

当年 8 月 2 日,加州州长亲自赠送给我加州政府大印的复制品,象征着他们欢迎我们的到来,不仅仅是对我,对团队、公司乃至中国来说,都是一个友好的表示。

为国赢来 2500 万元经济大单

此后,我们又出口了两台 3150 千瓦的水电机,卖了 260 万美元,折合人民币近 2500 万元。当时的北京买个烧饼才要五分钱,我们为国家赢来了 2500 万元的经济大单。

水力发电设备的主要构成分为两部分,一部分是水轮机,另一部分是发电机,两者组合起来,便是水力发电机。中国生产的发电机效率非常好,但是在水轮机这方面,制造技术则有些逊色,不如美国的制造技术。

涂兆祥每天起床后的第一件事,就是读书看报,大到国家政事、国际新闻,小到城市发展、温暖故事,他都热衷。"每天的新闻我都看,孩子们聊什么我都懂,所以他们都喜欢和我聊天,我们也许年龄相差很多,但是对国家和社会的认知却是一样的。"他说。

1980年，为了能够生产出高效率的水轮机，我们开始在美国寻求合作伙伴，与一家叫Allis chamber的美国公司合作生产，开启了中美合作发展的新局面，参加国外投标。

赴美任职副董事长

1983年，公司在香港地区和日本、美国相继成立分公司，扩大机电进出口业务，拉动中国经济发展。于是将我派驻到美国，任副董事长兼总经理。我们的分公司叫华美机械有限公司，是取中国和美国各一个字组成，寓意和谐美好。

1983年到1990年，我常驻美国这几年，也是我人生中一段难忘的经历。

华美落户新泽西州，在公司可以清晰地看到华盛顿大桥，常驻美国的员工分别来自北京的总公司和其他地方的分公司，一共有九人。在美国，我们九个人就像是一家人一样，相亲相爱，相互团结。

总公司给我们拨款30万美元运转公司。前三年，我们基本没赚到钱。第一年，我们对美国市场进行了大摸底，美国机电设备需求是什么，我们都做了认真的分析；第二年，开始带着我们的产品进行商务谈判。真正到了第三年，我们的公司才站稳脚跟，开始获利。因我们九人全部来自中国，再次回想起来，应该雇用一名美国人，这样可以帮助我们更快、更全面地了解美国需求。

说起我们的工资，可是一件十分有趣的事情。我当时的工资对外是每月2400美元，看到这，也许您会说，2400美元可不少，但我真正拿到手的，只有300美元。在美国，如果说一个副董事长兼总经理一个月只有300美元，那可是要被笑话的，纳税也会有问题，这对于刚建交不久、经济发展刚起步的中国来说可不是什么好事。

考取美国驾照的一波三折

64岁时，我在美国考取了驾照，成为中国在纽约各分公司学车的五人中唯一的通过者。事实上我也是考了两次才通过，美国和中国的驾驶证考取方式并不一样。在美国，先要通过交规笔试，才能去学上路驾驶。经过一番学习后，我一次性通过交规，随即开始上驾校学习开车。第一次上课便直接上车，我在国内没有开过车，第一次就开车，真是十分紧张。

驾校的车也和普通汽车不同。主驾驶和副驾驶都可操控方向盘，当主驾驶座位上的学员驾驶不当的时候，副驾驶座位上的教练可以及时采取措施。我紧张地握紧方向盘练习驾驶，教练却一个劲儿轻拍我的手。原来，是我握得太紧，一旦出现失误，教练没办法纠正了。

第一次，我们在空地上练习了一个小时，就是学习汽车的驾驶方法，哪里是油门、哪里是刹车等。第二次，我们就来到了唐人街练车，也是一个小时。第三次上车，竟是要来到高速公路上去练车。就这样，经过了累积八小时的练车后，我接受了上路考试。我沿着考试规定路线前进，遇到了一辆大吊车，因为没有减速观察，便没能通过。第二次考试，我终于通过。

公司为我配备了专职司机，但是我却想自己尝试开车，但又怕一个人开车发生事故，于是便和司机商量，让我来开车，司机在副驾驶座位上指导我。我的司机很负责任，他回绝了我的想法，但是我并没有就此罢休，又和他商量，我在前面开车，他在后面开车跟着我，最终他同意了我的要求。

◎退休后（1990 至今）

在美国生活一段时间

由于我属于高级工程师，退休年龄延迟到 68 岁，也就是 1988 年。这一年，我回归平凡生活，走下工作岗位。我没有直接回国，而是在纽约的弟弟家居住了一段时间。

当时弟弟还在中国台湾没有到美国，为了维持生计，我决定帮助弟妹开一家小超市。店面虽小，但是从日用百货到烟酒食品，种类俱全。弟妹负责收银，而我则负责店面安全。

当时的美国，并没有想象中那样安逸、安全，我们的店就遭遇了几次偷盗和

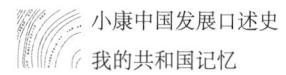

抢劫。有一次早上开车去店里,停车后,发现地下库房的门被撬开了,成箱的啤酒被洗劫一空。

商品被偷,只是损失了一些钱而已,我还亲身经历过一次抢劫,那样的情景让人心惊肉跳,现在想想仍旧是心有余悸。当时,两个美国人来到店里,一个人说要货架最上面的东西,我个子很高,便帮忙去拿,回过头来,已是一把手枪对准了我的头。另一个人对着弟妹要收银台里所有的钱,不给钱就要开枪打死我。弟妹被眼前的景象吓坏了,我示意她拿钱给劫匪,最终二人卷钱逃离,报了警也再没有下文。

此后,我又去美国犹他州的女儿家住了 20 天。但还是觉得不论哪里,都不如回到祖国。离开祖国时间长了,才会感觉到祖国的美好。

回到故土

于是,我告别了美国,1990 年,70 岁的我终于回到了日思夜想的祖国,并在北京市西城区展览路街道生活至今。

我居住的房子并不是很大,旧得连墙皮都开始慢慢裂开了,但我喜欢这里,因为这里才是我的家,才是落叶归根的地方。

回到这里已经 70 岁了,我感觉此时的人生应该是接近尾声的时候。每年过春节,我都要在落地镜子上贴一枚生肖贴纸,就这样贴了不知多少年,最后终于放弃了这一做法。与其感叹一年时光的流逝,不如好好珍惜眼前的每一秒幸福,我的性格也不允许我有半点光阴虚度。

现在的生活

看到孩子们经常网购,我就向儿子提出要学习网购。儿子帮我申请了网银和账号,我一步步学了起来。网购非常适合我们这样的老年人,我现在年纪大了,出门也怕麻烦,家中缺少什么东西都会自己网购,网上支付后,过几天就会有快递将商品送到家,多方便。手机、蓝牙音响、衣服、裤子、台灯等,都是我网购而来的，只要在网上看好型号规格，下单支付就可以了。

我喜欢写作，坐在书桌前，听钢笔在纸上发出"沙沙"的声音，随着钢笔的节奏，内心的灵感化成文字，成为一种心灵语言。但是随着年纪的增大，写字都有些困难了，手会抖，写的字也不如从前了。近些年，我迷上了在电脑上写文章，还能够把拍的照片和文字对应放在一起，十分便捷。

我喜欢听音乐，所以经常用网购来的蓝牙音响播放。从古典乐曲到流行歌曲，我都喜欢听，既喜欢《伏尔家船夫曲》《天鹅湖》《西班牙斗牛曲》这样的曲子，也喜欢《阿莲》《草帽歌》《答李淑一》这样的歌曲。

现在的科技十分发达，我自己学会了使用手机。为了让家庭更加和谐和团结，我特意成立了一个微信家庭群。当孩子们过生日的时候，我会用手机制作电子贺卡，为孩子们送上生日的祝福。

■文 / 王辉

☆采访手记

初次来到涂爷爷家中，正是盛夏，我还在抱怨着小区道路上满地的树虫、烈日酷暑满身是汗，以及交通的不顺，敲开门时，却是一个身材魁梧、笑容慈祥的老爷爷。涂爷爷一个劲儿将我和其他志愿者往家里请，他的热情好客，顿时让我忘记了来时路上的所有不快。

旧时装修风格、有些发黄甚至开裂的墙皮、20世纪90年代的电风扇、墙上挂着的老照片……家里的每一件老物件，仿佛都在诉说着一段岁月佳话。

出乎意料的是，当时，老人虽然已经95岁高龄，但是口齿清楚，也没有老年人普遍存在的老花眼和耳背。不仅如此，老人还过着很"潮"的生活，刷微信朋友圈、网购、制作电子贺卡、听流行音乐、和孩子们打麻将……他有着乐观的心态，沉浸在科技便利的生活之中，享受着"年轻化"的生活，和他的真实年龄有着强烈的反差。或许，这才是真正的返老还童吧！

涂爷爷总说，对自己要知足常乐，对他人要助人为乐，心态要自得其乐，还要活到老学到老。他的很多故事都反映出这些真谛，也真真正正给我上了人生的一课，比听了多少直白的人生道理让我收获都多。

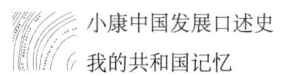

经过多次的入户采访和微信上的沟通交流,我把涂爷爷当成了我的朋友、我的长辈,更把他当成了我的人生导师。未来,即使我们没有了志愿服务这层关系,我也会经常去拜访他。祝愿老人幸福安康!

■文 / 王辉

◎附录:涂兆祥创作的诗歌作品

人　生

我经历过风霜雪雨:
所以我能感受到人生的
春,夏,秋,冬。

我经历过悲欢离合:
离时悲哀,
合时欢乐。
有时酸酸的,
有时甜甜的。
有时觉得好苦啊!
有时觉得真辣。
所以我能感受到人生的
酸,甜,苦,辣。

我坠入过爱河:
爱的生活,
甚至荒唐。

爱,看起来很简单。
无非你喜欢我,
我也喜欢你。
几千年以前是这样,
千万年以后还是这样。
飞禽走兽加上水中游的,
都是这样。
然而,爱,实践起来,
并不简单。
她会使你疯狂,
她会使你奋不顾身勇往,
她也会使你垂头丧气,
她也会使你不想再生。
所以我知道人生多么复杂。

我远离过故土:
我去过苏联,瑞士,奥地利

在那个唯一超级大国美国，

在那个世界上最繁华的

都市纽约，

我生活过八年。

每当我独自一人

坐在灯下缝补衣裤的时候，

每当我独自一人

餐餐烧饭吃饱算数的时候，

每当我看见别人

叫声爸爸亲密团圆的时候，

每当我独自一人

散步在 FLUSHING 街上的时候

我感到失落，

我感到孤独。

我想到我的祖国，

我想到我的家。

我想到在北京

为我牺牲，

谅解我，

等着我的亲人。

时间多么漫长，

我在异国空间徘徊，

谁能理解我的心情。

所以我知道孤独的人生多么可怕。

我做过那七彩的梦：

梦，有各种各样。

有工作上的梦，

有生活中的梦，

也有爱情的梦；

梦，尽管难以实现。

只要活着，

不管年龄有多大，

它也是希望实现的目标。

所以我知道希望的人生多么美好。

1991 年 11 月 8 日

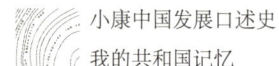
小康中国发展口述史
我的共和国记忆

杨德厚

百岁元老获"元老杯奖" "太极寿星"忆太极情缘

陈氏太极拳是杨德厚最大的爱好,也是他后半辈子坚持的"事业"。练拳80多年,授拳30多年,除大年初一和特殊天气外,坚持至今。他自己亲身体会到陈式太极拳在健体防身方面的巨大魅力,也希望越来越多的人体会到这是一个健康工程。

◎人物小传

　　杨德厚，满族，1919年9月1日生于北京，南礼士路社区居民。

　　1942年，杨德厚从北京大学工程学院电机系毕业，以优异的成绩留校做助教并兼职高中老师。1946年，他和朋友一起开办了"天兴电机厂"。工厂被国家收购后，调到第一机械工业部电工局工作，后又调到第一机械部科技信息研究院，直至退休。

　　杨德厚不仅是研究员级高级工程师，荣获过"元老杯奖"，而且还有另外一番事业——打太极。13岁时，他跟二哥杨益臣学习打拳，后又随二哥师从陈氏太极拳宗师陈发科。"文革"后期在北京月坛公园陈氏太极拳辅导站义务授拳，除大年初一和特殊天气外，从未间断。现为北京陈氏太极拳研究会荣誉理事、顾问。2012年，被北京市武术运动协会授予"太极寿星"称号。

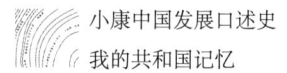

◎ 儿时记忆

我的"前世"是开花厂的

小时候,我经常去街坊家玩,街坊四邻都很喜欢我,也经常逗我玩。看到满院子的花时,街坊就问我这些花多不多,好不好看?我随口就说,我家里的花比这多多了。街坊又问,你家里那么多花,你看见过吗?"我家里就是花厂,怎么会没见过呢?"我很自豪地说。

我只是随便一说,因为小时候我们家并没有开过花厂。可就是这个花厂的说法,让姐姐倍感蹊跷——姐姐说,母亲生我的时候,折腾了一宿也生不下来,早晨父亲打个盹的时间就做了一个梦,梦到一个山东大汉,头顶着花篮,走进我的家门,随后就听到了婴儿的啼哭,接生婆白姥姥便把我抱到父亲的跟前,告诉他又添第五个儿子了。

我父亲做过这样的梦,而我小时候又毫无缘由地说家里是花厂,有很多花,还能准确地说出花厂的规模,把这些联系起来后,不免让人联想到一种迷信的说法——转世,我的前世家里是开花厂的。

我的大儿子上大学的时候有个信佛的同学,是位居士,两人关系很要好,他相信转世的说法。我大儿子就跟他提起过我小时候的这件事。他的那个同学还找过我,问我是否还记得。他还给我举了好多例子,可是我确实记不清楚了。后来我也看过外国翻译过来的书以及新疆和西藏地域的书,还从电视上也听到过转世的说法。

再也吃不到爽口的果子干

我住过西直门的后桃园胡同,夏天,有一个挑着挑子,一边打着手里的铁片,一边吆喝的小贩,叫二印子。

每当我听到吆喝声,就拿上一个小铜圆,到二印子那买一碗果子干和一盒玫瑰枣。果子干由杏干、柿饼、桃干煮在一起,然后放凉,用冰镇着,最后和切好的鲜藕片放在一起，特别爽口。

在制作饮品方面，原西单北大街路东元兴昌的酸梅汤可算是首屈一指。这家店把酸梅熬好后，放在瓷缸里，瓷缸外面放些冰块，原汁原味喝起来特别解渴、降温，口感也好，这也是我的最爱。可惜现在再也吃不到爽口的果子干，喝不到那么正宗的酸梅汤了。

大年三十晚上要"悬影"

我的祖上是满族正黄旗，舒穆禄氏。有一位先祖名叫扬古利，一身过硬的功夫，曾经侍奉在清太祖努尔哈赤身边，深受努尔哈赤喜爱，并将其爱女赐予扬古利为妻，成了皇亲国戚"额驸"，并封为超等公、武勋王。"额驸"扬古利先后跟随清太祖努尔哈赤、太宗皇太极征战近50年，更是出生入死经历过无数次战役，是位战功赫赫的人物。我的祖上跟随清室入驻北京，在北京繁衍生息。旗人势力逐渐衰败后，民国以后，我的祖上经过协商，取先祖扬古利名中的"扬"字，改为汉姓"杨"。

在满族人的传统里，大年三十晚上要"悬影"，这也是令我难忘的一件事。

哥哥会从一个一米宽的盒子里拿出一张五米长的画像。画像里画的是扬古利的第七代重孙佛延寿，这个老祖坐在山石前面，脖子上挂着念珠，手里托着水烟袋，桌子上有沏好的茶，好像在跟旁边的夫人聊着什么。老祖的两侧还站着沏茶和研墨的两个书童。

把这张画像挂在西墙后，按照男女的顺序，首先是大哥磕头，随后二哥、三哥、四哥和我，紧接着二哥、三哥、四哥和我再给大哥磕头……四哥和我再给大姐、二姐……也就是尊重长辈，给长辈拜年的意思，最后上供品。到了凌晨一点，再把画像收起来。

可惜的是，这张画像"文化大革命"时，在"破四旧、立四新"的思想指导下，被烧了，所以悬影祭祖的传统也就中断了。

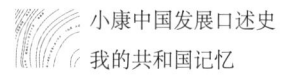

◎求学历程

入学时倒数第一　　毕业时正数第一

我的小学是在位于西单头条（现长安街）的北京市第二小学和十三小学度过的，而初中，我也经历了两个学校。一个是北方中学，另一个是三基中学。

在北方中学，校长是罗贯中，东北人，所以学生中也就东北人居多。初二刚开学不久，九一八事变爆发，东北沦陷。

东北学生就在爱国思想的鼓动下，发动学潮，抗击日本。我也就跟着同学一起游行。可是我的哥哥知道这种情况后，希望我继续学习，就让我离开了北方中学，去东安市场附近的金玉胡同东口，也就是四哥念过的中学——三基中学去读书。

三基中学非常注重英语、数学和中文三门功课。刚去的时候，暑假期末考试，我考了倒数第一名，成为学习最差的学生。这样的排名让我和家人都很着急，于是，以后的课堂上，我非常认真地听课，一点不敢马虎，放学后哥哥还给我补习功课。最终，功夫不负有心人，初三毕业的时候，我以年级第一的成绩考入地安门附近的河北省第十七中学（当时北平还隶属于河北省）。

"跳级"考入研究所　　给家里减轻负担

当时正上大学的四哥跟我说，咱们放学回家后嫂子还得现给咱们做饭，咱也不能总吃哥哥的，得想办法给哥哥嫂子们减轻压力。所以，读到高中二年级的时候，得知南京的中央军委军事研究所招生，我就想考一下试试看。

考入研究所后不仅管吃住，而且有津贴，这对我来说具有很大的吸引力。可是研究所招收的对象都是大学一二年级理工科的学生，面对这种情况，我就利用课余时间学习大学课程微积分、高等数学等方面的知识。那段时间的学习很辛苦，但最后的结果总算令人欣慰。考试地点设在和平门外的师范大学(现址师大附小)，主考是学校军官。最终，我以优异的成绩考入了中央军委军事研究所的航政系。

虽然从小到大我没出过远门，但这次到南京上学我决定一个人去。我用柳条包装些平日用的东西，然后又打上行李卷，姐姐把我送到了火车站。

初到南京，感觉一切都很茫然和陌生，但是从小不服输的性格告诉我，我一定能找到研究所。我还算比较幸运，问一个路人就给我指出了研究所的方向，我花了半块银圆坐着马车去了位于东厂街的研究所。

中央军委军事研究所分为学员班和学生班，学员班都是全国交通界在职的工程技术人员，给交通界安排一些军事人员在里面，会交通、懂军事，为以后的抗战做准备。我入的则是学生班，学生班相当于一个连队，有100多人。由于是国办学校，不仅管吃住、有津贴，还发服装。我入校第一天就领了三套军服，其中一套是呢子军服，军官级待遇，头衔也是准尉。同时作为一名军人，我们毫不例外地剃光了头。

当时一个月的津贴是20块大洋。我平时喜欢照相，还用前两个月的工资买了柯达牌照相机，花去了十几块大洋。

后来，军校搬到江西庐山，军官训练团就在五老峰下面的海会寺上课、训练。我们学生班的上课地点是两栋平房。值得一提的是，这两栋平房高度相差甚远，上边这栋要比下面高几十米，看起来非常可怕。

看清国民党本质　放弃学业回北京

1936年，在研究所上完一年学后的暑假，回到北京，在清华大学上学的四哥杨德增告诉我，蒋介石不是真抗日，让我不要在南京上学了。由于我当时身体弱，加上上学的压力大，所以就此放弃了具有发展前途的学业。

回到北京，哥哥们还是希望我继续学习，我就又回到第十七中学。当时十七中学让我再重新从高二年级学起，可我在军事学校学的内容比现在高二年级学的内容丰富，况且高二的知识我也都掌握了，也没有必要上了。所以，我就考取了当时的一个私立学校——镜湖中学。这个学校虽然学费高，但是教师好。数学教师是当时知名的教授马文源，物理、化学也都是很出名的教师。

镜湖中学毕业时，由于北京发生了卢沟桥事变。我当时报考的北平大学工学院、唐山交通大学工学院、清华大学工学院都搬走了，北京也就没有什么工学院

小康中国发展口述史
我的共和国记忆

杨德厚和老伴的合影。杨德厚和老伴有过很多张合影,可杨德厚唯独最爱这一张。20世纪70年代,杨德厚和老伴去照相馆看照片,可是拍照的人走过来劝说他俩照张相,就这样,他俩摆了个姿势,"咔嚓"了一张。后来,杨德厚的徒弟认识一个油画家,问杨德厚只要给张照片,就可以给画出油画。就这样,杨德厚从此就把这张油画,高高地挂在了墙上。

可上了。我之所以上工学院是想毕业后能解决工作问题。

当时在电报局工作的哥哥们都去洛阳、西安等地工作了,只剩嫂子和姐姐在家,还有一个80多岁的老舅舅,所以我只能辍学在家照顾他们。

前任老师被"赶走" 大学生登上讲台

1938年,在端王府夹道北平大学工学院的校址,日本人允许教育人才建立北京大学工学院。我便考取了这个大学的电机系。这个学校很大,有工厂可以实习,有汽车可以装卸,也有很多知名的教授在这教书,比如高等数学是由比利时留学归来的高级建筑师朱兆雪教授,后来的北京十大建筑就是由他设计的。

大学一年级寒假考试的时候，高等数学老师朱教授采取比利时的考试方法，进行一对一考试。学生都在教室外等着，叫到名字就可以进去考试。可他出的题目很多人都答不上来。

当听到叫我名字时，我就胸有成竹地走进教室，朱教授便在黑板上出题让我做。我一看这题目，我会，就迅速答上来。当第二道题出来时，我刚要往上写，朱教授就说不用了，最后我得了 95 分，扣 5 分的原因是做第二道题的时候我思考了一下。

哥哥和姐夫刚去外地工作时，汇兑流通，就给我们寄钱。可是后来汇兑不通了，不能寄钱了，而我每年获得的 50 元奖学金也根本不够一家人花。因此，当时家里的经济条件十分不好。

就在这时，经过一位大学同学的举荐，我去了当时很有名气的私立中学——大中中学做兼职老师，教高三的数学和物理。之所以能举荐我，是因为知道我成绩不错，而这位同学的父亲又是该中学的教务处主任。

我从来没有教课经历，可以说没有任何经验。而恰恰前一任老师就是因为教得不好被学生赶走的，我的压力就更大了。不过越是有挑战越能激发一个人的斗志，我当时就暗下决心，一定要凭努力让学生心服口服。这个志向和那段经历也为我以后一段时间教书育人埋下了伏笔。

学生考入大学　打破升学"魔咒"

刚走上工作岗位时，有件事让我记忆犹新。第一天来到大中中学的办公室，我拿起高三点名册准备去上课，办公室的一位工作人员侧目道：您拿错东西了吧？您应该拿初中的点名册！我正要解释，教务处主任也就是同学的父亲，正好走进来，给办公室的工作人员介绍说，这位是新来的教高三年级的老师。听了这话，这位工作人员还是觉得不可思议：这么年轻，怎么能教好高三？站在一旁的我，没有吱声，再次暗下决心要用实际行动打消大家的疑虑。

上岗之前，我已经对这个班级有所了解，前任老师是由于教得不好，学生问的问题不能解答，才被学生赶走的。我走上讲台后，对大家说：同学们，有什么不会的题，可以拿出来我帮着解答。学生一听，便把以前学校考试时认为最难的

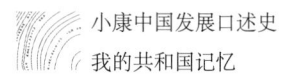

题拿出来让我解答，希望难倒我。

可令他们没想到的是，我不仅轻松做出来了，还把每一步的知识点讲解得十分清楚。如此的表现受到同学们的热烈欢迎。最终同学们也给予了我回报，都以优异的成绩考上了大学。这样的成绩也打破了当时人们普遍认为的"私立学校学生考不上大学"这个"魔咒"。

大学毕业成助教　兼职中学教师

1942年，我大学毕业后以优异的成绩留校做助教，帮助日本教授深井宗吉和中国教授梁引年给同学们批改试卷和答疑解惑等。为了贴补家用，我一边做助教，还一直做兼职中学教师。

日伪政权在北平推行"奴化教育"，希望管理的都是"顺民"，对具有爱国思想和辱骂日本人的学生，进行压制，我也就在这种水深火热中艰难地生存。

大中中学由于一些原因被拆掉，我也结束了两年半的兼职工作，后又经同事介绍，到北锣鼓巷的市第一中学做兼职老师。

1945年，抗日战争胜利后，国民党政府接收北京大学工学院，不承认我的学历，认为我是"伪北大"毕业。在这种情况下，我辞去了大学助教的工作，也就专心地做了一名中学"教书匠"。

◎"下海"往事

10根金条　开办无线电工厂

做专职的"教书匠"仅仅半年，我就又有了另一份兼职工作。在无线电方面工作的两个好朋友王汝璋和沈立，看到没有正规的公司做无线电通信器材设备，而这方面的发展前景又很广，所以希望有专业机电基础的我和他们两个人合伙开办工厂。

我把多年积攒的钱拿出来，又从亲戚那借些，用相当于10根金条的价钱于1946年12月8日，在东四南大街117号开办了"天兴无线电通讯器材行"，后又改名为"天兴电机厂"，以无线电收发、报话机和通信器材修理、研发以及科学仪器的买卖为主营项目。

王汝璋和我一样，由于有正式的工作，所以，我们只能每天下班后去工厂。这样，有在日本工厂"放电社"工作经验的沈立和他大舅哥成了工厂的专职人员。

听说上海有制造无线电的零件，例如，电容器、电阻、变压器、真空管等，我就从上海进零件，发展无线电，还给当时很稀缺的电冰箱充氟。为了紧跟行业发展的脚步，我还订阅国外关于无线电方面的杂志，学习制作发电机。当时有美国人看到北平的机关单位有发电机，也是很吃惊。

工厂生产的照明灯　点亮长安街

工厂经过三年的发展，由原来的几个人，发展到了100多人，并改名为"天兴电机厂"，同时又开了两家分厂。

新中国成立后，政府宣传《白毛女》等阶级斗争的舞台剧。在这样的大环境下，我们的工厂也与时俱进，为文工团表演舞台戏提供服务，进一步拓展了扩音器、照明灯等业务。看到国外有新设备，我便买样品，研究它的技术，自己制造，还培养技术工人。

1949年，为庆祝五一劳动节，相关部门在东单广场组织了演出。演出所用的扩音器是由我们的工厂制造的，长安街的照明灯也是由我们的工厂制造的。同时我们的工厂还制造、生产电表。在当时，我们的工厂如实记账、如实纳税还得到了朝阳区税务局的表彰。工厂发展得特别快，经常有几十万元的订单。能够取得这样的成绩，不仅是社会发展的需要，我觉得还有好的人才和创新精神。

但是好景不长，由于"三反""五反"的社会背景，我的公司被工作组检查，我也由此被冠上了"资本家"的帽子，关进了北海公园附近的监狱。我并没有被吓倒，坚信自己没有做违法的事情，共产党是讲道理的。几个月后，在中山堂的总结性大会后，我被取保释放。

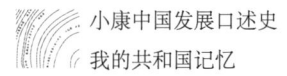

工厂被国家收购　任职机械工业部

出狱后，也恢复了工厂的名誉，但是以 1/10 的价格被国家收购，不过这也是当时北京唯一一家由国家收购的私营企业。工厂改名为"北京电机厂"后又改名"北京开关厂"，任命我为分厂的副厂长。

1951 年年初，机械工业部成立，后又改名为"第一机械工业部"，现在叫"机械工业委员会"。由于急需技术人员，我被调到机械工业部的电工局工作，任工程师。

新上任的机械工业部部长黄敬，不了解机械工业方面的情况，所以安排了东北实地考察。当黄部长从哈尔滨考察完回到沈阳时，便在沈阳开会，讲解调查时发现的情况、工业方面存在的问题。我当时正好在沈阳出差，便参加了此次会议。会议从早上 8 点开始，一直开到下午 6 点，中间只有半小时的吃饭时间。在黄部长"猪鼻子插大葱"批评某些领导不懂装懂的现象下，认为机械工业领域出现的问题根源在于计划管理不到位。

电工局长周建南收到黄部长在沈阳做汇报的消息后，便把我急招回北京，让我第一时间给局长、各处的处长、办公室主任等领导传达黄部长的讲话精神。也正是这次优秀的表现，我晋升为高级工程师，后来又晋升为研究员级高级工程师。

◎艰难岁月

被认定"资本家"　先批斗再下放

"文化大革命"时期，我正带领工程技术人员在哈尔滨学习，被急招回电工局。由于我在中央军委军事研究所学习过，被问有没有参加国民党的组织，是不是三青团团员，是不是国民党党员？在北大当助教时，去日本参观过日本的工业大学、造币厂等，被问是不是"里通外国"？后又"混"入机械工业部，是不是有什么阴谋？在搜查住所时，电冰箱、电褥子、空调等贵重的物品都被拿走，认定我是过着资本家的生活，同时又开过工厂，"资本家"的帽子在这时又被戴上了。

唯一一个没让红卫兵抄走的就是清朝皇上赏赐我祖先的一幅宫廷画师郎世宁的画。这幅画画的是国外的一位公主出游的情景。红卫兵抄家时，我大儿子用毛笔在红纸上写下"恭祝毛主席万寿无疆"，然后覆盖这幅画，才得以幸存下来。一九八几年的时候，有个人用两辆进口的奔驰车跟我交换，我都没换，这是祖上遗留下来的，我要好好保管。

我被带走后，关在一个屋子里，进行"批斗"。后又下放到江西奉新县进行"下放锻炼"，接受贫下中农再教育。自己种菜、种水稻、烧砖盖房、砍柴、挑粪等，干一些我平时想都没想过的农活。休息的时候，我们还要以"坐飞机"的姿势交代"罪行"。

我印象最深的就是上山砍竹子。那里的竹子有10米长，四五十斤重，我们每天早上6点多就上山，等到下午两三点才扛着一根又粗又长的竹子，走着弯弯曲曲的小道回来。若赶上五七干校的革命干部命令谁再去砍一根，就必须重新去上山砍，等到下山回来时，早已天黑了。

在砍竹子的时候，最怕碰到的就是竹叶青蛇。每次去砍竹子时，都会带上当地村民研制的"蛇药"。被竹叶青蛇咬后，伤口得到及时治疗时，三四天就见好；反之，就会死亡。我比较庆幸的是，从未被咬过。

重返工作岗位　同事问"你还活着？"

"文化大革命"结束后，国家工厂恢复生产，急需人才，我被调到陕西汽车厂工作。回到北京收拾东西时才发现，我家已经从以前的四合院搬到只有两间屋子的西单北大街111号了。再也看不到几个儿子爬上桃树、枣树，去摘桃、摘枣其乐融融的场景了，也不能爬上树看西长安街游行的队伍了。

看到这种家境，我还有妻儿要照顾，到汽车厂又是"学非所用"，所以我就迟迟没动身。我把家里的现状跟当时电工局副部长曹维廉说了，在曹副部长的帮助下，1977年，我又回到了第一机械工业部的电工局工作。

回到电工局后，上班的第一天，书记和厂长看到我后，都会问：杨工，你还活着呐？能活下来不容易啊！我心里有说不出的酸楚。但是我至今都认为：在逆境中生存是对我最大的考验。

杨德厚十三岁开始学陈氏太极拳,"文化大革命"后,又在月坛公园太极辅导站授拳,他一辈子与拳打交道,也与拳结下了不解之缘。他希望自己能像陈发科大师一样把陈氏太极拳继续发扬光大。2012年,北京市武术运动协会授予"太极寿星"称号,并聘用他为陈式太极拳研究会荣誉理事、顾问。

  电工局工作三年后,机械工业部推荐我到另一个部门——科技信息研究院工作。我的主要工作是把各厂研究出的新技术、新经验整理起来,然后去工厂实地考察,最后写成文章,刊登在《机械科技》的月刊杂志上。

  1989年退休后,作为中国电工技术学会中国电器工业发展史专业委员会的委员,我和其他委员们一起编写了"中国电器工业发展史"系列书籍,任副主编。

◎太极情缘

被预言活不过 20 岁　靠练拳强身健体

太极拳是一种无声的语言、无形的纽带，可以把全世界不同肤色、不同语言、不同信仰的人团结在一起。

好多人都羡慕我 100 岁，耳不聋、眼不花，胳臂腿还很灵活。但大家不知道，其实我小时候身体很弱。我们兄弟五个、姐妹三个，我是老小，比我大姐小 18 岁。我三岁时出麻疹后，总不见好，大夫小声对我母亲说，看这孩子即使活过来也活不过 20 岁。我母亲疼爱我，舍不得放弃，就这么对付养着。七岁时父亲病故，10 岁时母亲也病故了，靠大姐把我拉扯大。好在大哥、二哥和三哥陆续工作了，供四哥和我上学读书。

满族有世代骑马习武的传统，我家住在西单商场后面的前马馆胡同 5 号的四合院里，里面有专门习武的院子，有石锁、杠铃，靠墙架子上放着刀枪弓箭等。大哥、二哥喜欢练拳、推手，三哥喜欢摔跤。

我 13 岁时，二哥杨益臣已拜陈氏太极拳宗师陈发科为师，学练陈式太极拳。由于我当时岁数小，又在上学，没事的时候，就跟着二哥在拳场转悠，偶尔也跟着比划比划，没正式学拳，但身体也有了些起色。

16 岁时，我有了自行车，对太极拳也有了兴趣。在星期天和寒暑假期间总随二哥一起到骡马市大街的"中州会馆"跟陈发科老师学拳。

我虽然没有正式磕头拜师，但经常得到陈老师的指点，陈老师还让他的儿子陈照旭具体指导我。在考入北京大学工学院后，我仍然利用课余时间练拳。由于坚持练拳，身体逐渐强壮起来，很少生病。有些头疼脑热的小病练几遍拳即可痊愈，和同学之间的较力也从未失败过，所以太极拳成了我终身的爱好，一直伴随着我。

艰难时刻　太极精神支撑我

太极拳不但使我身体强壮起来，而且让我精神上也豁达起来，每当遇到困难和挫折，从不硬顶，而是利用太极拳的理论以柔克刚，想办法化解掉。

"文革"中接受隔离审查期间，在牛棚里，睡在我左右的两个人都自杀身亡了。而我却靠练拳保持着身心的健康，坚持到问题最终解决。在江西奉新五七干校劳动改造期间，无论是挑水浇菜地，还是上山扛毛竹，干多重的农活、受多大的委屈我都挺过来了。干校后期农活较闲，对我的审查也放宽了些，每天早上打太极拳时都会有许多人跟着我一起练。

从干校回京后，每天早上到月坛公园，向雷慕尼老师学习陈发科老师后来增加的三换掌等九个式子。在雷慕尼老师去世后，我和汪巨老师负责月坛陈氏太极拳辅导站。除大年初一和特殊天气外，每天练拳，历时39年，跟从我学习的弟子越来越多，自己也亲身体会到陈式太极拳在健体防身方面的巨大魅力。北京武术协会陈氏太极拳研究会成立后，我先后受聘为陈氏太极拳研究会荣誉理事、顾问。2012年，北京市武术运动协会还授予我"太极寿星"的称号。

徒弟为学拳　每天从通州赶到月坛

在我几千个中外徒弟中，有一个徒弟对陈氏太极拳的酷爱让我很是钦佩。我叫他小黄，跟我学了30多年的拳，福建人，现在在北京福建莆田驻京办事处工作，同时又在香山公园"兼职"授拳。现在有时间他还会来月坛公园跟我学拳，他的推手很厉害。

记得他开始跟我学拳时才12岁，跟随父亲在北京做木材生意。由于我大儿子从美国回来，也是做木材生意，有时小黄的爸爸到我大儿子那买进口的木材，这样就相识了。可小黄不喜欢做生意，就喜欢打拳，当得知我是教陈氏太极拳的师父后，就每天早晨来月坛公园跟我学拳。

小黄家住在通州的北边，天天骑20分钟的自行车带着妈妈到通州公交车站，再让妈妈把车骑回去，自己就坐公交车到大北窑，然后又倒车到复兴门，最后跑着到月坛公园。我觉得这小孩学拳太刻苦了，就经常给他开"小灶"。

就这样坚持了七年，最终由于父亲生意方面的原因，他们一家就回到福建老家了。回到老家后，小黄就光荣地参军了。进入武警部队，有武术功底的军人非常有优势。他的上级得知他会陈氏太极拳，就让他带其他的士兵一起练拳。由于在部队优异的表现，退役后，他的上级把他安排在莆田驻京办事处工作。

耄耋老人玩微信　方便与徒弟交流

我是唯一一个至今在世跟陈发科学过拳的人，也是这么大的岁数还在授拳的人。我也希望越来越多的人体会到这是一个健康工程。

现在我除了每天早晨去月坛辅导站教拳外，平时在家还喜欢观看有关太极拳方面的书籍、查阅互联网上有关太极拳的信息资料；每天准时收看新闻联播，了解国内外大事；收听《天气预报》，关心天气情况；《北京青年报》《新京报》也是我每天必看的报纸；偶尔也会看一些当下流行的电视剧；玩微信也是我当下跟徒弟和儿子们交流必不可少的工具。

活到老学到老，学习领悟太极拳的真谛永无止境。

◎爱情故事

相互借书　借来一段情缘

人生其实很短暂，多少年过去了，但那些和老伴在夕阳下散步、两人面对困难惺惺相惜的场景，依然历历在目，就像是发生在昨天一样，让人难忘。

我的老伴叫杨宗瑛，是安徽人，比我小一岁。说起我俩的初次见面，至今都让我记忆犹新。

1936年，我从南京的中央军委军事研究所放暑假回北京。一天，住在北房的我听到有人敲门，便去开门。当开门的一刹那，就看到一个穿着大衣，非常漂亮的女孩，然后我习惯性地问了，你找谁。她说出了我姐姐的名字。

随后我就把她带到姐姐住的西房，同时我心里也在纳闷，这是哪家的小姐？后来老伴谈起跟我初次见面时的情景说，当时心里也在疑惑，哪里来的光头小毛孩？

后来在姐姐那得知,老伴的哥哥杨宗奎和我的哥哥们都在电报局工作,所以很熟。她的父亲由于工作调动来到北京,她父亲经过他哥哥的介绍,经常找我哥哥帮一些忙。这样一来,自然而然两家就熟悉了。

她经常来姐姐这借书,这样我俩也就认识了。有一次,我的小说在姐姐的房间,被她借走了,她看完后,亲自还给了我,这样一来二去我们也就经常联系了。

之后,她经常来找我借书。每次她看完还我书的时候,书里都会夹着一张纸条,上面会给我介绍精彩的段落,还有看完后的感想。我也会同她借书,还书时同样也会附上一张纸条,写上这本书的优点在哪,不足在哪。经过这样近距离接触,我对这位看书这么认真、细致的女孩产生了好感,她也对我有了爱慕之情。

扭转家人看法　迎娶心爱的姑娘

我俩虽然彼此都有了好感,但是她总来我家借书还是有些不方便,怕被姐姐发现。所以我就让她到我所在的镜湖中学找我,或者把信寄到学校。她也让我去她当时工作的北京铁路医院找她。

虽然这样"隐蔽",可还是被家人知道了。有一次我和她去中山公园玩,正好碰到逛公园的三哥三嫂,他们回去后就和哥哥姐姐们说了。家里人都是传统思想,立即干涉我和她的交往,理由是两个人结婚必须经过媒人介绍。而她又是安徽人,家人对她的家境不太了解,怕南北方生活习惯不同,因此都持反对意见。

其实最主要的是哥哥姐姐们都希望我娶隔壁家德四婶的闺女。德四婶以及他的儿子和我的哥哥姐姐们都很熟,又都是邻居,家里人也都了解,用老话说就叫知根知底。德四婶的闺女比我大几岁,小时候也经常和我一起去上学,她也总来我家,和姐姐们也都很熟。但是,她从不主动找我玩,我也没主动找过她玩,只是见面时打个招呼。这样的相处,对于提倡婚姻自由的我来说,怎么能产生好感呢!

由于家里人的反对,当时我们没有谈婚论嫁。后来嫂子被哥哥们接走了,就剩我和两个姐姐还有一个老舅舅在家。老舅舅身体不好,老伴就经常给我老舅舅送药,同时也经常来帮我家里干活,如此一来我和老伴杨宗瑛的关系也更亲密了,两个姐姐知道我这么死心塌地喜欢杨宗瑛,慢慢地也就接受了她。

◎ 品质生活篇

虽然杨德厚的双手有些颤抖,但是他仍喜欢看书时,把书高高地举起。当看到重点的时候,怕自己忘记,也会拿出笔,记下来,即使他的字体很有"艺术感"。

　　1940年,在亲朋好友的祝福下,我们结婚了。婚后,我俩从不为生活琐事争吵,时刻铭记:爱要相互包容。我还要告诫现在的年轻人:当你们找到另一半时,千万不能放弃,否则会一生遗憾的!爱情是生活磨出来的,不是玩出来的!

　　老伴给我生了五个儿子,我的五个儿子现在都很有出息,让我很欣慰。2010年9月10日,老伴由于心脏病去世,享年90岁。

■文 / 刘春利

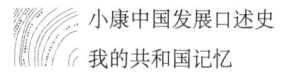

☆身边人讲述

师父人很好　是我们的榜样

我在上海工作，家在北京。平时早上自己练，等到周六日放假后回北京，早上就会来到月坛公园和杨师父学拳。

我是陈氏太极拳传人雷慕尼弟子介绍的，他跟我说北京有个杨师父，是陈发科的弟子。我一听，赶紧联系杨师父，知道他每天都会在月坛公园授拳，我就来了。

杨师父人很好，跟大家一起练拳也非常开心。我练拳的目的就是为了强身健体，当时，看到杨老师都90多岁了，身体还这么健康，他就是我们的榜样。

——王顺和　从事财务工作

太极文化对我影响很大

我是一直喜欢健身，刚来到北京时，天天早上在月坛公园跑步，发现一个角落有人在教授陈氏太极拳，所以就跟着学了起来。

从那以后，我就每天跟杨师父练拳，已经坚持九个月了。开始的时候我每天都练云手，可是不标准，杨师父看到后，纠正了我的动作，告诉我别像"捞面"一样。三个月的练习后，我的手脚终于协调，也就能跟上杨师父的"步伐"了。

经过这九个月的学习，我已经有了结实的肌肉。这肌肉跟健身的肌肉是不一样的。健身的肌肉发硬，可我的肌肉放松时，是松软的，当发力时便看到肌肉的存在了。

太极的文化对我影响很大。人生在世，不可能一帆风顺，不可能没有矛盾，但这个矛盾出现时，是顶？是扛？还是逃避？关键是看自己怎么做。

——左卫兵　自由职业者

☆采访手记

  与杨德厚相见是在月坛公园。老人鹤发童颜,精神矍铄,讲到上学时同学老师的事情时栩栩如生,仿佛回到当年;谈及爱情,虽然并不轰轰烈烈,但美满幸福;忆起近百年的人生经历,一切曲折流转,都付谈笑中。

  过往的岁月里,他曾亲历社会世事变迁,也曾感受人生苦涩酸甜。弹指一挥间,沧海桑田,如今,那些曾经的荣耀与屈辱、喜悦与苦难,那些顺遂抑或多舛、温暖抑或冷清、悲喜抑或变故,大至整个国家的兴衰荣辱,小到一个家庭个体的贫穷富贵,也不过是过眼云烟。这些百岁老人们,哪一个不曾直面生死?谁又何尝不是历经苦难?每一位老人的经历都已经成为一本厚重的书。

  像杨德厚这样早年跟随太极宗师陈发科先生学拳者,当下已无第二人。如今,老人每天早上五点前起床,六点吃早饭,七点骑车到月坛公园带着弟子们打太极拳,日复一日,坚持不懈,正可谓莫道桑榆晚,为霞尚满天。

■文 / 刘春利

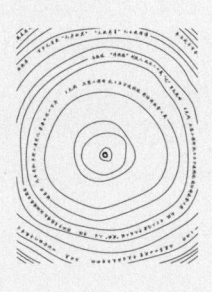

匠人匠心篇

费国栋：「王府少爷」大西北建原子弹基地

韩惠连：「海归」教授 开办外交学院法语系

胡荣华：汽车司机 车轮上看变化 荣辱不惊一百年

马德林：「祥顺德」创始人 风雨六十载『吃』里见乾坤

王光阀：兵器工程师 抗日后方造枪炮 国防科技拿大奖

赵琪：电力工作者 平凡电工的『建桥』人生

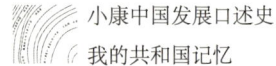
小康中国发展口述史
我的共和国记忆

费国桄

"王府少爷"大西北建原子弹基地

费国桄在自己房间里做木工活。虽然没学过木工,但费国桄喜欢琢磨,经常看别人做木工,自己再思考一番,便能掌握要领。他经常在家改造东西,工具也很齐全。

费老正在阅读《参考消息》

◎人物小传

费国㭎,1917年1月生于北京。自幼就立下"做大事,不做大官"的志向。九一八事变,他举家搬至长春,边工作边在新京工学院上夜校。后在吉林省建筑设计院工作,参与设计建造了长春很多地标性建筑,包括第一汽车制造厂、工人文化宫、卷烟厂、地质宫、人民广场等。1959年,被国防工业部选中,举家迁移北京,他随即被派往大西北支援建设原子弹基地,在一年四季风沙肆虐干旱缺水的艰苦环境下,辛勤工作了18年。1977年离休。

晚年,费国㭎老人每天都会阅读观看新闻报道,十分关心时事,关注国家发展。生活中,充分发挥理工科的思维优势,在自己的房间里,用各种木工工具,设计改善自己制作的物件。老人非常喜欢思考、琢磨,一件东西,总是不断探究背后的原理,直到弄清楚搞明白才罢休。老人思想十分开放,不受拘泥,也很豁达,不在乎物质生活,更注重精神享受。

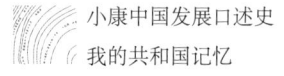

◎家庭环境

爷爷是清朝功臣　奶奶是位格格

我出生于 1917 年 1 月 19 日。爷爷是清朝的功臣，奶奶是肃王府的格格，我出生时家庭条件优渥，家里有六个大院，50 多间房子。

我奶奶思想特别封建，等级观念强，全家人深受其害。奶奶有三个儿子，我爸在家里排行老二，平时爱打麻将，不怎么干正经事，整天吊儿郎当的。因爸爸没出息，奶奶不喜欢他，平时就经常给我妈小鞋穿，又因为我爸不怎么顾家，妈妈自己带六个孩子，缝衣纳鞋的，特别辛苦。

因为小时候我十分调皮，一做错事，奶奶就让我罚跪，有时一跪就长达四个小时。一次，家里的小鸭子死了，我为它准备了一套出殡的仪式，奶奶看到了说丧气，硬是让我罚跪了两个小时。我那时才多大啊，就是小孩子，让我跪那么久，跟现在小孩子的待遇真是天上地下，哎，封建思想害死人啊。

我特别痛恨这种封建思想的家教，新中国成立后，倡导平等自立，自己当家做主人，多好。我佩服中国共产党，我学共产主义，不是从书本上学的，是自己亲身经历啊。

但我爷爷不一样，他重视对我的教育。小时候，我常跟爷爷读《千字文》和《百家姓》。我印象特别深刻，在我五六岁时，有一次，爷爷给我讲建筑师詹天佑的故事。当时，爷爷对我说"做大事，不做大官"，这给年幼的我心中植根了一个理念——要做实事，为社会做贡献。当时，我就立志想当个发明家，要做实事。

交不起一元报名费　错失北京四中

随着清朝逐渐没落，我们的家境也越来越差。1924 年，冯玉祥等发动北京政变后，摄政内阁决定修正清室优待条件，废除皇帝称号并将其驱逐出宫。受其影响，我们卖了房子，全家搬至西城区，我也转校至厂桥小学上学。我本来应该上小学三年级，但当时学校没有三年级，所以我又从头开始上一年级。

在校期间，我的成绩优异，学校成绩等级分为甲乙丙丁，每次，只有几名同学是甲级，我就是其中之一。当时，我的动手能力很强，我做过两个风筝，自己糊的，学校觉得做得特别好，还在我的成绩上记上了一笔。

不知是不是小时候受到封建不平等思想的迫害，自己从小就为人正义，看不惯强者欺负弱小。在学校，经常在同学打架时，站在弱小的同学一边。有次课间，一大一小两个同学在外打架，我见状，就拿着写字的墨水泼到了大孩子身上和脸上。大孩子吓着了，就没再打。后来老师把我叫过去了，打了我的手板，但我一点都不后悔。直到现在，这特点也是一点没变。

1930年，初中毕业，我以优异的成绩考上了北京四中，但当时家里特别穷，支付不起一元钱的报名费，便没有继续上学，得知自己不能上学后，我哭得特别伤心。

后来，家人带着我去找修鞋师傅，想让我跟着学习掌鞋、纳鞋等。但师傅看了我之后，没有收我，说我长得这么精神，学了也留不住，让我去学更好的技术，家人也就作罢了。

◎灰色记忆

被迫搬至长春　当学徒赚钱养家

1931年，九一八事变，爱新觉罗·溥仪在侵华日军的策划下潜往东北，14岁的我也随家搬至长春，自己跟着哥哥当学徒，赚钱养家。

不过，虽然当时上不起学，但我一直想方设法寻找学习的机会。有次看报纸时，我发现沈阳有个工学院，是私人开办的，我想去学习，于是家人们就给我筹集了从长春到沈阳的路费。结果我到了沈阳，发现它是骗人的，没办法，就又回到了长春，但想学习的欲望一直很强。

1932年，日本人利用前清废帝爱新觉罗·溥仪在东北建立了傀儡政权——伪满洲国。1936年，我开始在伪满洲国的宫内府工作，三四年间，我分别在会计科、修缮科当练习生。修缮科主要负责皇宫内的工程工作。一次，我被安排在接待外

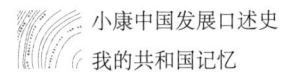

宾的勤兵楼内修理脱落的墙面，发现里面摆着以前皇上坐的龙座。四下看了看，见周边没人，便坐在了上面。不过，我屁股刚挨上座椅，便立刻站了起来，还担心地看了看周围，幸好没人，要是被人发现可是要被砍头的，但我仍抑制不住好奇心，亲自体验了一下坐龙座的感觉。

当时，我一边在伪满洲国的宫内府工作，一边在伪满洲国建立的新京工学院上学。当时上的工学院，半私半官，师资不错，高级技术人员当我们的老师，最小都是科级人员，他们白天上班、晚上讲课。我虽然学了一点儿日语，但还是听不懂。同桌会日语，为了学习知识，便与同桌达成一致，对方当自己的翻译，老师讲一句，同桌翻译一句，我就听一句，就这样，上了三年，学到了很多专业知识。

得媒人助力　娶贤惠妻子

在工作时，一个工程负责人看着我不错，就想给我做个媒，把他所住的房东家的女儿介绍给我。我说，我现在什么都没有，拿什么结婚。对方说，先介绍看看。

我和女方见了面，我看她身体健康，面目也不错，便同意结婚。女方可能觉得我还不错，也点头同意了。

然而，见面分开之后，我忙于工作，就没怎么联系她。当时有街坊造谣，说我作风有问题，她听闻后有点慌张，便找到了媒人那里——工程负责人。媒人又找到我，了解到我担心没钱办婚礼，他就说："我给你们兜着，你们就管请人，我来负责出钱。"解决了后顾之忧，我就和妻子在饭馆举办了婚礼。没想到，办完婚礼，因份子钱很多，不仅没让媒人出钱，减去花销，还剩下了70多块钱。

我的妻子很实在，是个纯家庭妇女，虽然念书不多，但生活过得仔细。我们家门前有块儿地，妻子将它充分利用了起来，种上100棵玉米，100棵白菜，200棵黄豆等。种的菜经过妻子的精心栽培，长势都很好，我和妻子一年到头都吃自家种的菜，不用从外面买来吃。

为了储存白菜，我在院子里挖了个小地窖，一米宽两米左右深。秋天，将大白菜放窖里存储，慢慢吃。多余的黄豆，妻子会将它用水煮了，然后拿纸包起来搁在吊板上发酵，制成大酱，平时拌菜吃。

生活中，很多时候，挖窖这类粗重活我干，轻松点的家务事儿她做，两人搭配起来特别好。我年轻时就喜欢照相，闲暇时我们经常出去拍照，然后自己在家里洗印相片。我和妻子无话不谈，两人都是想一心一意经营这个家，和和美美地过日子。

想买两节烟筒　被日本人骂"八嘎"

当时日本人占领了东北，侵占长春后，不让国人吃大米，一旦发现有人偷吃大米，全家都要被杀头。日本人还不把中国人当人看待，随意侮辱。一次早晨上班，我看见街上有卖苹果的女孩子，日本人巡街，看到她了，不让她卖，还将苹果打散了一街，女孩连哭都不敢哭。

我们家街坊是一家三口，老两口和一个儿子，儿子正在上学。一天，儿子放学后没有回家，老两口到处打听，找不到吃不下去饭。过了一个星期，儿子回来了，听他说，自己让日本宪兵队给抓起来了。原来，他放学时，遇到了游街的日本宪兵队，宪兵看他不顺眼，不问罪名，就将他押了一个星期。回家后，一家三口也只能忍着。

像这样的事情还很多。当时，日本人掌控了很多商店，对前来买东西的日本人毕恭毕敬，但如果中国人来买，就不卖，有时还扇中国人耳光。

有一年冬天，家里烟筒坏了，缺两节烟筒。我中午下班，看到一个洋行，门口挂着牌子，写着配给烟筒。我便推门进去，见两边坐着四个人，看不出是日本人还是中国人，中间坐着日本掌柜。我问，卖烟筒吗，但屋里谁也不吭声。我以为他们没听见，又问了一句。旁边有个日本人听到后，火了，骂道："纳尼（什么）？八嘎（混蛋）！一给（滚）！"

国人心向国人　"中国亡不了"

我心想，我又没干什么错事儿，骂我干吗呀？旁边一个中国人，让我赶紧走。我心里不服，就站在那里不动。那个日本人见我这架势，便挺着大肚子，气势汹汹地过来，想要打我。眼看着他过来，我也没慌，他个头大，我想着自己个矮，

费老与自己设计建造的长春地质宫合影

便一低头,让头上的帽子掉在地上,我在弯腰用左手捡帽子的空当,右手铆足了劲儿,用力杵了日本人肚子一下,然后撒腿就跑了。

当时年轻气盛,跑出来后,我心里仍不服,打算去告这个日本人,便来到了警局。刚进门,我碰到了老单位食堂的掌柜,他问我来干嘛,我就将事情原原本本地告诉了他,掌柜听后,说自己要替我说话。当时,派出所值班的警察是中国人,听我说完,便给卖烟筒的商店打电话让他们到警局来,对方不仅不来,还说被打了非常生气,让警察将我抓住。中国人警察特别生气,打算过去抓他们。这时,来了个日本人警察,负责外勤监督,在了解情况之后,说算了吧,不让警察过去。中国人警察也没办法,就劝我,说,走吧,亡国奴没办法。

当时,我心里觉得,这个中国人警察心向着中国人,像他这样的人肯定不只这一个,一定还有很多这样的人,看来中国亡不了。虽然没有报仇,但想到这个,我心里舒坦了很多,边想着中国亡不了边走回了家。

偶得金贵大米　分给邻居食用

后来日本人战败，又开始解放战争。当时，国民党军队被解放军包围在长春市里，他们就用飞机空投粮食。每次，扔几十大袋大米，每一大袋里面包含两个小袋，每小袋50多斤。

一次，飞机飞经南关区大经路，从南到北依次空投，因为空投位置不定，有的掉到了马路上，有的掉进了民房。当时，早上八九点钟，我正在自家房里，发现屋顶有声音，原来，一大袋大米空投时被卡在了天棚上，导致屋里全是土。当时，外面有国民党站岗，不一会儿，他们就拿着枪，找了上来，蹬着桌子，将大米拽下来就离开了，他们才不管百姓的房子坏了谁来管。

当时我家住在二层，楼下是个中药店，老中医王大夫负责店里的生意。见国民党离开，我就将王大夫拉到一旁，告诉他旁边的墙内夹缝有东西。两人一起来到夹缝处，只见里面有一小袋大米，便彼此商量着别言声，最终和周边几家邻居一起分着吃了。

那时候，我所处的地方，是共产党和国民党战争的界线，真空地带，很多难民都躲在那里，饿死的人很多。当时，粮食特别珍贵，一个金戒指换一信封大米。有次，我分到一小信封大米，不到半斤。我不舍得吃，就将这救命的米给二哥家了。还有一次，亲戚给自己两袋子黄豆，我又舍不得自己家吃，就分给亲戚、邻居。大家当时都很穷，吃不饱，我有了粮食得分给大家一块吃。我也经常跟孩子说，做好事儿，做善人，有舍才有得。这个信念一直在我心中，我也一直这样去做。女儿说我，不知是不是经常做好事的关系，才让我这么长寿的。还说，我舍小家为大家，做好事得到了精神慰藉，进而得到了健康，得到了长寿。

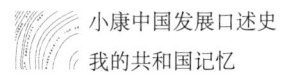

◎投身建设

参与基础建设 被同事称"点子先生"

1949年,中华人民共和国成立,国家开始进入恢复时期,开始着手建设。这以后,我参与到东北的基础建设中,在吉林省建筑设计院工作,参与设计建造了长春的很多地标建筑,包括第一汽车制造厂、工人文化宫、卷烟厂、地质宫、人民广场等。

在修建地质宫的时候,我们遇到了一个难题。当时,日本挖地槽建地质宫,打算让天皇的哥哥住进来。他们挖了地槽,地下有两层,刚完成地下部分,地上还没建好,就战败逃跑扔下不管了。后来我们接手了,接下来干什么用呢?怎么做呢。我当时提议,正好地质学院要盖房,给地质学院用好了,二楼大厅开会用,上面几层做小房间;一层两边有车库,放汽车的;大坡道改做阶梯教室,能坐200多人,上课用。现在依然是这样的。

当时,要制作很多栏杆。之前,工人们都是用天然的石头一个个砸的,特别费时费力。我提出要预制构件,工人们说,没这样干过呀。我说,弄个试试。我就组织大家做两个木板子雕刻的大模型,一米多一个,两个一合箍好,里面放上钢筋,然后浇筑水泥砂浆,哎,真成功了。长春地质宫的100多根栏杆就是这样制作出来的。后来才出现的预制板就是使用的这个制作原理,而那个时候,我就在用了。

地质宫两万多平方米的地方,整个方案就是我做的。因为好琢磨,爱动脑筋,当时,单位的同事给我起了个外号,叫"点子先生"。他们解决不了的问题,找我,就能给解决咯。当时,我手下都是高级知识分子,大学毕业的、留学回来的,都很牛。我没有上高中,都是靠平时苦学、动脑筋才到现在的水平的。他们都很佩服我,我得出个结论,要让别人认可,不能只耍嘴皮子,得做出真东西来。

奔赴大西北 支援原子能事业

1959年,国家需要发展核工业。我被调到北京,调进了当时的二机部(现核工业部），到大西北参加原子弹研发基地的建设，在环境艰苦的原子弹研发基地艰苦奋斗了 18 年。

那时刚调到北京报到，领导就找到我，征求我的意见，问我去不去大西北支援三线建设，说那地方十分艰苦，生活条件很不好，怕我受不了。我说那地方有人没有人呢。人家说，那地方没人能搞大建设吗？我说那地方有人，别人能去，我就不能去吗？人家能受得了的苦，我就受不了吗？我当时想着，只要有人有生命，能活着，我就能干。人家一听，那没问题。

当时，那么多人选中了我，我觉得特别光荣，中国那时候没有原子弹，这事儿要是成了，那能为国家做多大贡献啊。我二话没说，回家赶紧收拾收拾行李，跟妻子说要去出差，便离开北京，抛家奔赴大西北了。

为了三线建设，各个行业的精英都被调了过去，在没人的山沟，地图里找不到的地方，建设国防工业城市。当时，我主要负责核工业建设的民建、辅助办公设施等。民建打前锋，在没人烟的地方建造出一个城市，开辟好了，再去新的地方，如矿区、厂区，重新开辟新的场地。

常年刮七八级风　一百里地内没有水

原子弹基地是个无人烟的地方，现场苦着呢，一百里地没有水，只有戈壁滩。我们在大山沟里，没人，气候特别恶劣，风沙很大，每天刮着七八级的大风，能将汽车刮倒。一个大风刮过来，人走在路上，都会被吹到墙脚，动都动不了。刮大风的时候，向前走路要弯着腰，脸朝着地面，否则就走不动。窗户上都可以听到沙粒打在玻璃上的声音。外出时，得先在屋后躲起来，避风，等风小点了再出来。我们开玩笑说，这大风一年刮一次，一次刮一年，从年初刮到年底。这里吃饭，饭里、菜里都是沙子，蔬菜供应很少，一年有半年靠吃咸菜度日。一块饼，一碗稀粥，就是小灶。当时在恶劣的环境下，我有点神经衰弱，还犯着胃病，经常一个人夜里顶着风去看病。

刚去的时候，一片空白，一切都得从头建设。几个厂各自相距百十里地，不能离得近，要防爆炸、防辐射。地方虽然是封闭的，但除了火葬场没有，其他设施场所慢慢都有了，甚至包括铁道、火车，完全是一个小社会，这都是大家一点点建设起来的。

我们就在这种条件下坚持着。当时只有一个想法，国家没有原子弹就会被别人欺负，那时任外交部部长的陈毅元帅多次说："我这个外交部长的腰杆现在还不太硬，你们把导弹、原子弹事业搞出来了，我的腰杆就硬了。"我们能参加建设原子弹多光荣啊，自己受苦无所谓，国家强了，没人敢欺负咱们了，就行。

安全意识强　避免多起伤人事故

一开始，苏联提供了丰富的人员和技术援助，1960年，苏联突然撤走在中国的专家与技术，很多资料都被拉走了，使刚起步的原子弹研发工程遇到了巨大的困难。国家非常着急，幸好在大家的争取下保留了一些资料，再加上有很多留学生，各个方面的人才都有，不是空白，中央决定，自力更生，自己动手研究制造原子弹。

在基地，我负责家属住宅和福利区建设，同时监管一个厂子。每天，早晨起床就是干活，没有休闲时间，晚上十一二点钟才睡，天天如此。令我特别自豪的是，我管辖的区域没出过事故，自己还救过好多工人。

有一年冬天的一个晚上，都快12点了，我正在工地的办公室加班办公，忽然闻到煤气味，我看了看自己屋里，没啥问题，就去了旁边工厂查看。我到工人的宿舍，推门进去，一股煤气的味道扑面而来。看着工人们都在床上昏睡，我立刻大声冲他们喊："李队长，你们还要不要活了，赶紧起来！"有些工人闻声起来了，好几个人都头晕，起不来，煤气中毒了，在他人的搀扶下出来了。幸好发现得早，要不然这些工人都得煤气中毒。

有个阶段，要拆掉很多旧仓库。每个仓库由六个工人负责，四个人拿着大锤将底部砖墙锤打出四个大洞，之后，两个负责拉绳的工人再用力将上面的部分拉倒，这方法十分省工，但存在很大的安全隐患。有一次，我在路过时，发现底下四个人在敲洞，但两个拉绳的人在聊天，我觉得很不安全，便在一旁观察。忽然，我发现上面的房脊都晃动了，但几个人都没有察觉到，便大声冲他们喊，你们还聊什么天，赶紧躲开！两个人聊天停住了，其他抡大锤的也停住了，然后两人一拉，整个房墙就倒了。仓库都是十几米高，差不多三层楼高，都是砖，一旦砸下来，后果不堪设想。

当时，有个口号，"让高山低头，让河水让路"。我们在某个山脚劈开一块，引流小河的水，当时山石爆破后得搬走。我在监工时，发现有个工人晃荡晃荡地走着，就问他们队长，得知原来这个工人发了一个星期的高烧。我责备队长，刚好你就让人家搬这么大的石头，得养几天啊。队长说好好，马上让他回去。可我刚走 20 多步远，这个工人就体力不支倒在了地上，搬着的大石头砸在了身上，肋骨被砸断了两根。他家里有四个孩子，虽然没死，但住了半年医院，身体这么差，以后怎么养家。要是立刻听我的话，放下石头就没事了。

对施工来说，安全非常重要，一定得有安全意识。

这一做就是 18 年，这期间，我完全没有其他任何想法，只知道条件再艰苦，也要坚持下去。1964 年 10 月 16 日，中国第一次将原子核裂变的巨大火球和蘑菇云升上了戈壁荒漠，中国第一颗原子弹爆炸成功了！中国人终于迈进了原子核时代。那天，我们欢欣鼓舞、欣喜若狂，觉得之前一切的辛苦付出都有了回报，我们终于给了国家一个很好的交代。

当晚，中央人民广播电台连续播放了《新闻公报》，《人民日报》印发了号外，美联社和路透社也相继进行了报道，在国内、国际上引起了一场不小的"地震"。国家终于有了原子弹这个宝贝，国家更强大了。国强民强，民强我强，我们中国人可以挺直腰板了。

◎愧对家庭

一年一次探亲假　只能在家待 10 天

当时我怀着一腔热情前往大西北，脑子里只有国家，家里的事情都没想。前脚刚从东北到北京，后脚就出差走了，这一走就是 18 年。在大西北工作没有休假，只有一年一次一个月的探亲假，但因交通不方便，在路上来回就得花费两周，只能在家待 10 多天，有时两年才回来一次。

当时，儿子五岁，女儿三岁，我们初来北京举目无亲，1960 年又生了二儿子，家里全靠妻子一人照顾着。冬天了，要生火，可烟筒粗细不同，孩子们太小，帮不上忙，妻子一个人干着急。家里重活，搬家具、生煤炉子，都是她一个人弄，生活上特别缺男人照顾。

女儿从小身体就不好，常闹病，她从七八岁起，就自己上医院排队挂号，快看上医生再打电话让妈妈来医院。有时妈妈外出回来晚，几个孩子害怕，睡觉时便叠罗汉似的堆在一起以消除恐惧。虽然驻京办事处有时会来人帮忙，但不能事事兼顾。

一年后我回来了，瘦了好多，孩子们几乎不认识我了，都吓得躲了起来。对于远行，我只能说是去做国家保密工作，妻子也就不便多问。回来后，我将年轻时爱好的照相机、半导体都卖掉了，这也是保密工作的需要和要求，为了国防建设，防止泄密。在家待的十多天，帮着妻子干些力气活儿，带着家人去吃美食，如便宜坊、东来顺等，聚在一起，高高兴兴的，还给孩子们制作各种玩具，也是借假期，过过我搞发明的瘾。当孩子们刚刚熟悉这个陌生的爸爸了，我却又该离开他们回三线了。

我始终喜欢钻研，即使回家探亲的十几天里，也不停歇。在街上看到售卖的玩具，回家自己就能制作出一样的，一点都不逊色于售卖的。自己用高粱秆和杏黄的纸制作风筝，家里有啥不能用的东西，我也会琢磨将它充分利用起来。当时有个小马达，能转，我不舍得扔，想了半天，去街上买来一个娃娃，经改装，制成了一个小熊照相的玩具，随着马达转动，小熊摆起照相的动作，孩子们特别喜欢。过年时，我还会给孩子们糊孔明灯，做兔子灯，制作高倍望远镜看月亮……

小时候孩子们不好好吃饭，我就用麻酱在棒子面粥上淋出小动物、风景等，然后让孩子们将粥上的图画吃掉。孩子们不爱吃菜，我就变着法地做各种菜，让他们觉得好玩又好吃。

虽然在家做很多事情，但时间太短，陪家人的时间太少，教育孩子的时间也太少。当时女儿还小，再加上我一年才回来几天，每次我回家，女儿一见到我就躲起来，不知道什么是爸爸。女儿回忆，当时生活的大院里，都是从各地调来支援三线建设人员的家属，所有孩子的爸爸都不在，家里只有妈妈和孩子。女儿认为，正常的家庭结构中，就没有爸爸，后来上学了才知道正常的家庭结构，但对家庭概念很淡薄。有时候，女儿拿着我在外地拍摄的照片，跟其他孩子说，这是爸爸的另一个家。

儿子不满父亲严厉　说"再也不见我爸"

没有父亲在，家庭中权威的部分就有所缺失。院子里的孩子爹都没在身边，这帮孩子可调皮了。女儿回忆，院子里的人都是从全国各地调过来的家属，刚来北京都生疏，爹又不在，母亲没空管，小时候，院子里的孩子们特别淘气，玩得特别疯，经常打架、翻墙、上房，别人从门口过，骂人家，其他人从这个大院门口过，都怵，在那一片都出了名的。

大儿子淘气，不好好上学，打了群架我知道后非常生气，便让他跟着我到西北，我好一边看着他，一边教育他。我管他，让他好好学习。还说，不听话我揍你。但他当时有点藐视我，不听话。我当时悲观地想着，完了，没希望了，他对国家没有贡献，是祸害。有次我生气，要用铁锹打他，他手攥住铁锹，甩到一旁后跑了，离开了西北，用同学凑来的钱买车票回到了北京的家。当时，听妻子说，他说我这辈子也不见我爸，这都是因为相处时间太少导致的。

这么多年，我参与了国家核工业从建厂到原子弹成功爆炸再到后续建设的全过程，每年回来一次，但从来没有过抱怨。核工业有个顺口溜，献了青春献终身，献了终身献子孙，这是为核工业建设奉献的形象说明。我把一辈子都交付给了国家，交付给了大西北，我觉得特别光荣。我对得起天地，对得起国家，对得起良心，唯一觉得愧疚的，就是对不起家人。退休后，我也尽力弥补对妻子、对孩子的关爱。

◎退休生活

自学当"木匠"　自己设计自己做

1977年，我因病退休，退休后在家经常改造东西、做木工活。我的工具很齐全，各种工具都有，锯条，大小都有，老式的凿子、锤子、打眼的电钻，推刨子，等等。自己曾做过一个玻璃酒柜，先将酒柜的设计样子画下来，然后按照图纸制作，全木的。制作完后，自己买的贴面皮子，自己裁、自己贴，贴完后，跟买的似的，特别好。

我还经常创造当时相对新奇的东西，比如我曾做过一个六角灯。半人多高的灯，罩子一共有六面，里面有个灯芯，能转，马达在灯底部，一按灯就开始围着六面转动。这个东西当时想买都没有，我自己设计自己造的。

我还做过很多其他家具。其实，我没有专门学过木工。就是在旁边看人家做，我一看，再思考一番，就能学会是如何做的。

要说具体有啥窍门呢。首先，要在思想上明确，自己虽然没做过这个东西，很新奇，要学习，但是，不能完全模仿，我做的东西，要比原物好，学人家，要比人家高一头，不能在屁股后面跟着转。别人走一步，迈60厘米，我们走多一点，迈80厘米，再走快点，不就赶超人家了嘛。赶超人家，不是打嘴仗斗心眼就行的，得用思想和实际行动追人家。

其次，在条件有限的情况下，自己要多动脑筋，比如材料问题，没有布就用其他的材料代替，没大的就用小的代替，别人的机械装备自己没有，那就用土法子。得学对方的精神实质和思维方法，其他的都可以替代。

最后，光学思维不够，还得再加上自己的行动。自己以前没做过，没经验，怎么办？要耐心做试验，反复试验，获取经验。遇到挫折时，找出背后的原因，为什么做得不对不好，比如推刨子，是劲儿不对，方向不对，还是方法不对？多问为什么，找出原因加以改进，直至成功。外国人做发明，做了上百次上千次试验才成功，这毅力，多不容易，得学习他们的耐性。同时，还要有决心，不做成功就不罢休。

沉迷制作改良　　不做完不睡觉

现在，我也会每天改造东西，经常屋外摆放一堆铁丝、木板等材料，屋内放置各种工具、成品、半成品等。

女儿给我买了个制氧机，很重，搬不动，我特意给它做了个小车子，推着它，方便。因为我时常会根据实际情况冒出很多新想法，每当有了新想法，就会改装这个小车。

小车的架子已经被我改装四五回了。哪天用着不太满意了，我再改进。最近想着给它加个可移动的夹层，正在着手制作呢。我闲着没事时就弄它，有事就弄其他的。改装小车比跳舞强，更锻炼身体。改装它时，得思考如何改进，改装时有施力对象，得用劲儿，它不仅锻炼了思想，更锻炼了身体，比其他休闲娱乐强，还让我有成就感，多好。我活着就要创造，不能为了活着而活着，那样没意义。

有时候，我沉浸在制作的乐趣中，一天不吃饭，就喝点可乐，吃点蛋糕。有时晚上12点了，我屋里的灯还亮着，女儿问我为啥不睡，我就说做个玩意，她说太晚了，明天再做，我说不做完睡不着，魔怔了。我一天也没休工过，用女儿的话说，生命不息，开工不止。

我做事，就是这样，要做一件事情的时候，不惜一切代价完成。

我一直很喜欢照相，家里的相机不下十台，从最开始的120、拍立得到现在的数码相机，我都喜欢。现在由于身体原因，不经常拍照，但有时也会选择买相机在家里玩。前两年，我迷上了给社区周边的人照相，如看电梯的、超市卖菜的、理发师、清洁工、邮局师傅等，都是我眼里的模特。

我自己拍完之后，还自己洗出来。为此，特意买了打印机、相纸。女儿劝我说，自己制作成本七八块钱，让人家洗照片才七八毛钱，为啥非要自己洗。我说，让别人洗，我的乐趣在哪里呢？我更追求自己制作过程中获取的精神上的愉悦。

我经常有些奇思妙想，并想方设法落实，但有时候女儿说我胡思乱想，我就告诉她，社会发展、进步，都是靠胡思乱想，做大事，搞发明，也得靠胡思乱想。没有胡思乱想，哪来的电灯泡，哪来的发动机？飞机那么个大铁疙瘩，如果不是胡思乱想，怎么能飞上天？以前谁说想上月亮，准有人说他是疯子，可如果没有这疯想法，今天怎么能登月。所以，直到今天，我也会经常胡思乱想。

洗脸动脸不动手　变劳动为乐趣

退休后在家里，我经常干家务活儿。为了减少抵触心理，我就自己教育自己，休闲游玩乐意干，劳动为啥不愿意干，于是，我就想方设法将劳动变成乐趣。洗脸、刮胡子，当作玩儿，分解动作，找寻规律。

洗脸时，我动脸不动手，不光洗脸，还能活动颈椎。刷碗时，我把过程细化成多个步骤，右手夹住碗的边缘，随着右手的转动，左手移动抹布，一二三四，碗的里外边缘都擦干净，之后，再擦擦碗里外的底部，整个刷碗过程结束。我还把擦地看成跳舞。擦地的时候，刚开始是探戈，跟着舞蹈的节奏擦，一二三四，然后转身，变成了伦巴，接着，又换成华尔兹。就这样，将劳动当成锻炼，将劳动变成玩儿，不光干事了，还锻炼了，我心里还特别高兴。我40多年不感冒，现在身体很好，也得益于长期坚持锻炼吧。

每天，我会和保姆一起去附近散步两小时，由于身体原因，走起路来费力，我女儿给我买了轮椅代步车，我每天开着它到处转悠。每次外出时，我都将自己的拐杖扛在身前，保姆问我为啥让自己这么累，我告诉她，这可是宝贝，走路时它是帮手，遇到坏人时它是武器。

因新闻经常报道街上抢东西的事件，为了防范此类事件发生在自己身上，我想好了遇到坏人的应对措施。外出时将钱放在垫子里，坏人若让交出钱来，我让他来拿，先稳住他。等他过来低下身子来拿钱时，我先将一口痰吐到他的眼睛上，然后将拐杖拿起来打他。一般做这种坏事儿，肯定不止一个人，起码有两个人，打一个人的同时，我得用眼睛观察有没有同伙。见我这么大岁数，这样对待他的同伙，其他人可能会害怕，没准儿就跑了。文明时要讲文明，但也要懂得必要的应对技巧，必要时可以应用。但不能使蛮力，有力使力，无力使智，力智结合。

我经常看电视，电视中报道的突发事件，如砍人伤人等事件，我特别不理解，为啥受害人一点都不反抗，太软弱了。如果是自己遇到这种事情，肯定跟对方拼命，身边随手拿起点儿东西就能当武器。

在女儿看来，我过于乐观了，但我觉得，平时经常臆想各种意外情况，然后想好应对措施，即使实际情况与想象有所差异，也能随机应变，完全不担心。而且，我坚信，善有善报，恶有恶报，不是不报，时候未到。

动手改造代步车　载保姆游京城

平时，我做的很多事情都是乘兴而起，兴致而归。虽然有的会花费很多时间和精力，但尽了兴致就好。一旦兴致没了，就自然结束，转向其他有兴致的事物。

前段时间，我翻看旧照片，一张照片上有国学大师爱新觉罗·启功的题字，这勾起了我儿时和启功一起玩耍的回忆。启功在世时我不攀亲、不走动，现在他已去世多年，无儿无女，遗物估计都交给北师大了。我很想念他，便决定第二天一早去北师大，找寻当年自己和他小时候的合影。

于是，第二天，我和保姆一块前往北师大。女儿劝我改天有车再去，我想做的事情就要马上做，于是，我就带着保姆去了北师大。我开着代步车，保姆步行，一路上，我们走会儿歇会儿。几个小时后，我们到了北师大，但学校说照片遗物在启功侄子那里呢，他侄子在张家口。没办法，我就和保姆一块回家了。当天，我和保姆来回走了18.4公里，在路上休息时，保姆累得坐着都睡着了。

我于心不忍，想着以后可能经常出去遛弯，万一走远了，我开着代步车，倒是没什么事情，但保姆步行，不仅跟不上我，还太累。然后我就想到，把代步车后备厢拆了，然后后面安个踏板，让保姆站在上面，这样，她就可以跟我到处跑了。

有了想法，说干就干。我开始准备材料，构思设计。从早上起床开始我就开工，保姆陪着我一块做。我不让保姆干家务，还让女儿帮忙给保姆做饭，在我眼里，做家务现在都不是正事儿，跟我一块赶紧将踏板制作出来更重要，这样，才可以带着她游走京城。

一整天，我们不吃不喝，拆后备厢，钉踏板。上午，为了买一种特殊的钉子，我们冒雨出去了，走出很远都没有，我便让保姆先回家，自己继续到处转悠买去。下午钉完踏板，我们出去试了下，结果，保姆刚站上去，踏板就被踩塌了。回到家后，我就重新加固。晚上女儿回家，见我们还没吃饭，一直在制作踏板，说我这是玩命的节奏。这样折腾一天，我一点儿事儿没有，结果保姆的腰基本不能动了，腿也疼。我就赶紧让她去休息，让女儿赶紧给她做饭吃。保姆跟女儿说："我累得不行了，可人家精神着呢，哪里来的这么大的精神。"

接下来的几天，保姆倒下了，我继续战斗。不制作完成，我饭吃不下，觉睡不着，好几天一直做到晚上10点多才收工，第二天一睁眼就又开始。后来，女儿看我太过辛苦，便让公司给我定做了一个踏板，非常结实。看到制作完成的踏板，我特别高兴，赶紧去外面试用。大晚上，在小区院子里，戴着头灯，开着车，保姆站在代步车的踏板上，跟着我在院子里绕了好几圈。

我开玩笑说，这下，我成保姆司机了。保姆笑着说："没想到这么老的司机载我。"

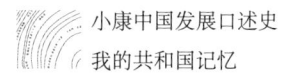

凡事爱问为什么　能感知点滴幸福

对什么事情，我都喜欢弄明白背后的原理或原因，非得知道为什么。

以前，经常腰疼、腿疼，女儿发现一个床垫能通经络加快血液循环，缓解疼痛，便给我买了。但因为我心脏安装了起搏器，说明书上说这类人群不能用。我就急了，非让女儿解释出为啥安装了心脏起搏器就不能用这个床垫，原理是什么。女儿说用了会对身体有影响，我就问，那有什么影响，既然有影响，就得想办法避免，找到解决的办法就行了。女儿只好详细询问了原理，具体解释给我听，我才善罢甘休。平时，针对头疼感冒等我也会找原因，刨根问底。

我每天都喝可乐，一天至少得喝三到六瓶冰镇可乐，还吃蛋糕、鸡蛋、冲奶粉、泡方便面，很少吃菜，而且吃粥时也会往里放一勺糖，甚至吃涮羊肉时，也会在麻酱里放可乐。不过，我有糖尿病，女儿劝我少吃糖。但我思考后觉得，宇宙的事情都是一分为二的，吃糖有吃糖的好处，不吃糖也有不吃糖的好处。都怕吃糖得糖尿病，那不吃糖就一定不得糖尿病吗？我在医院见过好几对老年夫妇，不吃糖不吃肉，还是得糖尿病。

以前，我非常喜欢肉食，遇到喜欢吃的菜品，还会专门去厨房询问后厨怎么做，然后自己回家再做着吃。现在，基本上不食肉，只要有鸡蛋、粥、果酱就行，饿了，喝可乐，补充点零食。但是，对他人，我总是劝说，趁现在年轻，能吃就吃，能穿就穿，这样，老了才不遗憾，但是要有节制。

我觉得，自己能在简单生活中体会到小小的幸福。今年七夕，女儿、保姆和我一起在晚上出去逛街，我开着代步车，她们跟着我，正好路上遇到有新店开张提供免费品尝的面包，我们都试吃了。女儿又给我买了洋饮料，我特别开心，回来一路跟她们念叨，这就叫幸福。

我喜欢照相，每次照相，我都会摆各种姿势，为了照得好看些，我会将眼睛睁得大大的，特别享受这个过程。有一次摄影记者来给我拍照，不仅从各个角度，还让我摆了各种姿势，我特别高兴。女儿回家后，我还给她比画白天我们是怎么拍照的，女儿看我这么高兴，也觉得非常有趣。

有时遛弯，天突然下大雨，我被大雨淋着回家，其他人可能会觉得倒霉，可我觉得过瘾。女儿如果说想吃焖酥鱼了，我就会像打鸡血一样，一大早就出门采购，做给女儿吃。有天来了客人，我一整天没出门，晚上借着帮女儿将朋友送她的水果篮放公司的机会，正好出去放风，既能劳动又能遛弯，我可高兴了。

生活中，我尽量不生气、不着急、不上火、不发威。对人的身体来说，心脑胃肠肝肾，肝非常要紧，肝火旺，血压一定上，血压不稳，危险大。有些人脾气不好，一着急、一上火，对身体不好，得警惕这种情况，宁可慢一点，也不着急。

家有孝顺女儿　打造我的幸福生活

我能有现在的幸福生活，与我的女儿费茹密不可分。

一天夜里两点钟，我渴了，便起床到客厅喝水。在放下茶杯后，刚一转身，我就倒在了地上，一点儿预兆都没有。桌上的碗筷被我扒拉到了地上，响声吵醒了女儿，当时我连话都说不出来了。女儿很慌张，急忙叫来120将我送到宣武医院，原来我得了心脏病，在医院做了手术，安了心脏起搏器，现在活得好好的。要不是她，我可能就活不到现在了。

之前，我的眼睛得了白内障，看东西很模糊。女儿建议我去医院看看，我说我这么大岁数，不去看了。她就劝我说，你去看看，能治好咱就治，治不好咱就不治。我想，这也对，然后就想开了，跟着女儿一起去了宣武医院。到了那里，我才知道现在科技很发达，做这个手术很简单，仅仅10多分钟，眼睛就被治好了。现在，我看报看电视都很清晰，就连六号字那样的小字，我不戴眼镜一样看得清楚。

平时，我需要什么东西，女儿也会尽量满足我，还要承受我随性做事的结果和偶尔的坏脾气。这么多年下来，女儿非常了解我，知道怎么跟我沟通让我高兴，我非常感谢她。我一直跟别人说，家里有个女儿多好，我家就是证明！

每天读报看电视　关注世界局势

在东北工作时，因表现优秀，我曾被单位推荐入党，但当时为了其他同事考虑，便将这个机会转给了他人，当时想着，反正日后有的是机会。但不久后我就被调到了北京，又匆忙去了大西北参与核工业基地建设，一待就是18年。经历了特殊时期之后，没想到单位却不再提供入党名额了，就这样，我一直没有成为中国共产党的一员，内心也十分遗憾。

不过，我平时十分关注国家时事。每天，我都会看新闻，《北京日报》、《参考消息》、CCTV1、CCTV13，了解世界局势和国际关系。国际关系不稳定，老百姓享不了福，所以得多了解。没事还会琢磨，哪些是正确的、哪些是错误的、哪些对国家人民是有用的，我十分关注国家前途、国际时事和人民生活。

要是女儿在身边，我还会拉上女儿一起探讨中、美、日、俄在当下的关系。由于自己工作的原因，每逢遇到航天发射的新闻，我会用纸记录，写上发射卫星的具体时间，准确到几分几秒，爽快地取消早上的散步活动，而改为一大早守在电视机旁，生怕错过。看到卫星发射的画面后，我特别兴奋，中国终于扬眉吐气了。前几天阅兵演练，我在公园遛弯时看到了天上的飞机，感觉特别自豪，觉得祖国更强大了。国强民强，民强我强，我为祖国自豪。

我觉得，追求幸福、舒适的生活，自己现在这个年龄，物质生活已经不重要了，重要的是精神生活。我觉得，精神生活得自己去寻找乐趣，乐趣不会天上掉下来，好事情得自己去找，不能等，天上不会掉馅饼的。现在很少出去，电影不看，戏也不看。我认为，不能为活着而活着，得做有意义的事，我可不能容忍自己做没有价值的事情。"满足于现状，又不断地去努力。"女儿这样评价我。

■文 / 刘淑颖

☆身边人讲述

父亲启发我开展老年事业

自1981年母亲去世后，父亲基本就和我一起生活了。在照顾父亲30多年的经验里，我深深地体会到怎么做才是真正的孝顺。那要经过不断历练、修炼才行。随着父亲的年龄不断增大，越来越像小孩，我必须不断增加智慧才能维持这个家庭的平静和快乐。

具体如何做呢，总结几大重点：

对待父亲的病痛：父亲有高血压、糖尿病、心脏病、腰病、骨关节病。众所周知，糖尿病是不能吃糖的，但父亲每天入口的几乎没有不加糖的，即使煮方便面也要加两勺子糖，可口可乐更是日夜保持四罐以上。我曾经想阻止他这样吃糖，但屡次失败，经过双方较量，最后我放弃堵截方法而采取用药控制血糖。父亲的脚需要在家里换药理疗，我就找遍所有能消炎生肌的民间神药；父亲身子没劲，我就找遍各种方法，不惜成本给父亲用上最好的有效产品。这应该是孝顺里"顺"的应用吧。

对待父亲的任性：这点应该是最难做到的，谁都希望自己的家里干干净净，但我的家几十年了，始终像车间，工具样样俱全、随手可得，棍子、棒子、板子也无处不在，暗器伤人随时可能发生。父亲年轻时是建筑设计师，回到家里尽情

| 女儿费茹给父亲过生日

发挥着他的"聪明才智",再好的实木家具,他想打眼就打眼,想钉钉就钉钉。我想着,他都这把年纪了,折腾能让他忘记病痛、给他带来乐趣,那就折腾吧。我现在的底线是不放火,不拆房子。这是"顺"的极致吧。

对待父亲生活上的照顾:父亲对生活质量要求很高、很细,所以经常会提一些难以解决的问题。比如,他说睡觉时耳朵也要出气,我就给他淘来耳枕;他说现在瘦了,坐着时很不舒服,要把尾骨和前列腺保护起来,我就给他寻来护尾骨、前列腺的坐垫;他说人老了,手指头瘦了,系扣子不灵活了,我会给他找到系扣子工具;他说低头捡东西不方便,我就给他买来拾物器……只要他能提出来,我都想尽一切办法为他解决,所以他非常高兴。这是我最值得骄傲的地方,虽然很多东西不是钱能办到的,但只要用心用情,没有什么办不到的。而且,我在父亲的影响下,紧跟形势,及时了解产品新动向,还成了朋友中的万事通。

对待父亲的精神生活:父亲是个追新族,见到什么新颖的都想要。为了能让他高兴,我买过无数他喜欢的各种"玩具",打印机就买过三个。五年前,我给父亲买了一辆电动轮椅,这个成为他最长久的玩具了,从此每天必外出。很多儿女都会考虑老人的安全问题而不同意给老人买,但我认为在全面了解了产品的安全性后,不能因噎废食,现在的老人都很自强,都需要自立。每次外出,行人给他竖起一个拇指、一句赞扬,带给他的快乐,真比给他吃了多少好东西都有用。我非常理解他对生活质量的追求,活着和生活不是一个层次,这应该是对老人精神生活的关爱,也是现代老人所需求的,更应该是现代儿女们应该体现孝的更高境界。

看到这个轮椅给父亲带来了那么大的快乐,我开始了代理老年电动代步产品的事业。我开了家公司,注册的商标名称是佛玛,很多人曾经问我,为什么起这个名字?我的想法是,佛在哪里?佛不在梵天世界,不在名刹古寺,不在九座莲台,净土非遥,灵山不远,佛就在日常生活中,在谈天说地里;在农人的种子里;在织布的梭子里;在一餐、一饭、一滴水里;在我们每个人起心动念的当下;在我们每个人朝夕相处的身边。中国有句古话:堂上二老便是佛。每当夜晚回家时,那个披衣倒屣为你开门的人就是佛。我希望用我的绵薄之力,尽可能多地让更多家庭的活佛骑上"玛",自由自在地享乐在这个日新月异的大世界里。而这些,都是父亲带给我的领悟。

■女儿 / 费茹

费大爷的行为影响了我的一生

不久前,我们插队的队友聚会,席间欣喜地遇到了之前大院里的邻居费茹,我告诉她说,费老对我影响特别大,现在退休了,我一直像费老一样生活着。这两天,我去看费老和他谈起了当年他对我的影响。

当时,我特别喜欢费大爷,我和他们家对门,他家酱油瓶长什么样我都知道,因为经常借,借了还不还。有一次我又去借,费大爷跟我开玩笑:借了,也不还回去,你这叫要。从此,我就直接说要了。

费大爷一家对街坊邻居特别好,除了经常借东西外,他家有啥都会分享给邻居们。当时,费大爷家是全院最早买电视的家,每当有啥重大新闻,费大爷家就将电视搬出来,放在窗户边上,让大家看,整个胡同的人都会过来。

费大爷休假回来时,经常在院子里拉手风琴,长那么大,那是我第一次摸琴,从此便喜欢上了琴,现在还经常拉琴呢。费大爷经常动手制作东西,有一次,费大爷将家里的小床改成了折叠沙发,全院里的人都跟着学。费大爷是这样,只要你想学,我就乐意教,当时跟着学了不少东西。从此,爱动脑筋爱动手的特点也在我心中种下了种子,长大后生根发芽。我觉得他对我的影响比对他孩子的影响还大。

可以说,费大爷的行为影响了我一生。那么小,懵懵懂懂的时候,我就想着像费大爷一样生活。现在,我退休了,经常自己在家里捣鼓东西,几乎成了另一个费大爷,动手能力极强。前一阵子岳父腰椎间盘突出,我就给他做了个护具护腰,比买的好用。我还曾花了一个月的时间,将自家墙给拆了,谁都不知道,不光这样,我还拆了三个阳台呢。当然,是建设性的改造,不是破坏性的。平时,我自己做预制板、泥板、楼板,买了振动棒,还想买钻床、车床。我现在一个人顶好几个人,精力太充沛了,跟费大爷年轻时一样。我现在的最高理想,是制作个机器人,在我老了的时候照顾自己。

特别感谢的是,费大爷在我人生的关键时刻出现了,还帮了我。当时,北京计量院在全北京市范围内招30个人,15人进实验室,15人进车间。在选择员工时,有个家访环节,招收组来家访时,我正在焊半导体,这也是受费大爷影响培养的爱好。当时,费大爷来了,当着他们的面夸我,说这孩子,可钻了,学习还

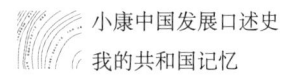

勤奋。招收组回去不久,给我消息说被录取了。当时我们街道就选两个人,一个是科研家庭,有真才实学,很专业,另一个人就是我,这在同龄人里面,可是凤毛麟角。之后,我被分到了实验室,肯定就是因为家访时看我玩弄半导体,再加上费大爷在旁边夸我。

前几天去家里看望费大爷,我给他买了九连环、鲁班锁、七巧板等益智玩具。现在看他每天做木工,我又送了他一个进口电钻,我最知道费大爷需要什么。这么多年过去了,很多和费大爷相处的情景还历历在目。费大爷的爱好最终也成了我的爱好,他的品行影响了我一生。

■邻居 / 张世琪

☆采访手记

这样进取的人生 也是我的追求

不知是不是一个人越缺少什么东西,就会对他人拥有的这个东西越发感到神奇。

在与费老谈话,深入了解他的过程中,我尤其惊叹、折服于他强大的思考能力。这种能力从小就开始显现,儿时,察觉到可能发生火灾,思考好如何应对,果真用上了。这种能力贯穿了一生,看到东西的制作过程,回家自己就能模仿出来,还能优于原作;了解到现实中可能存在的危险,就准备好工具,想好应对措施;将家务活儿分解,找寻规律,化劳动为乐趣;养的鱼撑死了,就将经验迁移到自己身上,提醒自己每顿饭少吃点;思考患糖尿病与吃糖之间的关系,指导自己生活……

费老总说,自己好琢磨。他如何琢磨呢?就是思考、弄清楚背后的原理或原因,非得知道为什么。知道了为什么还不行,还得有行动,即有针对性地进行改进或改善。在改进或改善的过程中,还得有耐心和毅力,不急不躁。

原来,强大的思考能力背后,是那颗蓬勃向上、积极进取的心。

没钱上高中,伤心地哭了,但凭着一股子热情和欲望,想方设法寻找学习的机会。得到上工学院夜校的机会,但听不懂日语,便与同桌达成协议,同桌翻译一句听一句。工作中,别人不知道如何解决的难题都来请教他,被大家称为"点子先生"。生活中,吃到好吃的菜,就去后厨请教厨师如何做,回家自己就去做还做得很好;看到好玩的玩意,就在一旁观察、琢磨,回家制作更好的出来;每日看新闻,了解国际趋势国家发展态势;看到身边事物的不足,就想方设法去改进,即使花费大量的时间精力;不拒绝新事物,以开放的心态去了解,更积极地去应用;不能为活着而活着,拒绝一切没有意义的事物……

费老的一生,诠释了什么叫作进取,而这,正是我们每个人需要借鉴和学习的。进取的人生,才能在每每回顾自己的生活时,不会后悔自己曾做过的事情吧。而不后悔地生活,就是我想要的人生。

费老还有一点很好玩,就是他做很多事情都是乘兴而起,兴致而归。《晋书·王徽之传》书,东晋王子猷大雪之夜,驾舟前往阴山拜访好友戴逵,天明方至戴家门前,却又折身返回,人问何故,曰:乘兴而来,兴尽而返,见不见戴逵有何妨?费老爷子跟王徽之差不多,兴起了,就去做。有的会花费很多时间和精力,但他认为尽了兴就好。一旦兴致没了,就自然结束,转向其他有兴致的事物。就这样,费老将每天的日子过得有滋有味,丰富多彩,好生羡慕。

采访时,费老女儿说,很多人见识了费老的生活后,都说,以后老了要像费老一样生活。哈哈,让我也成为其中之一吧,不过,不用等老了,现在就开始吧。

■文 / 刘淑颖

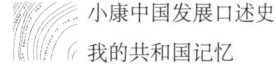
小康中国发展口述史
我的共和国记忆

韩惠连

"海归"教授　开办外交学院法语系

| 精神矍铄的韩惠连老人

◎人物小传

韩惠连,外交学院教授,1912年生于河北省深县,四岁时来到北京,从此一家三代定居北京。

1918年入孔德学校,1928年直接由孔德学校升入中法大学预科,两年后考入北京大学法语系,开始了四年的大学生活。

1936年留学法国,1939年9月"二战"爆发,结束了三年的留法生活,回到正饱受战乱的祖国。1941年进入西北联大教书,1950年就职西苑外国语学校和人民大学外交系,即现在外交学院前身,开办了法语专业,直到78岁退休。退休后翻译了多部外国文学名著。93岁时撰写回忆录《轻舟已过万重山》。

韩惠连一生经历了五四运动、九一八事变、一二九运动,参加过地下党外围组织,新中国成立初期加入共产党,见过毛泽东主席,见证了新中国的成立,随后又参加过土改,经历过"文化大革命",下放过五七干校。

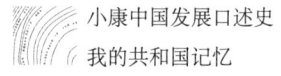

◎童年记忆

取名"惠连"有寓意

河北省深州市盛产水蜜桃，曾经是久负盛名的皇家贡品。距今久远的年代，有一批山西的农民移居河北深县（现深州市）。我的曾祖父就是这批农民中的一员，他的家就定居在一个叫二官庄的村子里。据说他并不单纯务农，经常出张家口去东北做生意。他膝下生有二子，我的祖父韩辅臣是他的次子。

祖父韩辅臣幼时曾在村中读过几年私塾。在十四五岁时就到北京一家粮店做学徒，三年出师之后，就显露出是一个颇有才能的青年。当年祖父在经营中结识了一批有社会地位、思想开明的士绅。由于他诚信能干，深受一位姓齐的翰林赏识。

而我的名字韩惠连，听祖父说还是这位翰林取的。那是在我出生之前，母亲生过一个女婴，未曾满月就夭折了。家中非常渴望能有个男孩，然而母亲生下我时，却又是个女孩。于是就给我取名"惠连"，喻义再生个男孩，它和民间给女孩子取名"招弟"是一样的意思。

这名字中还有两个古人的故事，其中一个据说南北朝时期，有一位才子就叫谢惠连，是位男性。另一个则是唐代的大诗人李白宴请他的弟弟们时，曾用"群季俊秀，皆为惠连"来赞扬群弟的才华。

可惜这么多年来，经常有人把我名字中的"连"字加上草字头，他们武断地以为女性名字就应当是草字头的"莲"。

豆腐巷中度童年

祖父接祖母、母亲和我来北京之前，就已经买好了一处独门独户的小院。这所小院位于北京老城的东南角，靠近城墙根，古观象台就建在附近的城墙上，而我们这条胡同就叫豆腐巷。

它是一条南北走向的小胡同，胡同的南头有一片大空场，据说从前是铸造钱币的地方。后来，空场的南边逐渐有人购地建房，经过了多年，形成了一条东西走向的街，人们就叫它老钱局。

到现在，虽然几十年过去了，但是我对豆腐巷的小院印象仍然很深，因为我在这里度过了整个童年。这所院落虽然不算大，但是很有层次。一进大门就是一个白色的小影壁，转过影壁就是一个四方的院子。院内有北房三间，南房三间，东厢房三小间。

我们一家人都住在北房，南房做客房，东厢房是厨房和用人的住房。北房东头那间窗前有一棵老玫瑰树和一棵老丁香树，春天满树鲜花十分清香。西头那间窗前有一棵花椒树，散发出一种特别的香味。院子中间有一个汉白玉的小石桌。那时的家庭很少用熨斗熨衣服，土办法就是把衣服晾到半干，叠好后再用棒槌捶平。这个小石桌就是用来捶平衣服的，但它却经常充当我玩耍的器械，跳上跳下，玩得很是开心。

从北房西边的小路可绕到房后的一个窄小院子，沿墙根盖有两间小屋，一间是厕所，一间是煤屋。空地上种了一些花草。南房后面是一块相当大的空地。我的祖母十分喜欢这块空地，一年四季都不会让这块地闲着，地里种了庄稼和蔬菜，我也会跟着她刨地、浇水和收获，现在想起来还觉得乐趣无穷。

由于空地较大，祖母又是农家出来的勤快人，家里的大小事务又都由母亲全权管理，所以这就为她"开发农家饮食"和"发展种植业"创造了有利的条件。祖母会用小石磨磨豆浆，做豆腐，煮菜粥，蒸菜包子，做各种农家小吃。正是从小就吃祖母这些朴素纯正的农家食品，所以才养成了我以后只爱吃素菜，不喜欢大鱼大肉的饮食习惯。

记得那时，我与祖父祖母住在北房东边的屋子里，沿着窗户有一个大炕，祖父睡西头，我睡东头，祖母睡中间。每天早上5点钟，祖父就起床，梳洗完毕后出门工作，从来不在家中用早餐。我醒来之后，只要他还没有起来，我就会翻越祖母爬到他的枕边，叫他讲故事给我听。他经常会讲一些孙猴子的故事，偶尔也会讲到自己的故事。

我的父亲韩星久是祖父唯一的儿子，而且他也没有姐妹。在他很小的时候，祖父就叫他去了布行做学徒，后来他成了祖父投资开设布店的掌柜。布店开在东四牌楼，但是我从未去过。父亲的工作很忙，甚至不能天天回家，即使回家，一日三餐也不在家吃。

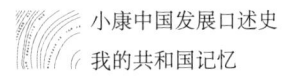

而我的母亲是一位出自农家的性格直爽、干事麻利、动作明快的妇女。她除了忙于家务，还喜欢跟父亲学习认字和记账，平时很少说闲话，因此祖父委托她全权管理家务，而我们家中也多少年没有听到过吵嘴斗气的声音，过着一种男主外女主内的安详生活。

都市的生活给人的印象是车水马龙，一派繁华喧嚣，而生活在豆腐巷小院里的我却在祖父的故事、祖母的种植园中度过了几年惬意的田园生活，之后就到了上小学的年龄。

◎求学时代

孔德小学结挚友　初涉法语学习

在我六岁时，有一天祖父对我说："你已经六岁了，该上学了。我给你找好了一个小学校，离咱家不远，让你妈妈带你去一两次，你就可以天天自己走着去上学了。"果然没有几天，父亲就给我买了一个蓝布书包，书包上有很宽的背带，可以斜挂在肩上。书包的盖上面还用黑色的布条缝上了"书包"两个字。书包里放着一块镶着木框的石板，两根石笔和一个小板擦。现在的年轻人可能不知道这一套家什可是当时小学生必备的、廉价的、可以反复使用的"练习本"，虽然重了点，但以今天的眼光看还是很符合节约和环保的要求。书包中还有一支铅笔和一块橡皮。

我上的第一所小学是基督教会开办的女子学校，但学校中的生活和之前我的都市田园生活反差很大，老师上课没有一点笑容，动不动就要学生罚站，我十分害怕，那段日子过得非常拘谨和压抑。后来祖父知道这个情况以后，二话没说就给我换了一个极为开明的小学，那就是孔德学校。

"孔德"二字没有宣扬孔子学说的意思，而是一位法国哲学家"Conte"的音译名。当我第一次走进学校的大门，看到一个大操场，顿时觉得海阔天空，而上一个学校带给我的压抑心情也一扫而光。

孔德学校的学制为小学六年，初中四年一贯制，毕业后可以直接升入中法大学预科。我们学习的课本都是学校的老师们自己编纂的。上学期间我们自己打扫教室和校园，种树绿化，做各种手工制品，学校还首开男女同校的先河，这些新气象与教会学校的沉闷空气判若两重天地。我们的老师还自编了许多体现新思想的歌曲，不仅好听，还朗朗上口，我不仅在学校唱，在回家的路上唱，还要把歌词默写数遍，所以直到今天我仍能唱出好几首来。

我仍记得，学校中有个小图书馆，门楣上有一条横幅，写着使我终身受益的四个大字——"开卷有益"。图书馆中陈列着许多图书，我望着琳琅满目的书籍，发誓要把它们都读上一遍。那时有一本名叫《小朋友》的期刊很受欢迎，我每期都看。图书馆中还有很多小本故事书，我都爱不释手，而且一有空就会跑到图书馆去看书。我爱读书的习惯大概就是从那个时候养成的。直到今天，只要有一点精神，我就看书，因为我坚信"开卷有益"的格言。

在学校中我的其他爱好就是打秋千、玩浪船和浪木。这些健身器材，当时在其他的学校是很少见的，而学校对体育课的重视在当时也是不多见的。就在这充满情趣的学习生活中，我结交了两个女孩子，她们是我从小学一年级一直到大学的同学和好朋友，我们的友谊延续了终生。

小学时我们遇事互相帮助，男同学谁也不敢欺负我们，于是就有淘气的男孩子起一串外号来报复我们。

小学五年级时，学校就开了外语课，每周两节，我们都感到很新鲜。学校从外面请了一位四五十岁的老先生教法语，先生从法语字母教起，先教读音，再教写字。这位老先生大概是江浙一带的南方人，发音很不准确。两年下来，我们读法文生字和短句时都混上了一口上海音，听起来很可笑，后经其他教员和外籍会话教师费力才纠正过来。

初中三件难忘事　　涉世未深悟新知

我后来升入七年级，也就是初中一年级。课程除了语文、算术外，又增加了许多新功课，如物理、化学、历史、地理等，单是法语课就由三位老师任教。可是我们的课外活动还是非常丰富的，可以学钢琴或者中国的丝竹乐器，我选的则是月琴和琵琶。武术方面我还学习了双剑，就是梅兰芳在《霸王别姬》中舞的那种剑。

小康中国发展口述史
我的共和国记忆

在增加了课程与丰富的课外活动之外，初中阶段还有三件大事使我终生难忘。第一件事是在1925年3月12日，被称作国父的孙中山先生逝世。在一周的时间里，北京的大、中、小学校都组织学生瞻仰伟人的遗容，向伟人致以最后的敬礼，孔德学校的师生也去了。

记得那天一清早，我就穿戴整齐去学校集合，由校长和老师们领着从东华门步行到中山公园。一进公园，就看到无数的旗帜和一望无际的人群。人们都默默无声地排着队向前缓缓移动。我们也紧跟着队伍缓慢地向前。快到中午的时候，

2012年8月1日，正值韩惠连老人的百岁寿辰，时任外交学院院长的赵进军来到她的家中看望。赵进军送去了特制的"外交学院百岁寿星"奖牌、花篮和贺礼，也送去了全院师生对百岁老人深深的祝福。韩惠连老人虽然年已过百，但精神矍铄，思维敏捷。

我们才进入灵堂,轮到我祭拜的时候,我站在伟人的遗体前,规规矩矩地鞠了三个躬,也不敢向四周看。

只见孙中山先生身穿黑色西装,静静地躺着,是一位善良安详的长者。现在,国家把每年的3月12日定为"全民义务植树节"是非常有意义的,是对这位中国民主革命的伟大先驱者最好的纪念。也正是在这以后,我才开始注意国家政治风云的变化,开始关心自己周围的生活环境和社会环境的变化。

印象深刻的第二件事就是祖父的去世。1928年,在我即将初中毕业时,祖父突然病倒,没过几天,他竟然与世长辞。我们全家人在痛哭之余,只能严格遵照祖父的遗嘱,举行了从简的葬礼。丧事过后,有一天我们一家五口吃完饭正在谈论今后如何安排生活的时候,突然有人叫门。开门之后,一大群人涌入我们的堂屋。为首的代表告诉我们,他们是祖父所管理的三家字号的代表,敦请我的父亲传承父职,全权担任这三处字号的领导人。

这时,我才知道在我上中学的几年中,祖父在河南安阳开办了一个面粉厂,厂名叫"大和恒"。而"大和恒"取意一是吸收了"大同号"和"和义成"两个粮店的股份,二是寓意这家面粉厂将恒久发达。之后,父亲辞去了布店的工作,担任了大和恒面粉公司等三家企业的负责人。父亲从此就改行成了经营粮食的商人。

第三件事就是发生在1926年的"三一八"惨案。3月18日上午,北平各界都在天安门举行抗议示威大会,会后人民群众组成请愿团去国务院请愿,要求拒绝八国最后通牒。游行队伍到达铁狮子胡同,竟然遭到段祺瑞政府军警开枪镇压,造成民众重大伤亡。

这一天,北平下了一场大雪,我们踩着厚厚的积雪到学校上课。老师对我们讲:"今天你们就在课堂上复习功课,也可以自由回家。高年级的同学要到铁狮子胡同执政府请愿,你们年纪太小,就不要去了。"我和两个好朋友就商量决定先不回家,而是到太庙(今天的北京市劳动人民文化宫)赏雪玩耍。不知道玩了多少时间,我们手拉手走回学校。

一进校门,我们都惊呆了。高年级同学有的衣服上带着血渍,有的跌碎了眼镜,还有的只穿了一只鞋,他们个个显得惊魂未定的样子。吓得我们赶紧往教室跑去,迎面而来的班主任焦急地问我们去哪了,让我们赶快回家。

后来我们才知道那场血腥的屠杀中死伤惨重，涉世不深的我们虽然不懂为什么军警要用棍棒殴打和开枪射杀手无寸铁的学生，但却明显感觉到当时的中国没有一个好的为国为民的政府。

受人之托译剧本　留法博士帮指导

我从孔德学校直接升入中法大学预科后，我就满怀希望充满信心地努力学习，一心想要在大学毕业时争取获得前三名，然后到法国去进一步深造。

而在这期间，我家也搬进了新房。等我们在新环境中安定下来后，我听说好友马琰在家埋头学习了一年，考入了北京大学预科。想起旧日友谊，我打电话约她见面叙旧，我们谈起过去的老同学以及往日的趣事，当谈到对新环境的感受时，她比我更满意当时的学习环境，这叫我羡慕不已。回家之后，我左思右想，开始萌生了考上北大本科的心愿。

经过努力，我如愿以偿考上了北京大学的法语系，大学的教员有不少有趣的人，在他们身上也发生过不少的事，我至今仍然记得。就在我们大学四年级时，来了两位在法语界很有名气的教授，一位是法国人多尔孟教授，一位就是我接下来要说的陈绵教授。

陈绵教授是福建闽侯人，但自幼生长在北京，是清末邮传部尚书陈璧的六公子。他曾就读于北京大学，后留学法国，在巴黎大学艺术学院攻读戏剧导演专业。回国后，任中法大学教授，并将《茶花女》的剧本译成中文。在法国，他因导演了《茶花女》和发表研究此剧的论文获得博士学位。

这位陈博士身穿半旧的灰色中式长袍，身材不高，但是精神矍铄，臂下夹着一沓报纸走上讲台。开口就对我们说："我的课不需要你们多花气力。听说你们已经读过法国最伟大的剧作家莫里哀的一些剧本，读起来还很吃力。说老实话，在他以后，的确很少有比他写得更好的剧本了。但是将来你们到了法国，如果对戏剧有兴趣，还是应该到各种戏院去欣赏各派剧作家的剧作演出。当然，有一个剧院至今只能演出莫里哀的戏剧。在那里，你们可以更进一步体会莫里哀的创作之伟大。"

说着，他就翻开报纸，给我们介绍巴黎哪个剧院上演什么剧本和剧本的内容。

就这样，我们班的学生老老实实地听这位先生说了一个学期的书，跟随陈博士在精神上逛遍了巴黎的各大剧院。

那一年，京剧大师梅兰芳要去美国表演京剧，好友齐伦的二伯父齐如山先生是最喜欢梅大师和为他出力的学者。当时梅兰芳大师出国演出的剧本只有英文译本。他认为有必要再准备些法文译本。时间紧迫，他一时找不到合适的翻译家，就叫齐伦约我把他指定的几个剧本译成法文。齐伦和我没有胆量担此重任，因为凭我们当时的法文水平，很难把梅兰芳大师千锤百炼的京剧艺术准确无误地传达给外国人。但是别无他法，我们只好硬着头皮上了，各自翻译了一部分。

后来我们想到陈绵教授不仅法语水平高，而且又是戏剧专业的留洋博士，求他帮助改正一下，或许能拿得出手。于是我和齐伦就拿着我们翻译好的手稿去陈博士家求助。听了我们的请求之后，陈绵博士欣然答应下来，说等他改好就通知我们，后来译稿取回，我们直接交给了齐如山先生，尽管我们拙劣的译作在大师面前是献丑，但经陈博士修改后，我相信肯定能对看到译文的外国人了解梅兰芳大师的精湛艺术有所帮助。

法国留学间恋爱　奔赴爱丁堡结婚

1937年12月，再有10多天就是西方人最重要的节日——圣诞节。一天下午3点钟左右，楼层的服务员叫开我的房门，说楼下客厅有两位中国同学来看您，请您下去接见。我马上跑下楼，果然看到两位男士迎面向我走来。我很诧异，因为我从未见过他们，根本就不认识。

他们其中那位高高大大的男生开口说："我叫徐讦，是北大哲学系的毕业生。你肯定不认识我，但我却知道你是法文系毕业的，是法文系的两颗明珠之一韩惠连。其实，我只比你早一年毕业。"他又指着旁边的那位说："这是盛澄华，他是清华大学英文系毕业的。澄华酷爱法国文学，1935年毕业后就自费来法国，现在正专门研究大作家纪德先生的著作，他也住在大学城，在瑞士学生宿舍。"盛澄华忙向我躬身致意，脸上堆满笑容，样子显得相当恭敬。

我快速将两人打量了一番，把他们引到大厅的大沙发旁，对他们说："两位请坐，你们找我有事吗？"他俩同时说："我们常在公共食堂看见你，今天冒昧求见，实在有点不客气，还请原谅。"我笑着说："咱们都是留学生，认识二位，我也很高兴。"就这样，我们坐在一起，天南海北地闲聊了一阵，并一起在大学城的食堂吃了一顿晚餐，之后和他们握手道别。

那天，徐、盛两位先生给我留下的印象很不错。他们谈吐淳朴亲切，是那种可以交往的朋友。不过我并不想和他们频繁交往，因为我的时间太宝贵了，只想死心塌地读书，好好学习，我必须拿到普通大学的专业文凭。

然而，让我没有想到的是圣诞节当天，盛澄华竟独自一人来找我，约我同去观赏法国圣诞节夜晚的热闹光景。经过再三考虑，我答应了他的邀请。圣诞节当天，我们吃过晚饭，逛了香榭丽舍大街，最后又到了一座教堂中看圣诞弥撒，走出教堂，我本想回宿舍休息，但盛澄华好像余兴未尽，于是我们走进附近的咖啡馆，坐了下来，点了两杯咖啡，聊起了家常。

从那以后，盛澄华几乎每天晚餐都来邀我一同去，接触多了，我们谈话的题目就更广泛了，很快我们就成了好朋友，之后又很快就坠入了爱河。《诗经》上说"一日不见如隔三秋"，我和盛澄华的相爱也达到了这种程度。

大概 1938 年 3 月，澄华对我说他打算去英国的爱丁堡进修半年。我听后很高兴，因为爱丁堡大学也是世界著名的高等学府，我很赞赏他的好学精神。到爱丁堡之后，澄华来信坦言说，他感到一生也离不开我，之所以跑那么远进修也是为了我。他必须修得相当水平的专长才能安身立命，才能同自己心爱的恋人终身相守。

收到这封信后，我的思想起了波澜，主要是他提到了关于专长的问题，我反省了下自己，觉得自己好像是一个没有专长的人，经过深思熟虑，我最终下了决心，去做一个好老师。我立即给澄华回信告诉他，我要好好利用巴黎大学的优越条件，把听课的范围再扩大一些，更广泛地读一些书，努力把自己培养成一名具有丰富欧洲文化史方面知识的好教师，并许诺这学期的学习一结束，就动身去爱丁堡与他相会。

然而，澄华也很快回信，希望我可以去爱丁堡与他结婚。我当即拒绝了他，并告诉他，没有得到父母允许前，我是不可能在国外结婚的。没想到澄华却是个执着的人，他竟然写了一封长达十几页的信寄给了我的父母，信中详细介绍了他的家庭情况、学历、性格、爱好、为人，还表达了求婚的诚意。

这封信竟然把我的老父亲感动了，父亲来信责备我没有事先告诉他我这边的情况，还说同意我和澄华在国外结婚。于是在当学期的课程结束后，我坐车辗转至爱丁堡，与澄华商议结婚，并在他的好友王辛迪的帮助下完婚。我们的婚后生活过得简单，心情却是愉悦的。

让我想不到的是 1954 年的春天，澄华竟提出要与我离婚。之后我独自带着五个儿子生活，并在 1970 年的时候，得知了他去世的消息。

◎工作经历

初涉教学　工作期间得到留学邀请

我一生从事的工作就是教书，从小学、初中、高中一直到大学，男孩子、女孩子都教过，所以对孩子们的成长历程都比较了解，按现在来说，我就算是一个比较有经验的老师，我一般都是教语文，学校有需要的时候，还会教外文。由于我去法国留过学，所以外文教学大多教的是法文，再就是从中学开始，学校就开设了英文教学，所以英文我也可以教一点。别人把我们这种教书的人叫作教书匠，是个匠人，也算是一个工人，说尊称也就是教员。

大学毕业到去法国留学期间的两年中，我参加了一段时间的工作。那时候大学刚毕业，心里就想着今后该怎么办？当年的大学生和现在的可不一样，现在上到大学四年级，就会有很多用人单位主动到学校中招聘，不少应届毕业生很早就确定了毕业后的去向，而我们那个年代，毕业即失业，我也不知道自己会有什么样的命运。

思来想去，总得找个出路，不能总在家待着吃闲饭。于是，我就到母校孔德学校去碰碰运气，于是就约了好友马琰去学校找教务长马隅卿先生。见到马先生，我说明来意，并说："只要是我能干的都可以接受，绝不挑拣。"听了我的话，他笑着说："大学毕业让你教小学，你可愿意？"我说："我没教过书，也不会哄孩子，但是我愿意试试。我会用心去学，努力争取把孩子们教好。"

他见我态度诚恳，就说："本校正缺小学二三年级的骨干教员，开学后你就来教小学三年级的语文和算术吧。"我听后非常高兴，马上答应了下来。之后，马先生又发给我一份正式的聘书，我当时很激动。马先生又询问有没有其他同学要教学，我就把同住北大女生宿舍的陈荣第也一起介绍了去。这样，我们两个刚毕业的女大学生7月刚拿到毕业证书，9月就找到了工作，每个月能拿到三四十元工资。

开学后，除了正常教学之外，马先生又叫我另外每周给五年级的学生上两节初级法语课。因此，我参加工作第一个月就拿到了四十七元钱。当时市面上五十斤一袋的面粉才卖两元钱，我那时可以买二十三袋半面粉，对于我这样一个初出茅庐的年轻人来说，有这样的收入我感到很欣慰。

在孔德学校教学的第二年8月的一天，北大的法籍教师邵可侣先生让我去见他。他告诉我，这一届法文专业仅有一个毕业生，但学习成绩很差，以这样的成绩，中法庚子赔款基金委员会是不会批准他赴法深造的。他叫我赶快写一份申请交给委员会，争取一下这次法国留学的名额。我随即写了申请书，提交了上去。那时候到法国留学基本都要靠助学金。

过了新年，也就是1936年1月，我收到了中法庚子赔款委员会的通知，批准我自10月1日起可领取公费，到法国进修，为期两年。接到通知兴奋之余，我还是决定把课教到7月学期结束。

我将一切准备好之后，于1936年8月5日踏上了开往法国的阿拉密斯号邮轮，历时一个月，终于到达了目的地法国的南大门——马赛港，又经里昂来到了即将开始学习之旅的法国巴黎。

重回教学　为外国语学院组建法语系

有一天，我到市妇联去找杨蕴玉同志，向她说明来意："现在清华有个同志介绍我去教书，您看我是回本行好呢，还是继续搞妇女工作？"她马上回答说："你还是回本行好，我知道现在各高等院校都正在恢复工作，各处都缺少教员，尤其缺少有进步思想的教员，你最好赶快接受人家的邀请。"

就这样，在去外国语学校教学以前，我先安排好我的孩子们和清华妇女会的工作。说起清华妇女会的工作，这还是一个很偶然的经历。我随爱人澄华到清华生活之时，清华大学中有一项不成文的规定，就是不允许夫妇两人一同在学校任职，理由是清华的夫人们多为有学历的知识妇女，如果允许某教员的夫人任职，其他夫人也要求与其夫一起工作，但清华却提供不了这么多的职位，因此我就只好闲下来做家庭妇女。

我虽未去教课，但却并未影响我参加当时清华地下党组织的群众活动，在我参加的歌咏班中有两位歌友常常在晚饭后到我家来坐坐，一位男士，一位女士，他们说到清华园内有许多有知识的教授夫人赋闲在家，除相夫教子和操持家务外不参加任何社会活动，不少人感到很苦闷。他们提议动员一些有工作能力的人，组织一个小组，提出参加社会工作的要求。

我立马同意了他们的想法，并且第二天就行动起来，找人、找关系、联络群众。经过一番忙碌，我们组建了"家庭妇女会"，组织家庭妇女学习政治，讨论妇女面临的具体问题、儿童教育问题，还组织了一次接受服装厂的委托为解放军赶制棉军服的任务。

一年半后，有人介绍我去教书，我才辞去这份工作，来到了位于西苑的外国语学校，即现在外交学院的前身。1950年3月，我来到西苑外国语学校，接待我的是负责教务工作的罗青同志，他谈了外国语学校的历史，并说现在这里想召集人才，开办法语专业，让我先挑起组建工作的担子，并且小规模地开起法语课来，并指定了周南同志协助我的工作。

两三天后，我就收拾好简单的洗漱用品和被褥，搬到学校去住。我的助手周南同志是一个高个头英俊的男青年，为人热情，爱说话，没有几天我们就相当熟识了。他提议："咱们研究招生吧，先把招生人数和学校的法语水平弄清楚，就能开班上课。"我们商量着开设两个班，我教初级，让另一位留法多年的女专家孙慧芸来教中级。

之后我就准备试题，周南招生，最后经过考试，我们录取了20名程度不同的学员。我准备了一篇浅显的法语小文章，打印出来当堂发给大家，请每人都给我读一遍。我听了之后，大致搞清楚了每个学员的程度。发音应该是最难纠正的问题，所以我把这个问题作为教学的重点。

开课一个多星期后，孙慧芸女士就从法国来到了学校，她努力把学员教好，并且详细阅读文件，大胆发言，使得我们学习小组很活跃，至此，我们的法语组就这样开办起来了。学员们都有大学经历,他们都听过不同特色的老师讲课,和现在的讲台相比,我们未免太过简单,即使这样,我们三个人还是觉得很吃力。因为我们没有现成的教材,虽然我们只开了一门课,但学习中出现的种种问题全由我和孙慧芸两人包办。

而周南同志也忙得不可开交,他一边做学生的思想工作,一边还要帮助我们打印教材,组里的一些事务性工作也由他包办,与英语组的沟通靠他,小组的政治学习也要他领导。开课不久,我们就感到力不从心。

78岁退休以后,韩惠连老人一直坚持每天读书看报的习惯,尽管现在由于身体原因,不能再像刚退休时,一看就是半天,但是偶尔闲暇,还是会拿出书来翻一翻。她说,现在读的书有些杂,都是一些新书,年轻人写的东西还是要看一看,有助于她了解现在社会的事情。

我们看英语组请了几位学问好、教学有经验的老师，而且也将名称改为英语系，便也跟随他们将法语组改为法语系，并在校领导的鼓励和支持下请了几位优秀的法语工作者来为学员上课，这时，我们的法语系就有点正规化了，并且逐渐发展起来。

退休归家　读书锻炼充实生活

1990年对我来说真是值得庆贺的一年，这一年我以78岁高龄完全退出了工作岗位，并且我也没有了家庭的负担。五个儿子都已成家立业，各自有工作岗位，各自建立了家庭。只有第五个儿子，成家后还同我住在一起，他的爱人也有自己的工作，他们的经济收入完全独立，不需要我的津贴。

他们的儿子，就是我最小的孙子也不再需要我天天接送。一直跟着我长大的长孙盛斌也在这一年的秋季大学毕业了，并且及时找到了工作。35年的单亲家庭就此解体，变成了蒸蒸日上的五个小家庭。我这才松了一大口气，感到成为真正自由的人了。更使我高兴的是，学校在新建成的塔楼内，按职务级别分配给我一套三间的住房，使我搬离了极为拥挤的二号楼的小三居。新房子最大的优点就是让我仅有的一些宝贵书籍能够从床底下搬上书架。

退休后的我心情轻松愉快，多年独自驾驶的这一叶扁舟，在大时代的风浪里漂荡，总算到达了应该停泊的地方。我曾经读过朱光潜大师的一篇文章，他说自己已经88岁，应该注意健康和长寿。有了健康的身体，才能有健康的精神。而健康的身体来自锻炼，因此他每日坚持慢跑，打太极拳。他发现脑筋和身体一样，越锻炼写作效率越高。最后他奉劝老年朋友，离退休之后，最好找点事情干，使脑筋和身体一样处于经常锻炼状态。

我本知道锻炼的好处，看到朱先生的这篇文章后更增强了我要加强锻炼的决心。因此，退休后第一件事就是跟着常伍彝先生继续学习太极拳和太极剑。学院体育教授常伍彝在他教课之余，在1983年为教职工组织了一个业余太极拳学习班，那时我已70岁，腿脚已然不灵活，但我学习之后感到太极拳确实有强身健脑的作用。

还有第二件事情就是忙着到学院的图书馆中借书，我多年陷于工作和家务之

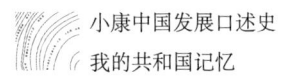

中，很少有时间读一些有趣的书或者系统的作品。由于我有学院的借书卡，而且又与图书馆的工作人员相熟，所以我就有了一个便利条件，每次图书馆购进新书，工作人员总会立刻通知我，而我也会在读完书之后，根据书中的内容写一些介绍，送回图书馆，方便他人借阅时了解书中内容。我现在看的书很杂，但是年轻人写的东西，还是要看一看，有助于了解现在社会上的一些事情。

■文/程晓

☆采访手记

韩惠连老人一生辗转祖国和世界多地，其中所经历的故事，寥寥数笔却怎能写尽，而老人却一直说自己只是一个极普通的人，一生从事的工作也只是教书。

老人93岁时，在家人的帮助下，总结了自己的过往，将自己的经历都付诸笔下，写出了回忆录《轻舟已过万重山》。书中详细记录了她从小时候一直到退休后的大部分事情。

退休之后的韩老在儿子和儿媳妇的陪伴下，曾以百岁高龄爬山、旅游，更是坚持着每日的读书习惯。老人如今有些脑萎缩的迹象，对近些年的事情记得不是很清，她的记忆似乎只是停留在过去的岁月中。

而这些年的每次出游中，家人都会给老人拍照留念，老人似乎也很喜欢这种方式，每一张照片上的她都是笑容满面。对于老人来说，也许这一生都是很自然的过往，而对于我，却赞叹于她跨越一个世纪的人生阅历。

■文/程晓

◉ 匠人匠心篇

胡荣华

汽车司机　车轮上看变化　荣辱不惊一百年

胡荣华十几岁租了一辆1924年的福特汽车考取驾照，多年来，可以说，他见证了蒸汽汽车到燃油汽车的发展，用老爷子的话说，"谁也没注意，汽车就发展起来了。"这是一辆英国的威利斯，20世纪60年代，胡荣华支宁时便开着它迎接苏联专家。

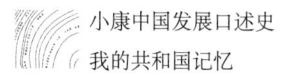

◎人物小传

胡荣华，1925年生人。他出身镶红旗，生于钟鸣鼎食之家，是地地道道的老北京，祖父为清末佐领[1]，管辖朝阳门至安定门一带，外祖父家为赫赫有名的北池子转角楼金家。幼时住在炒豆胡同一座三进四合院里，身为家里的独孙，备受宠爱，看惯了荣华与富贵。

童年时代，社会剧变，祖父过世，家道中落，举步维艰，无奈进入日本黄豆汽车公司当学徒，学手艺。十几岁考取驾驶执照，凭借过硬的汽车技术，养家糊口。

旧社会，他在私人车行干过；民国时期，他在丰台铁道兵团给铁道兵司令开车；新中国成立之后，他在中央党校给凯丰[2]校长开车；20世纪60年代，他支援宁夏在省党委给刘格平[3]开车。

他开过20世纪20年代的别克，30年代的雪佛兰，50年代的福特，60年代的威利斯，用他自己的话说，他是："机灵盖儿，眼力价儿，车技好，干活好，除了飞机大炮没开过，什么车都开过。"的确，他开了一辈子的车，当了一辈子的司机。

晚年的胡荣华，依旧健谈，风趣幽默，儿女孝顺，子孙满堂。看遍人间沉浮起，至今犹住胡同中，屋外鸽哨悠悠，屋里蛐鸣不已，最爱吃熬大白菜，常常感叹人生坎坷不易。

1　佐领：清朝官名，正四品。驻京师者置于参领之下；驻防，则置于协领之下。战时为领兵官，平时为行政官，掌管所属户口、田宅、兵籍、诉讼诸事，其职多为世袭，也是社会与军事组织名。清代各所辖壮丁数在各个时期不同，皇太极时每佐领壮丁约略200人；康熙时一百三十人；嘉庆时，则以150人为率。
2　凯丰：凯丰(1906—1955)中国共产党前期领导人之一，1952年11月，凯丰任中共中央宣传部副部长、马列学院(今中共中央党校)院长，为党的宣传理论工作付出了极大的心血。
3　刘格平：1958年宁夏回族自治区成立，刘格平(回族)任自治区人民委员会主席。

◎出身镶红旗　钟鸣鼎食亦有期

四五岁的时候，有一次我走丢了，大概是跟哪个小子跑了出去，记不清楚了。天刚刚擦黑，院子里跪满了仆人，急得满头大汗，祖父大发雷霆："都给我找去，找不到你们都别活！"

庭院深深　祖父半路出家

清朝末年，我爷爷官至佐领，管辖朝阳门到安定门一带，我爷爷、太太（奶奶）、我的父亲母亲，还有我姐姐和我，我们一大家子人住在北新桥炒豆胡同的一座四合院里，这是一座三进四合院，前出廊后出厦，有二十多间房子，北房五间，东西厢房三间，南房三间，我和爸爸妈妈住西北旮旯儿——北房西边两间，我爷爷和太太（奶奶）住在东北旮旯儿——北房东边两间，祖父单有会客室，仆人们有跑腿儿的、看门儿的、做饭的，他们都住在东西跨院。院子外面有上马石、下马石，大门是常常关着的，我的活动范围最远也不过垂花门。院子里有一个一个的大鱼缸，锦鲤成天伏在睡莲叶子底下，游来游去。花架子绿荫斑驳，蝉鸣悠悠，我一会儿看看鱼，一会儿逗逗鸟，单这些就足够我玩儿的了，如果实在想出去了，就让仆人带着出门。

不过，在我出生的时候，我爷爷早就不做官了，出家当和尚了。当年，八国联军打北京，我爷爷站在城墙上守城，那会儿是清朝，还梳着大辫子呢！后来，八国联军都打到通州八里桥了，爷爷他们扎着辫子就等着死了，小的们就说："二爷，咱们退了吧！"我爷爷一看，也没办法，这才下城墙投了降。

亲历了朝代更迭，看惯了人世繁华，打那以后，我爷爷就吃素，放生，受九戒，半路出家了。什么是"九戒"呢，就是把脑袋剃光了，贴上姜片，把艾子点燃了，戳在上面，慢慢地传热，生生地烧出九个坑。烧的时候难受着呢，可你也得忍着，这就是佛教的受戒，就是试试你是真心入佛还是假意入佛。

我爷爷一般都不住在家里，经常去广济寺、潭柘寺、戒台寺、妙峰山、白云观等寺庙里念经拜佛，他的屋里头，旁人是不能去的，只有打扫的老妈子才能进去。

那天早上，我爷爷上白云观烧香拜佛回来，得了个大孙子，大为高兴，取名天亮，就是我，因为天亮生的我，所以我的小名叫天亮。我爷爷只有一个儿子，

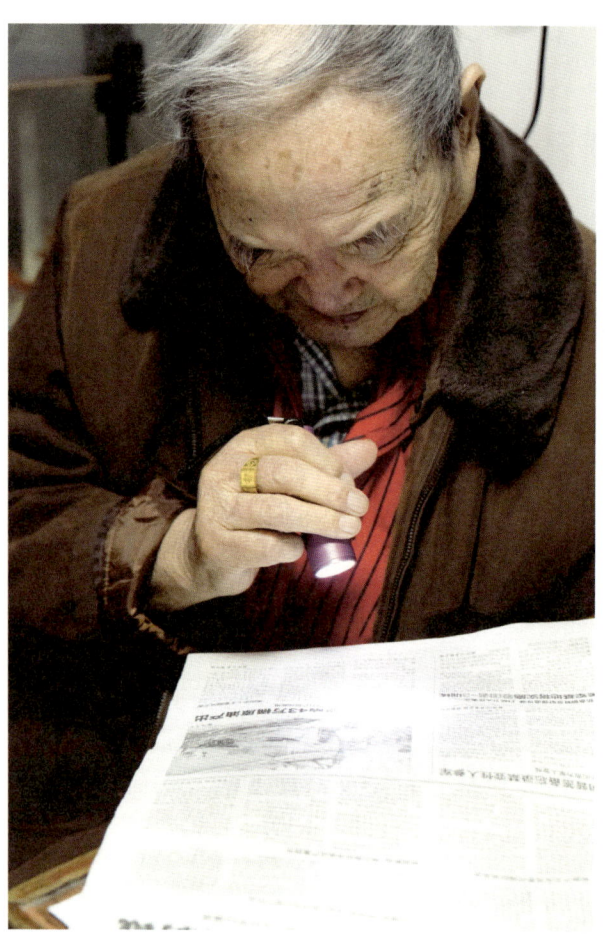

胡荣华老人喜欢看报，每天下午都要看，他拿着小手电筒快速浏览大标题，遇到感兴趣的还会吟诵评论一番。

也只有我这么一个孙子,所以我备受宠爱。爷爷每次回来都要给我带点心,用一个八宝盒装着,八个格子加上中间的,一共九种点心,给我的,别人谁都不敢吃。他曾经送给我一些很厚的书,一经经、二经经,那可能是最初的家教,我还清楚地记得上面的字句,"上天言好事,下界保平安"。我的大名叫荣华,也是爷爷给起的,希望我一辈子尽享荣华富贵。

好景不长　散尽家财万贯

我父亲叫胡恺亭,小时候,他在"帐篷松"专门为皇家扎帐篷,你别看他腿摔坏了,走路一瘸一拐的,可是他帐篷扎得好,旧时候的前门楼子就是他扎的。我母亲叫金左亭,也叫胡金氏,是大户人家的小姐,脾气秉性都好,对我们也好,没打过我一指头。所谓门当户对,姥姥家也是个大户人家,北池子转角楼金家,也是在旗。小时候,爸爸就给我说,能住在转角楼,那了不得,千户万户也没有这一户。就算现在提起来,大家都知道转角楼金家。我有三个舅舅,一个姨,我姥爷吃东西特葛(脾气各色、古怪),别的不说,就他吃饺子吧,就爱吃烫的,你得给他七个一煮,七个七个地吃,用砂锅,现吃现煮。

那时候也就四五岁吧,我还记得姥爷带着我坐黄包车,坐上车,用毯子往腿上一围,我们爷俩儿就到地安门了,哪儿好吃哪儿,吃完一抹嘴儿就走人了,伙计自然会跟在后面结账,一个月一结。那时候,我可享受了,哪儿都吃到了。拉洋车的车夫每月一结账,地安门荷叶斋,炒菜馆子,北城最有名的。当时,我三舅管家,我三舅开一家自行车店,冬天还给人安炉子,北大学校的烟筒就是伙计们去给安的。

好景不长,没过几年,爷爷就去世了,出殡的仪仗从东直门一直到北新桥,得有个千儿八百的人,吹喇叭的、打幡儿的、撒纸钱的,哀乐响起,浩浩荡荡的队伍走走停停,跪、再跪、三跪……我还小,不知道爷爷走了,我们的家也就完了。只知道那时候在广渠门外有我家的祖坟,找看坟的,七七四十九天,抄经念佛。

爷爷去世以后,家就败落了,我爸爸还穿着孝呢,我奶奶就叫他去,说:"这产业是你爸爸留的,你没资格要。"就这样,我父亲穿着孝,夹着一领席,就出来了。家就这么败了,我奶奶的亲表兄赌博把一整座房子给输了,炒豆胡同一座三进四合院,多大的产业啊,一夜之间就这么没了。

◎世事好艰辛　少年不识愁滋味

"ただいま，釜山到北京的火车到了。"这可是趟好活儿啊，每当这趟车来的时候，就能多挣个几毛钱，我就可以拿钱去阜成门南的瑞记大烟馆给父亲花五毛钱买一个大烟泡儿。

平民中学　父亲巧获肥缺

家败了，父亲也被赶出了家门，他就带着我们给平民中学做饭了，挑水做饭什么都做，养活我们这几口人。早先，出身大户人家的母亲不会做饭，但后来生活所迫，没办法，她也只得自己做饭了。

就这样，我还在苏萝卜胡同念过几年私塾，读些《三字经》《百家姓》之类的文章：

"赵钱孙李，周吴郑王。"

"人之初，性本善，性相近，习相远。"

"自古人生在世，俱秉五行阴阳。富贵贫穷寿夭，生死离合悲欢。"

……

这些都是那时候学的，我还记得有一个杨老师，一个英老师，杨老师动不动就打，把手打得倍儿肿，伸出来，"啪—啪—啪"三下，可专制了，有时候，师姐都劝："老师，您别打了！"这才缓和些。之后，我就到皇城根上学，再后来就到搬西廊下小学上学。

20世纪20年代，中国的华北地区大旱，难民大量逃进北京，流落街头，很多人无家可归，缺衣少食。看到这种惨状，著名教育家陈垣遂与友人前高师校长陈筱庄创办平民中学，推行平民教育。我父亲后来就在平民中学（后来的四十一中）承包食堂，那里曾经是伦敦教会萃文中学，后来办不下去了，就租给了平民中学。当时，平民中学也是一所有名的私立学校，有一百多个学生，四个人一桌吃饭，上学吃饭都不要钱。当时报纸报道："平民中学待遇之高，号召力之强，在本市普通私立中学里，可谓首屈一指。"

我父亲那阵儿可肥了，卖粮食的、卖油盐酱醋的都"拍"（巴结）着我们，一结账的时候，麻袋都一摞一摞的，我父亲坐着人拉车去菜市场，阔气极了。我母亲一直没工作，在家照顾孩子。

学徒修车　稚子可堪重任

十二三岁的时候，念不起书，没办法，我就到日本黄豆汽车公司当学徒，这是一家中日合资的汽车修理公司，日语叫作 ma mi da ge xi（音译），在西长安街北边，现在电报大楼的位置，头儿都是日本人，由此我也学会了日语，在我看来，日语很简单，只有五十个拼音。

一个十几岁的孩子能干什么？师傅修车，我在一旁看着，递个工具，等修完了帮着洗洗车、擦擦车，给归置归置，仅此而已。一个月挣有限几个钱，将将够糊口的。当时，我们在前门车站有分店，下了班就走回来，也坐不起车，就那么走回家，有时候累了就在路边蹲着睡一觉，再往回走，苦啊，浑身是油，就跟要饭的似的。

不过累虽累，可师傅们对我好，十个师傅九个说我好，我也听话，招人喜欢，干活儿嘛，都抢着干，麻溜利索，机灵劲儿、眼力价儿都有。为什么我学车学得那么透、那么好，别的徒弟就不行？因为各位师傅都教我。师傅修车，我给打下手，拿二分之一扳手，拿四分之一扳手，跟我说都是慢慢说，其他的徒弟，尽挨呲，"拿去！"

学着手艺就能多挣点，"ただいま，釜山的火车到了！"这可是好活儿啊，这趟车客人多，大家都指着这趟车挣点钱，挣了钱，我就能去阜成门南的瑞记大烟馆给父亲花五毛钱买一个大烟泡儿了。

有一次，有客人到车站了，可师傅不在，怎么办？我和小陈俩人商量："要不咱们试验试验？"小陈不敢啊，闷声闷气地说："你说去，我就跟你去。"我俩就提溜个胆子，害怕叫师傅知道啊，嗨，还真让我们把客人送到了，送东单，两块八。师傅知道之后，一听是我，说没事儿，下不为例哈，还给师傅挣钱了，要是别人肯定又得挨呲儿。

虽然日子苦，但年轻，活得乐和。在前门车行的时候，野车、黑车像霸王一样，我开一辆小丰田，虽然我个儿小，但他们都不敢惹我，因为各位师傅都向着我，师傅们就明着跟他们说："你要欺负他，你得提防点，你甭在这片儿干了。"我也不怕，一有事儿我也敢跟他们打，看见大家都出头了，我就不管了。

不光这样，一到中午，师傅们订餐，你吃什么，他吃什么，我都记得清清楚楚，记个单儿，给西河沿儿的华北楼（老北京八大楼）送去，可我那份儿，每次都是师傅轮流出，"小胡的饭钱我掏了！"其他徒弟待遇就没我这么好了，学技术也是，师傅们都告诉我，别人学，不告诉他。

◎江山多才俊　踌躇满志未可

那时候烧木炭、劈柴和红煤，司机跟煤黑子、要饭的似的，又脏又黑，脸也是黑的，衣服也是黑的。现在真不得了，汽车都用汽油。

汽油紧张　"木炭汽车"难行

1924年孙中山致函亨利·福特，请他帮忙建立中国的汽车工业，那时中国汽车刚刚萌芽，学开汽车的人更是少之又少。

在黄豆日车公司学徒三年期满，我才十五六岁，为了养家糊口，虚报了年龄，在西四路南的交通汽车行租了一辆1924年的福特，去考汽车执照，也就是现在人们常说的驾驶证。考试地点就在护北街，人民大会堂的东边，以前那儿是一片树荫凉。

至今我还记得当时的情形，考试科目分为：桩考、路考、口试三个部分，其中桩考就考"卍"字，像现在一样旁边立着标杆，顺着路开进去，再原路倒回来，只要你别剐着、别蹭着，就考过了。路考就相对难一些，在海淀钻胡同，胡同又小又窄，考官就坐你旁边，看你钻来钻去，不磕不碰，也别熄火，我也是一次通过。口试就考一些机械原理，为什么发动，为什么熄灭，什么原理，考官一听，都对，就这么考过了。

等考完了，回来还车，邻居们都说："看着天亮不行，没想到还真行，脑袋瓜儿真聪明，一次过！"

说来也是不简单，那时候的汽车不像现在，上去一发动就行了。那时的汽车烧的是木炭，那阵儿正打东亚战争呢，汽油紧张，所以汽车都不烧汽油，得一边兑风，一边发动车，还不能熄灭了。汽车后面背着一个炉子，炉子里填上木炭条，烧出煤气来，经由一根管子牵到前面来，有的时候汽车发动不着，必须兑好了，"唔"的一声，点着了，"嘟嘟嘟嘟，嘟嘟嘟嘟"，机器就发动起来了。可费事儿呢，一边兑，一边开着车，就算发动起来车，也离不开这个，等汽车没劲儿了，就再兑兑。

新中国成立以后，由木炭改成煤气了，公共汽车上面都有一个大包，里面装着煤气。大货车又不一样，烧劈柴，锯成一拃长（大约10厘米）、两指粗，这样的木柴，填进一个一米多高的炉子里。点的时候，乌烟瘴气的，点着之后，盖上盖子，就把煤气引到前边来。

那时候烧木炭、劈柴和红煤，司机跟煤黑子、要饭的似的，又脏又黑，脸也是黑的，衣服也是黑的。现在，真不得了，汽车都用汽油，汽车的历史一步一步地发展起来。

党校司机　曾拉作家丁玲

有了驾照，我的能耐也大了。我记得那是1953年，刚刚28岁，我到中央党校给校长凯丰开车。那时候，这可是个风光的职业，凯丰校长到中南海去，到各首长处，都是我送他去。当时我开的是一辆别克，也算得上是时髦车。国务院副总理李富春，他的夫人全国妇联主席蔡畅，还有大作家丁玲都坐过我的车。那次在景山前街，领导们外出视察，我开一个旅游车，丁玲一下就跳上来了，很随和，跟我们校长也是说话随便，说说笑笑的。

我开车，没的说，打小看着修车擦车，对车太熟悉了，单听动静，我就能知道这个车是怎么回事儿。在这之前我还在私人车行干过一段时间，后来还去当铁道兵，给铁道兵司令麻清江开车，那会儿都是开一些老车，雪佛兰、福特、别克……什么都开过。

在党校，凯丰校长对我很好，那天正下着大雪，我拉着校长从部长那儿回来路过阜成门，看见我爱人正在路边走呢，她正怀着孕呢，挺着一个大肚子，一步

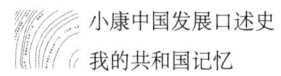

一步地走，我心里明白，这肯定是要去宿舍给我洗床单，可我也不能停车啊。虽然我有一万个心想让她上车，天多冷啊，可总得问问校长。

正巧，校长看见了，对我说："小胡，你爱人在那儿呢，停车拉上她。"

"拉她行吗？"

"行，行，没问题。"

我这才贴边儿停车，拉上我爱人。那会儿经济困难，她每星期都来给我洗床单，当时阜成门那儿还有城墙呢，这件事儿我记得特清楚。

支援宁夏　几次与死神擦肩

1957 年，正赶上国家支援宁夏的政策，校长就推荐我去宁夏了，也希望我在宁夏有一番作为。当时我们 38 个司机一起支援宁夏，省党委就留我们 8 个，另外 30 个都在外面，因为技术好，所以我给党委书记刘格平开车。那会儿我可"红"了，市长、杨部长、哈处长、吴主席、公安厅，没有不知道我的，哪儿都用我，哪儿都找我。市长的家属是我从兰州接来的，外国专家也是我接来的，还是那句话，开车我没得说。

不过也有让人害怕的时候，我拉苏联专家出去考察，我的车特棒，那是一辆英国的威利斯，我在中间，前面引导，后面保卫。那车拉杆掉了，一下桥，直接奔河里了，车轱辘都到河沿了，哎哟喂，可把我吓坏了，这苏联专家要有个好歹可怎么办？我心想，我就是打扫厕所也不开车了。好在及时刹住了车，专家们都没事儿。

吓得我蚊子咬都不知道了，我拿家伙找工具，哎，找着了，有备份的，我上上之后，挂上钩子让前面的车拉我一下，我一摁喇叭上来了，专家们上平路上等着我，我得洗涮啊，我这一身的油啊、泥啊，洗干净了才上去。

一路惊吓，到了中午，苏联专家特热情，非要等我吃饭，喝的是苏联的白兰地，小酒杯，我跟翻译说："领导明确规定不让喝酒，真不能喝。"结果翻译就翻，苏联专家一个劲儿地劝，我抵不住啊，公安厅的警卫老李平时跟我最好，这时候他倒是不言语了，一声不吭。没办法，我只得硬着头皮喝了一口。

这是一张胡荣华老人七十岁左右的照片,可以看出,那时的他还是老骥伏枥,志在千里,老人家说当时的衣服是他自己挑的,他一直都是自己买衣服,老伴儿的衣服也是他买的。

结果一回来,哈金杰是办公厅副秘书长,也就是中央电视台导演哈文的父亲,知道之后特别严肃,让我写检查,我说:"我不喝,非要让我喝,就这么一点。"领导说:"这么一点都不行,为什么让你拉着专家?因为组织相信你,安全第一。"后来我一直没写,就跟我说,下次注意。苏联人特热情,你不吃他不吃,你不喝他不喝,自打那以后,哪个单位借用我,我都不喝酒。

人啊,这一辈子不容易,在宁夏待了几年,大场面见过,生死也历练过。有一次,我们购置了几辆新车,两个20多岁的小伙子就去试了,其实本来应该我去试的,有事儿没去成,结果那两小伙子在路上出了车祸,其中一个被撞死了,才20出头,上午还活蹦乱跳呢,下午就被抬回来了。出殡那天,我们挖了个大坑埋他,他媳妇儿就跳进大坑里,不让填土,那个哭啊,哭得让人可怜,大家伙儿连拉带抱地把她给抱起来。

还有一次,我正开着车呢,就听见山里嗷嗷地叫,跟鬼哭似的,这大晴天的,怎么回事儿呢?"不好,有可能是山洪,"我对车上的人说,"你们快往高处跑,我也开车往高处。"果不其然,刚一上去,山洪就下来了,呼啦啦的,真吓人。领导开会表扬我,这也就是有经验啊,捡回了几条命。

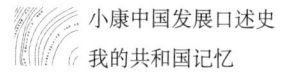

◎飘风不终朝　百年恩怨尽随风

有一次,从单位刚回家,天热,我穿着个红背心,看到胡同口有一个女的,小模样长得挺俊的,我心想:怎么来了个女的?这谁啊?没想到她后来成了我媳妇儿,跟我过了一辈子。

天赐良缘　恩爱长相厮守

1955年,30岁,我与爱人结婚,她属狗的,我属牛的,我比她大九岁。我能遇到她也是缘分,有一次我从单位回家,天热,我穿着个红背心,看到胡同口有一个女的,小模样长得挺俊的,就心想:怎么来了个女的?这谁啊?后来,母亲跟我说,一家远房的亲戚,以前给我们家看坟的,赶上下雨,墙倒了,家里的儿子被砸中了后背,这不托我们来北京看病呢!她呢,管砸伤的人叫姐夫,沾着亲带着故。

我未婚,她未嫁,年龄都合适,有人就给我们说合,老家儿(父母)一看,说你们愿意就行啊,就这样,我们就结婚了。说实在的,那会儿没钱,根本结不起婚,吃饭都是问题。我们就在建工部大楼司机队结的婚,那会儿建工大楼气派啊,司机队的小伙子们也热闹,虽然没钱,仪式少不了,大家伙儿一起吃饭,现在想想还挺有意思的。那会儿我就在干校工作了,为结婚这事儿干校还吃醋了呢,因为没在干校结,倒跑到建工部去结婚了!

我爱人脾气好,我们俩也和睦,从没为生活上的事儿吵过,毕竟孩子那么多,不容易,也相互体谅,下班回家一看,那么多孩子,就算再有不顺心的事儿,也不忍心跟我爱人吵啊!当初,生第一个孩子的时候,我父母都还在,我们就住在这个四合院里,那会儿人多,经济也困难,凑合吃、凑合喝,我爱人从来没说过什么。孩子刚一周儿的时候,我就调到宁夏去了,孩子还小,不懂事儿,走的时候,看着她娘俩,我眼泪都掉下来了。可没办法,一句话"支宁",领导让你走,你就得服从安排。

年轻的时候我好玩牌,闲的时候就跟司机队的人一起,打扑克打到很晚。有一次,我爱人在家左等我不回来,右等还不回来,就穿上大袄,拿着手电筒找我去了,一看我在打牌就说:"明天还得上班,还玩儿呢,还不回家休息?"说完站在那儿也不理人,这意思是生气了,她就这习惯,一生气就不爱理人。一起的同事就打趣儿："老爷们儿的事儿，媳妇儿别管，再多嘴就要挨打啦。"我说："干吗打她啊，人家说得对啊，也是为我好，的确明天还得上班嘛，人家有理，我怎么能打她呢！"她一听，也扑哧一声乐了，打那儿以后，我八年都没玩儿过牌。老话儿都说有理走遍天下，无理寸步难行，不能胡搅蛮缠啊，过日子也是一样。

结婚这么多年，跟我爱人从来都是和和气气的，说了别人都不信，她的衣服，连内衣都是我给她买的，她穿什么号，夏天什么号，冬天什么号，这我都记着。有的时候，下班要回家了，她给我打一电话："买俩被罩哈。"我这就去买俩被罩，她让买什么就买什么。

教子有方　全凭顺其自然

建立一个家庭不容易，把孩子们拉扯大更是不易，好在孩子们都懂事儿，从小他们学着都自个儿管自个儿，上学半宿半宿地写作业，功课都挺好，在学校都是有名儿的，连班主任都夸他们。

我从来没有打过他们，也没有骂过他们，现在他们都有了自己的孩子，有了自己的孙子。我还是那句话，顺其自然，不能说我是老家儿，你就得听我的，一个人一旦走上了社会，也就得学会懂得社会，就像我一样，这么多年，我也是自己闯荡的，如果哪儿不好，我只能说是引导一下，给孩子适当地提个醒儿，我始终觉得，孩子们都是好孩子，他们都有自己的想法，不能我说什么就是什么。

大儿子在西城电器公司当办公室主任，大闺女在宏丰商场当副经理，手底下有十来个人呢！老儿子本应该接我的班，到军工车间，后来没去，自己考大学去了，现在也出息了，也是在大企业当领导，老闺女在环卫局幼儿园，电视台还采访过她呢！让我很欣慰，孩子们都挺有出息的。

说话我也老了，活到我这个年纪真不易，沟沟坎坎的，都过来了。

想想在那旧社会，你想好好干工作都没有呢！到处失业，今儿个你给老板干，明儿就不用你，今天有工作，明天就没了，说实在的，有饭吃就不易了，好多孩子都养不活，就咱们这胡同儿，旧社会天儿一冷，一出门就看见，这儿死一个，那儿死一个，胡同拐弯儿的地方又死一个，真惨啊！

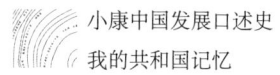

家家都有难念的经,家家都有念不完的经,留心还行,不留心就都过去了。过去的事儿,都过去了,都不记得了。

■文 / 邱虹霞

☆身边人讲述

我父母这一辈子不容易,家里面孩子多,生活也比较艰难。印象最深的是,小时候,每天晚上,我们几个孩子都要糊纸盒,一人一摞纸,一个纸盒顶多也就几分钱,可也不能闲着,总算能赚点钱贴补家用。都是孩子嘛,夜深了,也困,我就偷偷把没做完的放在我妹那一摞里,我妹也困迷糊了,就嘟囔:"怎么做了这么长时间,还有这么多啊!"现在想想那段日子真苦,不过也挺有意思的。

■儿子 / 胡自强

我们小时候总的来说是很听话的,但也有淘气的时候,那时候很流行收废铜废铁,一块儿铜片可以卖很少的一点钱。正好那时候我们家有好多樟木箱子、红木箱子之类的,那都是些老家当,用来放东西的。我记得有一次,我哥就带着我们把樟木箱子上的铜片抠下来卖了,卖了很少几个钱全买了好吃的,我们几个孩子还挺高兴,结果回来挨了一顿打。

■儿子 / 胡自有

☆采访手记

回忆如梭　织出平凡世界

初识胡荣华爷爷,被他的经历所吸引,他生在富贵之家,继而经历苦难,逆境重生,坎坎坷坷地走过一生。有时候,爷爷回忆起过往,风趣幽默,侃侃而谈,说到精彩之处意犹未尽,我也只顾跟着惊叹,跟着笑。也有时候,他的声音很小,就这样一个人坐着,慢慢地、断断续续地说,说着说着就不说了,可能是回忆起苦难一言难尽，也可能是沉浸在自己的记忆中，忘乎所以，听得出了神，我们之间就会有简单的暂时的沉默，他在回忆，我也在思考。

就在沉默的片刻，我好像跟着爷爷的回忆亲历了他的一生，好多场景就浮现在眼前：小小的年纪，一个人挣钱跑去瑞记给父亲买大烟泡儿；从前门车行下班回家，因为太困了，就这样蹲在马路牙子上睡着了；"嘟嘟嘟嘟……"汽车发动起来了，年轻的脸颊上渗出了汗水，赶忙擦一把，又蹭了一脸的油，只是忙于开车对这些全然不知；在宁夏，人生正当年，凭着一身的开车本领，谈笑风生，意气风发；过往的经历与一生的打拼，事业、爱情、家庭，那些苦啊、乐啊，都在老人的话语里慢慢流淌，转瞬而逝。

这是一个完全不一样的世界，一个无关于朝代、政党、变革，甚至无关于时代的世界。他享受过与生俱来的富贵，也感受过时代造就的贫穷；他见过社会上最热闹的盛宴，也见过命运最悲惨的场面；他像一个小人物，勤勤恳恳，吃苦耐劳，知足常乐，惧怕这个世界的不测，当他老了，他信命，甘愿向命运妥协。他又像一个大人物，骨子里顶天立地，在血液里升腾着一种力量，傲视权威，岿然不动。

在他身上，我看到了一个难免平凡的人一生琐碎的经历，也看到了一个独立，有着自由意志的英雄。

爷爷常说，别写我们，我们就是普通老百姓有什么可写的呢？你写就写那些抗战英雄，写他们。的确，自古以来，常是帝王将相的历史，英雄的史诗，谁又会在乎咱们平凡人的过往呢！可我们就是要写，写他老人家浑厚的一生，为他著书立说，将他的故事传扬，让孩子们知道，有这样一个久远故事，有这样一个诉说的人，这个世界并不是理所当然的，因为，这个世界有它曾经的样子。

■文 / 邱虹霞

小康中国发展口述史
我的共和国记忆

马德林

"祥顺德"创始人　风雨六十载　"吃"里见乾坤

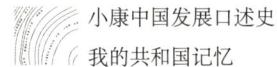

马德林与二女儿、小女儿在家中合影。子女们都居住在北京，每天都轮流照顾老人。子女孝顺，家庭和睦，马德林的晚年生活非常幸福。

◎人物小传

马德林，北京清真小吃老字号"祥顺德"创始人，曾任北京德风书画协会理事兼书法部部长、西城书协会员、世侨会民族书画艺术交流中心研究员、中国穆斯林杂志社特约书法艺术家、河南嵩山少林寺孝贤碑林顾问等职。

马德林襁褓丧母，后随长辈来北京谋生。马德林在小吃行业从业60载，其间担任经理30年。步入晚年，马德林重拾书法爱好，并有洞见创新，可谓"书法中最会做小吃的，做小吃中书法最好的"。

马德林和老伴儿共肩风雨，相敬如宾，走过金婚岁月，育子女五人，家庭和睦，还曾获评街道级"五好家庭"。

百年岁月，白驹过隙。往事已矣，不愿追忆。人生在世，原非简单，不断向前，不知会经历何事。若要总结这百岁人生，往事倒是一件件涌上心头……

◎年少篇

襁褓逢丧母之痛　随至亲来到北京

我出生于1923年，字咏春，回民。"德本斋"是我的斋号，来源于《大学》里的"德者，本也；财者，末也"，即凡事要把财物放在最后一位，时刻注重自己的德行，缺德的事不能干。这也是我一生为人处世的准则。

我的老家是河北沧州献县，回民抗日英雄马本斋就是我的老乡。年幼时，我家生活贫困，拮据度日，连所居住的房子都是借的。家庭困苦，又逢大难，母亲刚生下我，就患上了"月子病"，早早没了。丧母幼子，艰辛长大，这段岁月，满是心酸苦痛，我不愿提及。

马德林说自己是"干一行，爱一行"，无论是早些年做小吃，还是老年写大字，都能塌下心来刻苦钻研，因而有所洞见，有所创新。他做的烧饼又酥又脆，配上花椒、茴香、麻仁、牛油，再在面皮上均匀地抹上芝麻酱，撒上特制的椒盐，每次还没等出院，就被街坊邻居们一抢而光。

六岁时，我跟随祖父与父亲来到了北京。因为父亲丧偶后，一直没有续弦，我就成了家中的"独苗"，这在当时的社会并不多见。虽然家庭生活拮据，但是长辈对我仍抱着很大希望。在北京落稳脚跟后，我被送入私塾读书识字，学习道理，度过六年私塾生涯。跟着先生学习《三字经》《弟子规》，后来研习《大学》《论语》《孟子》等。求学时光虽然珍贵，但是慢慢地，我感觉在学习上吃力了。当时家中生活条件不好，"不养闲人"，我这十几岁的小伙子哪能总不干活，于是我辍学了。跟着爷爷和父亲涉足"勤行"（注：需要手勤、眼勤的行业，指餐饮业），学做清真小吃。

私塾生涯虽然短暂，但是为我今后的学习和工作奠定了基础。"人非生而知之者，孰能无惑？惑而不从师，其为惑也，终不解矣。"类似的古文和典故，到现在我都朗朗上口。如今颇感遗憾的是，当时没能把启蒙老师的名字给记下来，现在想都想不起来了。

入勤行学做小吃　攒血汗置业鼓楼

我的父亲一辈子老实巴交，是个本分人。仗着我顶事儿早（注：承担家庭责任早），和祖父一起撑起了这个家。不再读书求学后，我和长辈们学做清真小吃，"德顺义"便是我们家祖传的招牌。穷人家的孩子早当家，打小我就知道勤干活、多攒钱，做买卖挣来的钱，我一分都舍不得花。新中国成立前夕，国民政府为了搜刮民众财富，滥发纸币，物价飞涨，钱也不是钱了。"盛世的古董，乱世的黄金"，人们挣了钱赶紧买金子，存起来保值，以防辛辛苦苦挣来的纸币都成了废纸。

17岁那年，我把几年来做买卖的积蓄拿出来，在鼓楼附近买下了将近300平方米的房子。当时花了我十几两金子，真真不是一笔小数目了。自打搬过来以后，一辈子我也没"动窝"，在这里养育了我的五个孩子，结识了一群热心的老街坊。

我的房子原先有两个院子，后来因为种种变故，剩下一个院子。当时几年积蓄换来一片家园，街坊四邻也都是穷苦百姓，谁承想，几十年过去，我这二环里的老房子也成了众人眼中的好地界儿、好所在。

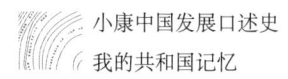

祖传手艺精心传承　烧饼酥脆王爷倾心

做清真小吃的手艺是祖传的，多年下来，我也颇有几手，并且在饮食行业组织的比赛中多次获奖。

我做小吃，最大的特点就是"精细"。糖耳朵、年糕、烧饼、元宵、炸糕……这些小吃我都做过。做糖火烧时，我用黑糖和面，这样做出来味道最正宗。而我最拿手的就是烧饼，我做的烧饼那叫一绝。我的烧饼最大特点就是"酥""脆"，里面一层又一层，像纸一样薄，酥脆得一碰就掉渣。我自己配料，放上花椒、茴香、麻仁、牛油等，再在面皮上均匀地抹上芝麻酱，撒上特制的椒盐……每次一做出来，还没等出院儿就被"一抢而光"。住在这附近的人没有一个人不知道我做的烧饼好，当初连淳亲王府的王爷都爱吃。如今后海边上的宋庆龄故居就是以前的王爷府，王爷府常出门采买的用人姓魏，人称"魏傻子"。他每天都来我店里买我做的烧饼。他还说："王爷就认您的烧饼，别人的不吃。"

晨钟暮鼓本分谋生　百年岁月见证变迁

旧鼓楼大街是反映北京城变迁的一面镜子。自打我在鼓楼附近置下产业，这儿就成了我的根，一辈子我也没有离开过。将近一个世纪的时间，我生活于此，由青春年少到两鬓苍苍，见证了太多的世事变化，物是人非。

原先，鼓楼这边住的都是做小买卖的、拉洋车的，没有大家主（注：大户人家）。大家日子过得都清苦，晚上有卖豆汁的端着一大锅走过来，人们就掏钱买一碗，回家勾点棒子面，就是一顿饭。现在，鼓楼大街居民层次高了、收入高了，附近没有穷人了，都比我阔气了。

鼓楼地区变化很大，我印象中，原来这里有个药王庙，每年药王生日有不少香客前来烧香。我的儿女就曾在药王庙小学读书，现在庙宇和学校都已经不在了，但尚有嘉慈、广济两寺，俗称双寺，就有了现在我居住的双寺胡同。

旧鼓楼大街是很窄的，马路两边绿树成荫，特别繁茂。到下雨天，交叠而生的枝叶成了天然的雨篷，甚至地面都不会被雨水打湿。现在鼓楼大街成了旅游的热地，街两边都是饭馆、酒店、咖啡馆。但几十年前，这条街上商店稀少，房屋

马德林老人近照。家里的墙上挂满了老人的书法作品。有些作品如行云流水,一气呵成,老人说,现在写不出那样的字迹了。

大多是民宅。后来,马路两旁的商店多了起来,有黄门百货商店、副食店、切面加工厂、裁缝铺……再后来马路不断扩宽,这些店铺连同那些古树全都没了。

  鼓楼后面现在有个广场,是市民休息遛弯的好去处,但20世纪60—70年代,这里是个大市场,常常聚集好几百口人在这摆摊做买卖。摊位上卖什么的都有,吃喝玩乐,样样俱全。裱画刻字、绣花补活、捏面人,一个个靠手艺吃饭的能工巧匠招得人屡屡驻足,旧京百业在这里扎成了堆儿。就连我也曾经在市场里摆过摊,卖过字。那时候人们每逢聊天就是"走,逛鼓楼去"!于是就有了"东单西四鼓楼前"这句话。现在,百货商场已经随处可见了。

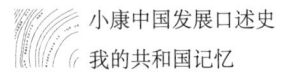

◎青壮篇

大半生结缘小吃 小老板成为工人

我在小吃行业干了60年,见证了北京小吃业的兴衰起落。1956年公私合营,个体从业者都安排成了工人,我也成了工人阶级。由于体制改变,师传徒、父传子等手艺传承方式渐渐被忽视了,很多民族特色小吃也是从这时候开始消失的。

我个人的买卖就和"祥顺德"合并了,归了国营。我们这个行业普遍文化水平不高,我有幸上过几年学,认识几个字,就被选为经理。这经理一当就是30年,直到1983年3月退休。其间,我带过几个徒弟,其中一个成了北京市特级厨师,在西城区政府承包食堂,掌管伙食,我的一个徒弟还曾在北京烤肉季担任经理。

我还参与写过一本关于小吃的书,叫《北京小吃》,是由单位组织五名员工脱产六天写的,书中详细介绍了各种北京小吃的具体做法,虽然当时没有署我的名字,但好在留下些真东西。

退休后我也没闲着。70多岁时,我和从前的老同事——"年糕王"王德禄一拍即合,两个人合伙在雍和宫附近开了家小吃店,店名"林禄斋",取我名字中的"林"字和王德禄名字中的"禄"字。我们每天只营业半天,小吃店的生意那叫一个火爆,每天来店里的顾客都排着长队,每天都忙得收不了摊。

就这样干了五六年,房租到期后,我又在家门口干了几年,后来我就不干了,岁月不饶人,我逐渐有力不从心之感,而且人的思想是一点点进化的,我对挣钱有了更多思考,人生有够,挣那么多钱干嘛啊。

收入不高心气不低 艰苦生活不改其乐

20世纪70年代,我一个月的工资大约75块,要养活一家八口人——五个孩子和一个小姨子。老伴有一个亲妹妹,家乡生活条件不好,吃不起饭了,六岁时来北京投奔我们,我就一起养活,供她读书。后来赶上支援"三线",党动员一批干部、工人从城市到偏远地区,支援地区发展,她被调去了西安,并在那落户成家。

做买卖跟朝九晚五的上班族不一样，没时没点。餐饮行里一天到晚就知道干活，特别是我还担任经理，需要张罗忙碌的事就更多了，根本就没个节假日。因此，孩子们经常见不着我。

每天凌晨三点多，天还没亮，我就起床了，一边刷着牙，一边哼着小调，有时骑上车就走，嘴里还含着漱口水呢。凌晨四点多就到了单位，开始一天的忙碌。辛辛苦苦干一年，别人不该（注：欠钱）你的就是好样的。虽然苦累，但是我给孩子们的印象却是"特别快乐"。

"一箪食，一瓢饮，在陋巷，人不堪其忧，回也不改其乐"，这是孔子的话。颜回是孔子最得意的门生，虽然生活艰苦，可照样乐得屁颠屁颠的。这种精神值得我们学习。可惜啊，颜回早早就过世了，孔子哀叹道："不幸短命死矣，今也则亡，未闻好学者也。"对于生活，我也抱着同样的态度，人的欲望是没有边的，知足才能常乐。

守本分坚持原则　"马善人"爱管"闲事"

做工人当经理大半辈子，我也有自己的处事原则，守着为人的本分。

那时候，大家经济水平不高，我家也过得不富裕。老伴儿没有工作，家里孩子也多，但即使日子过得再紧巴，我也从来没有贪占过公家的丝毫便宜。

有时单位里有涨工资的名额，一个单位也就一个名额，涨的幅度是十几块钱，虽然不多，但是也足够缓解一大家子的生活了。我作为经理，对这份福利不侵占、不独占，能主动把福利让给家境更困难的员工。买米面粮油等物品的各种票，我也能谦让，还曾把自己的自行车票也让给有需要的人。

对我来说，生活的需要没有极限，能扛得住就行。

那时候，有人把单位包炸糕的黄色包装纸拿回家用，但我从来都没拿过。那时候，单位管理政治性强，经常搞运动。在一次政治运动中，有人找我谈话："你就连张擦屁股纸都没拿过？"

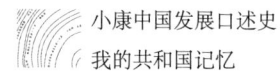

"没有就是没有，没有我怎么认。"我一点都不亏心。打小家里就不让偷摸，上学老师也是这么教育的。正是这样养成的好习惯，才能让我平安度过各种大大小小的革命运动。

除了守本分，坚持原则，我还在工作过程中保持着一颗热心。平时在单位里，我不给上级领导添麻烦，遇到困难，都争取自己解决。同事中，有年轻的两口子打架了，或是谁家里发生什么矛盾了，下班了我就骑车去人家家里帮忙调解，大大小小的事我全都管。久而久之，大家给我起了个外号叫"马善人"。这个名字在过去不全是褒奖，有调侃的意味，我心里非常明白，但还是爱张罗，爱管"闲事"。

在小吃店干了几十年，身处管理岗位，但我和群众打成了一片，工作交给我，领导也放心。领导说，由我管理着，不乱。

工作上问心无愧，却有遗憾，那就是孩子们都有了各自的工作，我的这门做清真小吃的手艺却没传承下来。

长女下乡父担忧　骑行五百里探亲人

年轻时，我爱好骑洋车。早先交通没有现在这么便利，自行车是家家户户的出行必备。虽然爱好，但我一辈子都没买过新车，老买旧车骑，因为这，我还落得一个外号——破车马。当时自行车的牌子型号少，没现在这么多选择，所以能买一辆二手的"飞鸽"自行车，骑着在胡同里、马路上转悠，那感觉美着呢。

20世纪60年代末，知识青年响应号召上山下乡，我家大姑娘回到老家河北献县插队。

一个姑娘孤身在外，为人父母总禁不住地牵挂。我是很有勇气的。那个夏天，我下班之后，就有了利用平时攒下的休假去看望姑娘的念头。下班以后，我骑上车，后座带上二姑娘，说走就走。其实，当时坐火车去，也就十几块钱，可平日里家里过得不宽裕，我宁愿累累腿，也不愿白白花费那些钱。

那次，我骑车出去100多里，天就黑下来了。当时看到路边有个小旅店，进去打听住宿，可是老板说："我们这个店不接收女的。"于是，我就跟他说明来意,告诉他我们是从北京来的,带着闺女在这歇歇脚,第二天一早就走。老板这才同意我们住下。

第二天一大早,我带着闺女继续赶路,饿了就吃一点随身带的干粮。骑了一天多,一共500多里地的路程。

大姑娘插队的农村风气淳朴,虽然不富裕,但是村民们很热情。乡亲们从地里出工回来,用拿镰刀削好的白薯,用刚从土里刨出的花生招待我们爷俩儿。二姑娘跟着我来一趟献县,等回到北京后,人都见胖了。

少时夫妻老来伴　风雨并肩半世纪

我和老伴青梅竹马,成家后,两人共同走过了大半辈子的风风雨雨。

我是穷人出身,交的朋友自然也都是穷人。自己没有兄弟姐妹,我却经常接济身边的穷哥们儿。我刚买完房子,来了一个穷朋友,没钱结婚,也没地住,我就把他召唤过来,住在外面的三间房里。后来,他在这个四合院里成家结婚,住了20多年,我没收过一分钱的房租,全当朋友情分。

老伴儿虽然没上过学,但并不无知,有着穷苦人家子女的坚韧劲和热心肠。老伴儿的性格开朗,整条街的人都知道她,因为为人和善人缘好,她还曾做过街道工作。

老伴儿勤劳本分,是生活上的一把好手,家里的五个孩子和她的一个妹妹都是她勤苦拉扯大。平日里,家里的洗衣、做饭、收拾屋子等活计都是她一人承担。而我做买卖养家,也少不了她的帮忙。和面、擀皮、切面,她样样在行。

我和老伴共育有五个子女,三个女儿、两个儿子,他们都居住在北京。闺女、儿子我都喜欢,从不两样看待。孩子们都很懂事孝顺,家庭和睦,这一点是我非常满意的。我们夫妻二人相敬如宾,家庭里子女孝顺,非常和睦,因此,我们家还曾被街道评选为"五好家庭"。

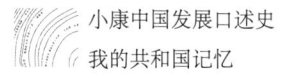

◎晚年篇

少年摆摊卖字　"墨庄"改"借纸学书"

退休了人们总想寻点事情做。干什么呢？一般人要么就练练武功，要么就写写字。练习书法的一般都写草书，因为没有基础，要想规规矩矩、一笔一画地写个字就不行了。

如果说做清真小吃是我的"老本行"，那么学习书法就算我的业余爱好。自幼入读私塾时，老师教写大字，这是我学书法的启蒙，从此就与书法结下了一生的缘分。即使家境贫寒早年失学，我对这"笔墨行云、挥毫之间"仍非常喜欢。在每日的润笔习书中，我逐渐领略到了书法特有的乐趣和魅力，甚至成了"魔怔"，而随着天长日久，我的笔力也日渐精深。

那时候人们上学少，文化水平普遍不高，会写大字的自然也少之又少。从十三四岁起，每逢春节，我就在鼓楼大街摆摊儿卖春联。小孩儿能赚到俩钱，就乐得屁颠屁颠的。这其中，还有一个小插曲。摆摊儿就要占地，为让人记住就得有名号，也就是得贴出个"小广告"。当时我也没考虑太多，就给自己取名"墨庄"二字，我的私塾老师无意中经过这里看到了，指出"口气太大了，这么点孩子怎么能自称'墨庄'呢！"于是，我就把摊子改成了"借纸学书"。这件事给了我很大的启发，让我今后谨守虚怀若谷。

研习书法有心得　勤学苦练善创新

我学毛笔字的启蒙老师让我临赵孟頫的字帖。赵体应归于简静一类的书法，特点是浅近易学，运笔纯正，字体结构错落有方，它亦是以二王为基础，书写潇洒飘逸、柔中带刚、端雅圆润、内含筋骨，可谓有致而无狂怪之笔法，写好了非常豪迈。在清代时赵体很流行，从乾隆皇帝到民国初年的江凤鸣等都曾研习。但后人总认为赵孟頫是降臣，人软写出字来也软。"书如其人"，这种说法虽有一定的道理，但是也不能机械套用。我本人因学赵体功力不够，后改学"魏隶"，又因没有隶书底子，学起来有些难度。但我下定决心，知难而进。隶书是程淼传

匠人匠心篇

下来的,当时是官方专用字,只有 3000 余字,在汉代时风行一时。

隶书的章法结构是横竖均匀、排列疏密、古朴苍劲、外方内圆,重点横长竖短,它与楷书有着明显的区别。因隶书形状扁形,切忌雷同,每个字要注意"蚕头不双设,雁尾不重复""学书不离法,闯义在其人",学书法是一个"由走到跑"的过程,我认为不论临什么字帖,一定要掌握基本书法,勤学苦练下功夫,还要有一定的悟性。

书法是能够表达个人性格的,故应有所创新。我总结了以下几点:

第一点,未曾写字先定神,也就是集中精力。过去练字先研墨,这也是定神的一种办法。有一种说法叫作"墨磨偏,心不端",如果心不在焉,墨就会磨偏了;写出来的字歪歪斜斜,就表示心太浮躁。第二点,万事开头难,书法也是如此。安排布局要意在笔先,第一笔是关键,要胸有成竹,充满信心,否则就要败笔。

马德林不仅在清真小吃行业颇有名望,对书法领域也有一定的见解。自幼入读私塾,老师教写大字,这是他学书法的启蒙,从此就与书法结下了一生的缘分。即使家境贫寒早年失学,他对这"笔墨行云挥毫之间"仍非常喜欢。在每日的润笔习书中,逐渐领略到了书法特有的乐趣和魅力,甚至成了"魔怔",而随着天长日久,笔力也逐渐日深。

第三点，用墨开始时不可忽视，润墨是关键。先把笔蘸上水，然后再润墨，要润足，切忌来回润，这样写起来才会流畅。用浓墨写出来的字浑厚，用淡墨写出来的字淡雅。从历史上看，苏东坡善用浓墨，写出字来如漆光亮，神采焕发；董其昌善用淡墨，写出字来古雅秀逸。因此，浓与淡要"随心所欲"，在宣纸上发挥笔墨特长，突出笔墨情趣。第四点，临帖到了一定程度之后，应该总结一下，相互交流，取长补短。更应注意不断创新，形成自己独特的风格。

我研习魏隶尚处于不断学习的过程中，这也只是我的一点个人体会，难免有所错误。

退休后，马德林和"年糕王"王德禄一拍即合，两个人合伙在雍和宫附近开了家小吃店，店名"林禄斋"，取他名字中的"林"字和王德禄名字中的"禄"字。小店铺每天只营业半天，可是生意相当火爆，每天来店里的顾客都排着长队，每天都忙得收不了摊。

"爆肚王"三求牌匾　题匾额不计其数

　　毛笔在旧时书写中占的位置很重要，应用很普遍，写门联、书喜寿帖，在红白喜事中也都需要用到。那时经常有人找我写匾额招牌。记得有一次，在东安市场经营爆肚的王金良先生亲自上门，邀请我为他的"爆肚王"写一块匾。老北京人都知道，爆肚王是西德顺老经理王金良的官称，他爆的肚京城一绝，是当时北京真正的"爆肚之王"。梨园行里的梅兰芳、马连良，相声大师侯宝林等文艺名人每次在附近的老吉祥戏院演出完，必到此一品爆肚王的爆肚。

　　虽然盛情难却，但我细一琢磨，"爆肚王"这三个字笔画悬殊结构繁简不一，不好下笔，而且这个店处于文化名人经常光顾的地方，我当时实在有些胆怯，就婉言谢绝了。但后来，王金良看到了我给别人家写的牌匾，觉得很不错，就又反复上门。面对一番盛情，我就按照他的要求写下了"爆肚王"这三个大字。这块匾写于 1954 年，一直使用到 20 世纪 60 年代中期。

　　德胜门、白塔寺、清真寺……我写过的牌匾不计其数，少林寺也有我写的碑。献县老家的牌匾也有我写的。位于老家河北献县的本斋清真寺，以近代抗日民族英雄马本斋命名，是华北地区著名伊斯兰清真寺之一，也是华北地区著名爱国主义教育基地，抗战期间被日本人纵火焚烧。有一年回河北老家，同乡人让我题字，我就给本斋清真寺编写对联，题写牌匾"知信行诚"，这么多年过去了，清真寺经过了三次扩建、一次修复，现在牌匾仍然悬挂着。

　　我题写的牌匾招牌，大多是给西城区清真饭馆写的，我这个人"好求"，别人说个什么事儿我就答应了。后来小吃店统一归西城区的华天饮食管理，随着那些小吃店的消失，曾经的牌匾也一概消失了。但现在胡同口的老北京涮肉馆的"祥域斋""煎饼吴"等牌匾仍旧是我的笔迹。

　　还有一次，一位来北京旅游的荷兰人无意中拐进了我所在的胡同，还进了家，我随兴写下了"中荷友谊"四个大字送给他，并与他合影留念。

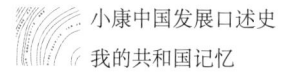

健康老人自娱其乐　耄耋之年仍愿前行

我还担任西城区德风书画社的理事,是西城书协的会员,给人授过课,每星期参加一次书协组织的活动。同时我也担任世侨会民族书画艺术交流中心研究员、中国穆斯林杂志社特约书法艺术家、河南嵩山少林寺孝贤碑林顾问等多个职位。得过的奖状也不计其数,床下的两个大箱子里,装的都是我获得的证书。我的作品被多部书籍、杂志收录,曾在百盛购物中心、琉璃厂等多家画廊出售,也曾在新加坡、土耳其、印度尼西亚、中国香港、中国台湾、日本等多个国家和地区进行展览。其中我写的一副龙门对被赠予新加坡收藏,我还应邀去新加坡参加了收藏仪式。

我一辈子习惯了早起,现在仍然每天早晨6点多起床。业余时间除了练习书法,就是骑自行车在巷子里转。就在2015年,孩子们在屋子里伺候他们的母亲,我跟他们打个招呼,骑上电动车到外面到处转悠。现在还经常有人找我写大字,我能一口气连写几幅大字,而且手不颤。

2005年,西城区评比健康老人,我还获得了由西城区老龄委颁发的"健康老人之星"的奖状。一晃十几年都过去了。

2015年6月,老伴儿去世了。她去世前三年身体不好,生活不能自理,几个孩子轮流伺候着。现在又轮流来照顾我,夜里也陪着我。"青春时风雨同舟,垂暮年幸福共度",这是我以前写给老伴的对联,在她生前经常念给她听。现在这副对联就挂在我家的客厅。自打老伴儿过世,我自感精神状态大不如前。身体"弱"下来了,耳朵不好使,说话得找"翻译"了,回忆这些事没有以前记性好了。

偶尔闲下来,我会写写随笔,其中有这么一段,我想拿出来与现在的年轻人一起分享:

吾今已年入九旬,回望这近一个世纪的岁月,甚感遗憾——少时为生计奔忙,今虽有一技之长在身,但亦觉文墨不深,学识太浅!也使我对少时所学汉乐府《长歌行》一句"少壮不努力,老大徒伤悲"感同身受。今又重韩愈《劝学》所言"书山有路勤为径,学海无涯苦作舟"自悟——努力吧!不迟!我虽已是耄耋之年,还需向前努力!

■文/张雨

☆采访手记

旧鼓楼的深巷里　蜿蜒了百年的回忆

"总结我的人生可以,但是优点就不要写了。当年要升迁、要涨工资的时候,我没有写过,现在就更没有必要了。"采访伊始,马德林老人一再这样强调。

马德林老人的家坐落在京城鼓楼附近古老的双寺胡同里,晨钟暮鼓,充盈着老北京的情怀和记忆。在采访过程中,这位经历风雨看遍人事的百岁老人不仅用语言为我们还原了一段原汁原味的京城生活,而且淋漓尽致地展现了中华民族几千年传承下来的美德——正直、善良、勤劳、俭朴。

在马德林老人的回忆中,从前的巷子很窄,关于药王庙的神奇传说,院子里上百年的老槐树,胡同口晒太阳的老太太,挑着担子卖豆汁的小贩……曾经熟悉的场景,都成为过眼的烟云,曾经熟悉的生活味道,如今正在一点一滴地逝去……

在马德林老人的讲述中,从前的生活很简单,一箪食,一瓢饮,日子过得穷,却能常怀热心,周济他人;工作虽然劳累,但为了看望女儿,500多里的路程,骑车一天工夫就能到……

而今,我们生活富裕了,却总是希冀得到更多,其实正如马德林老人所说的那样,人生欲望没有边际,知足才能常乐,而我们在追求物质富足的同时,也应注重留住这座城市的美好回忆,留住鸽哨白云蓝天与京味儿。

■文/张雨

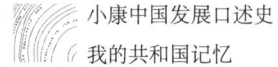
小康中国发展口述史
我的共和国记忆

王光阀

抗日后方造枪炮　国防科研拿大奖

王光阀老人在家中

王光阀 1939 年于重庆拍摄的照片

◎人物小传

王光阀,1913 年 10 月 23 日生于江苏省南京市。1934 年起就读于国立中央大学(现南京大学)机械制造专业。1937 年因日军全面侵华随校迁往重庆。1938 年毕业后进入兵工厂工作,从事研究工作。1950 年年底由重庆调入北京,在机械工业部工作,后为兵器工业部,直至 1987 年退休,退休时为高级工程师。

1988 年,王光阀研究的《国外电液压清砂、冷挤压和铀合金在兵器行业中应用的情报研究》获国防专用国家级科技进步三等奖。获奖后,王光阀到全国多地出差指导研究实际应用工作。

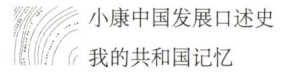

◎事业篇

育婴堂初受教　成绩优异入大学

1913年10月23日，王光阀出生在江苏省南京市一个普通的家庭。他是家里第五个孩子，在整个家族同辈中排行第十二，也是最小的一个。当时家里十分贫困，实在无力抚养他，便将他送到当时本地开办的育婴堂。

多年后，王光阀的三子王志民说，他之前查过相关资料，育婴堂其实就相当于现在的孤儿院，是一个专门收养穷人家孩子的慈善机构，由当地的一些善良的大户人家资助，除了解决这些穷孩子的吃住温饱，还会请一些私塾老师免费教授孩子生活技能和读书写字。在育婴堂，王光阀不仅学会了很多日常生活技能，还接受了文化教育的学习。

| 1989年4月22日，王光阀与爱人登上慕田峪长城留影

12 岁时，因家庭经济情况好转，几个兄长有了工作，家里便将他从育婴堂接回家中。看王光阀能生活自理，又可以读书识字，家里便继续供他读书。在学校，王光阀学习成绩非常好，每次考试排名几乎都在前两名。

就这样，王光阀以优异的成绩读完初中、高中，并于 1934 年，考入国立中央大学机械系（1952 年全国院系调整，机械系现属东南大学）。国立中央大学是当时中国最高学府，也是中华民国国立大学中系科设置最齐全、规模最大的大学。考入这所学校，全家人都很高兴。因入学成绩优异，王光阀还获得了学校提供的奖学金，作为日常学习生活的费用，也因此，减轻了家里的很多资金负担。

多年以后，王光阀有了自己的孩子，也会时常提起自己当时刻苦学习的情况，教导孩子好好学习。

抗日战争打响　兵工厂里造枪炮

1937 年 7 月 7 日，抗日战争全面爆发，国立中央大学迁校至重庆沙坪坝等地办学，王光阀也随校来到重庆。1938 年大学毕业后，他到重庆的 21 兵工厂当技术员。

抗战期间，大批兵工厂随国民政府内迁，其中，诸多兵工厂都迁入重庆，复建在重庆的沿江地段。因其地段基本为坡岸地貌，且地质构造又多为坚固岩石，这为兵工厂打洞、造掩体、防空袭提供了有利条件，于是各厂在重庆两江四岸形成了一条兵工工业带，并为抗战输送了大量枪炮、弹药。

由于工作的需要，王光阀又辗转多处兵工厂工作。1945 年 8 月，日本宣布无条件投降，王光阀又回到重庆 21 兵工厂，担任步枪厂的主管员。四年后，1949 年 10 月，中华人民共和国成立，12 月，共产党正式接管 21 兵工厂。不久，西南军政委员会工业部宣布 21 兵工厂改称为 456 兵工厂，王光阀任 456 兵工厂枪厂的主管员。

新中国成立时，中国仍未建立起能够支撑国民经济、国防和人民生活的现代技术体系和工业体系。中国共产党便开始领导人民进行大规模经济建设，并努力争取苏联的援助。1950 年 2 月，中苏两国签订条约，苏联承诺对中国工业领域援助 156 个项目。随后，中国政府编制《发展国民经济的第一个五年计划（1953—

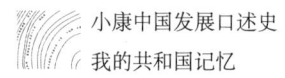

1957 年）》，并确定"一五"时期经济建设的重点。

因苏联援建的工业设计资料和技术资料都是俄语的，但当时专业语言翻译人员极其匮乏，所以国家急需专业俄语翻译人员。当时，大学毕业生很少，国家对他们非常重视，便将王光阀调入北京，参加苏联援建兵工资料的翻译校对工作。七年间，通过努力自学，没有学习过俄语的王光阀已经能够进行良好的专业俄语翻译工作。除了俄语，王光阀还可进行专业英语的翻译工作。

1956 年，王光阀作为第二工业机械部先进生产者代表，参加了表彰大会，受到毛主席的接见并合影。这张珍贵的合影照片，至今仍珍藏在家中。

1958 年，王光阀进入北京兵器工业部技术情报所担任编辑岗位。两年后，担任工艺室编辑岗位，直至 1987 年退休。在此期间，王光阀主要通过大量阅读外国技术杂志，从中摘录出对国家重工业科研发展有用的内容，包括图片和文字，并加以翻译研究。

投身科研　获得国防重大技术改进奖

工作期间，王光阀经常到北京图书馆（现国家图书馆）查阅相关资料，一查就是半天儿。回到家中，因当时娱乐活动少，王光阀也常在吃完饭后，就埋头于一堆字典中，查阅、核对翻译的词条。三子王志民说，父亲王光阀常随身携带着小卡片，将杂志上的关键内容记录在小卡片上，原来家中到处是这种小卡片，但现在都找不到了，可能在多次搬家过程中遗失了。

至今，在王光阀的书柜中，仍有大量的字典等工具书及各种专业书籍，包括俄汉机电工程词典、英德法意汉铸造词典、中国高级专业技术人才辞典、金融辞海等。

王光阀一贯如此兢兢业业地工作，所获成果也颇多。30 年间，王光阀出版了大量内部情报报道、资料汇编、专题报告等，在解决生产难题，及时引进先进技术，供领导决策参考等方面起到一定作用。其中，发表压铸、熔模铸造、流态砂造型、高压造型、铸件电液压清砂、铸件热去毛刺等报告 10 余篇。1981 年，王光阀主持完成的《铸件电液压清砂》情报成果荣获国防工业科研工作上的重大技术改进成果二等奖。

1987年，王光阀退休，但他仍未停止工作上的研究。1988年，他与其他同志完成的《国外电液压清砂、冷挤压和铀合金在兵器行业中应用的情报研究》获国防专用国家级科技进步三等奖。研究中，他明确了如何将国外电液压清刷、冷挤压和铀合金等技术在国内兵工厂中进行实际应用的过程。有些兵工厂将相关技术引入生产中，同时邀请王光阀来厂里进行技术指导。

除此之外，退休后的王光阀还经常到原北京图书馆（现国家图书馆）查阅外文资料，为国内铸造行业科研单位撰写稿件，发表国外铸造新书简介150余篇。同时，王光阀还积极参与各项征文活动。1993年，王光阀的文章荣获首届"我与北京图书馆"读者征文三等奖。

1996年，王光阀入选《中国高级专业技术人才辞典》，辞典中介绍了他在工作中的主要贡献。

◎家庭篇

为与受伤贤妻相伴　十余年不远行

王光阀得以一心专注在工作上，与他有个贤惠的妻子分不开。

王光阀的妻子名叫蔡本琳，1921年出生在安徽巢县。1937年为了躲避日军的蹂躏，随家人逃避重庆，两人在重庆结识。1943年，两人结婚，后养育了四个儿子。1950年年底，王光阀调往北京。1951年年底，蔡本琳从重庆来到北京。到北京后，蔡本琳没有工作，一人在家抚养孩子。

1958年，"大跃进"时期，孩子大些了，上了学，蔡本琳找到一份工作，在街道的幼儿园当会计。中午，王光阀和蔡本琳在单位吃饭，孩子在学校吃饭，晚上，蔡本琳回家做饭。两年后，蔡本琳因他人告刁状，被调入汽车修理厂，负责给汽车喷漆。三儿子王志民说，相比于会计工作，喷漆的工作很辛苦，要先用砂纸蘸水打磨抛光后，再喷漆，喷完后继续打磨，反复多次后才行。自己的工作再辛苦，蔡本琳也没有任何抱怨和不满。在生活上，她尽心尽力照顾孩子和丈夫，并为丈夫创造一个相对轻松的生活环境，没有让他过于操心其他东西。

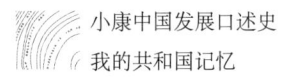

因工作常接触有害气体，属于特殊工种，可多抵工作年数，参加工作不到20年，1975年，蔡本琳55岁，退休了。当时，王光阀得了胃癌，经医院手术后，切除了3/4的胃。丈夫身体不好，已经退休的蔡本琳，在家精心照顾丈夫，使得丈夫身体很快康复，并重返工作岗位。

三儿子王志民说，平时，父母的日子过得很平淡，几乎没见过两人吵架。父母做人的准则见于行动，并深深地影响着我们，要做一个对社会有用的人。

1987年，王光阀退休后，由于获奖成果已在多地推广应用，受应用单位邀请，还时常到全国多地出差。以前没多少机会出去，出差时，王光阀便带着妻子蔡本琳一同前往，出差之余，自费游览祖国的大好河山。每到一处，王光阀便和妻子合影留念。同时，为了锻炼身体，两人开始学习太极拳。平时，两人坚持每天到工会大楼前的小广场跟其他人一起练习，特殊天气时，两人便在家中练习。

1993年，蔡本琳和王光阀在小区附近散步时，蔡本琳因躲车摔倒在马路边上，导致股骨头骨折，不能自行行走，只能坐着轮椅或靠别人搀扶。自此，王光阀一心一意陪在妻子身边，除了常推着她到周边公园、小区附近走动外，没有再到外地旅游过。每天买完菜回家，王光阀就会待在家中，或看报纸、做剪报，或写字绘画，来陪伴蔡本琳。就这样过了12年，一直到2005年蔡本琳去世。

支持孩子喜好　以身作则教孩子

王光阀有四个儿子，他的行为也对孩子们产生着深刻的影响。

工作不忙的时候，王光阀常带家人一起到北京各大公园游玩，让孩子们充分领略大自然的美好。几个孩子性格十分独立。在学业上，王光阀并不对孩子的学习内容过于管教，也不限制孩子参加各种课外活动，孩子对什么有兴趣，他就鼓励他们去学习，并不断给予资金及精神上的支持。

二儿子小时候对无线电感兴趣，王光阀便让他参加了少年宫的无线电小组，去学做收音机等。各种课外活动极大锻炼了孩子们的动手能力和思维能力，同时，也教会了孩子们大量的生活技能。孩子们在下乡插队时，这些技能也都派上了用场，这些课外技能，让他们不仅更快地融入了当地的生活，也更快地完成了自己的任务。

工作期间，王光阀回到家后，时常在家中查阅资料、记录笔记等，严谨的工作态度也给孩子带来潜移默化的影响。如前几年，三儿子王志民打算整理下父亲的老照片，便将家中的老照片全部找出来，并扫描了下来，有些破损的地方，便加以修复。整理完后，王志民还对它们进行了分类，并按照不同类别保存在电脑中。

而王光阀勤俭节约、助人为乐的品质也默默遗传给了孩子们。平时，孩子们很少乱花钱，但该花的地方也绝不过于节省。同时，在遇到需要帮助的人时，孩子们也从不吝啬伸出援手。

◎生活篇

生活省吃俭用 捐款出手大方

因小时候家里经济条件不好，王光阀从小便懂得节俭生活。长大后，虽然经济条件好了很多，但王光阀很少乱花钱。他不仅不乱花钱，还经常用钱帮助需要帮助的人。

20世纪60年代，很多亲戚家里经济条件差，相比之下，自己家里情况好些，王光阀与妻子便常给在农村老家的亲戚寄钱，支援他们。平时，家里孩子穿不了的衣服，也会挑出好的洗干净送给亲戚，让他们的孩子穿。

1990年，国家举办第十一届亚运会集资活动，号召全国人民和海外侨胞为亚运做贡献。当时，王光阀和蔡本琳分别向亚运会捐款100元，支持亚运会的筹办工作。

1994年，在"向贫困地区捐献衣被"活动中，全所老干部中，王光阀捐赠的衣服数量最多，质量最好，所领导还专门指示工作人员写篇稿子对他进行表扬，感谢他对灾区人民献上自己的一片爱心，表扬稿最终发表在所内刊物上。

因年岁大了，记忆力也差了，王志民说，父亲对钱的认知仍停留在以前，而且认为自己是家中工资最多的。有时，保姆跟他开玩笑，让他请客，王光阀便点头答应，掏出五元钱给她，让她买好东西吃。可是，在面对需要帮助的人时，王光阀从来都是掏出几百甚至上千元。

2008年汶川发生地震，在赈灾活动中，王光阀先在社区捐了款，后又交了1000元特殊党费给灾区。

2009年云南发生大旱灾，王光阀从电视新闻报道上得知后，心里一直惦记着为灾区捐钱。因两个儿子曾在云南插队，二儿子还因公殉职于云南。王光阀认为自己家人与云南有情义。当听说将在北京举行云南插队北京知青抗旱救灾大会时，王光阀十分高兴，便拿出1000元钱交给儿子，让他送到现场进行捐赠以支援灾区。当时，在会场的北京电视台记者得知老人的爱心后，还特意登门看望采访并感谢了老人。家里的保姆陈阿姨说，那时，王光阀曾跟她一起外出买西瓜，西瓜卖得很贵，王光阀便对她说，这么贵，不如不吃，将钱捐给云南吧。于是，喜欢吃西瓜的王光阀真的就没有买西瓜。

陈阿姨还提到多年来王光阀一直帮助车妈妈一事。原来，车妈妈是王光阀老同事的遗孀。2001年，老伴去世，她便和儿子一家一起生活。她本人没有退休金，起初，王光阀每年年初都会主动给她200元钱。后来，每当王光阀听她诉说生活上不顺心的事情时，就会拿出三四百元给她。几年前，车妈妈住进养老院，王光阀仍坚持让儿子每年春节前去探望她并送钱给她。

除此，陈阿姨还说，平时，王光阀对她也非常好，有什么好东西都会惦记着她。她感慨道："人还是要心眼好，才会长寿。"正因为此，有别人提出，给她更多工资，让她去照顾其他老人时，她依然选择留在老人身边。

爱旅游爱摄影　全国各地到处跑

除了工作，王光阀最大的爱好便是旅游、摄影。工作期间，没有多少时间和机会外出，王光阀便常带着家人逛北京的各大公园，中山公园、北海、颐和园、团结湖、大观园等。在游玩的同时，王光阀还喜欢照相。当时，大部分景点都有专人负责给游人照相，一元钱一张，王光阀便与家人一起合影，留作纪念。

20世纪60年代，王光阀自己买了第一台国产相机，是华山牌的。这种相机操作简单，却有一段有趣的故事。原来，50年代，苏联在中国帮助建设了许多项目，其中包括在西安市建造一座兵工系统的光学仪器厂。这家工厂设计制造了一种小型相机出口回销苏联，相机俄文牌号为CMEHA，1958年开始生产。60年代初

◎ 匠人匠心篇

1936年6月3日，南京交辐学校实习第一日

中苏交恶，苏联撤走了技术人员和专家，留下了制造这种相机的设备，此后工厂转为为中国市场生产相机，因为工厂在西安，距华山近，故改名华山牌。

20世纪70年代，王光阀又买了第二台相机，是海鸥牌的。此外，王光阀还买了一个自拍部件，将它插入相机，会有一段时间间隙，人便用此时间间隙摆好姿势，时间一到，相机便会自行拍照。

因不同胶卷价格不同，为了节省资金，每次外出时，王光阀都会携带着这两部相机，一部用来拍彩色照片，一部用来拍黑白照片。

退休后，王光阀便利用到全国各地出差的机会，与妻子一起到处游览。虽然年岁已大，但精气神儿一点都不差。腿脚不好使，没事儿，那就慢点儿走；体力不够，没事儿，那就走会儿歇会儿。就这样，两个人相扶相携，一起走过了全国许多地方，南京、贵州、大连、昆明、厦门、苏州、杭州、黄山等。每到一处，夫妻二人都会在有名的景点前，准备好相机，摆好姿势，咔嚓一声，两人便定格在画面中。

每次外出旅游归来，王光阀便将照片洗出来，放进相册内。放好后，他还在每张照片上贴个小纸条，标注合影的具体时间和地点。有时，王光阀还会写个旅游小记，记录下当时游览的想法，并将旅游地点的门票和旅游小记一起，张贴在

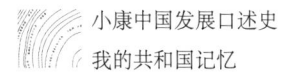

相册中。现在,王光阀家中的柜子里,这样的相册共有九大本,每册的脊上,还标注着不同类别的字样。

母亲去世后,因知道父亲王光阀喜欢到处逛,王志民常带着他到京城的各个景点转悠,也常带他到外地旅游,还带他到曾居住的老家和曾工作的地方看看。香港回归后,王光阀便一直想去香港看看。2005年,三儿子王志民打算带父亲去他念念不忘的香港。但是,待旅馆等都定好后,在购买飞机票时被告知,因老人年岁太大,担心心律不齐,乘坐飞机会出意外。没办法,王志民只能取消父亲的此次行程。不过,2009年,两个儿子陪着老父亲坐着火车去了香港,这次旅程终于实现了他的香港旅游梦。

现在,陈阿姨说,每次看到报纸上有关于旅游地点的介绍和报道,王光阀还会让剪下来收着。

爱玩象棋麻将　会用电脑玩游戏

除了旅游,王光阀还有很多其他爱好,包括看报纸新闻、写大字练书法、集邮、玩儿电脑游戏等。

工作期间,王光阀会定期查阅报纸,这一习惯保持到现在。至今,家里订着三份报纸,《参考消息》《北京晚报》和《作家文摘》。每天上午散步回来,王光阀都会坐在客厅的沙发上,打开每份报纸阅览。2003年,王光阀曾做过眼部白内障手术,所以如今他的眼睛仍能清晰地看到报纸上的小字。有时,看着看着,年老的王光阀就会困得在沙发上拿着报纸睡着。

在妻子生病期间,王光阀经常在房间内陪着她。这时,王光阀也会做些剪报,写写书法,集个邮票。不过,这些爱好并没有持续太长时间。三儿子王志民将王光阀以前写的书法拿出来时,王光阀甚至不记得那书法是自己写的。不过,王志民倒是一直替父亲收集着邮票。每年,王志民都会在邮局订邮票。后来,王志民也会经常将新取回的邮票拿给父亲看看,王光阀则会仔细地用手摸着看它。

除此,王光阀还有个爱好,那就是在电脑上玩儿游戏。以前,家人会陪他玩儿麻将和象棋,不过,要么就是人数凑不齐,要么就是会玩儿的人不在。后来,王光阀家里有台笔记本电脑,每天下午,王光阀都会花些时间在电脑上玩儿。因年纪过大，记性不好了，每次都不知道如何开关机、按哪个键等，孙子王思亮见此，便在电脑桌面上做了个标注："提示：进入电脑游戏，双击图标即可，箭头。开关机均用右侧电源键，无须长时间按，按一下即可，箭头。"用它来指导爷爷操作电脑。每次开电脑时，电脑都需要一些缓冲时间，之后才能打开游戏软件。但王光阀不理解，每次打开开关，就开始不断按鼠标，发现总打不开软件时，就会着急，不断捣鼓它。因为这个原因，电脑已经死机过好几次，还曾重装过系统。每次玩儿游戏，玩赢了，王光阀就会高兴地哈哈笑，玩输了，也会一脸不高兴。

◎养生篇

长寿秘诀　经常锻炼心胸开阔

每天去楼下散步时，都会遇到其他邻居。邻居们都知道王光阀是个老寿星，每次见他散步，都会跟他打个招呼。王光阀也会挥手与他们打招呼，看到孩子时还会开心地笑起来，但很少说话，因为听不太清对方的话语，多靠点头回应，或说"好，好。"这天，社区一位正在遛弯的老人见到王光阀便迎上前来，拉着王光阀的手跟他说："你是我的榜样啊，我现在89岁了，我也要活到100岁，哈哈。"王光阀也点头微笑地看着他，说着："好，好。"

问及耳朵不灵为何不安装个助听器时，三儿子王志民说，之前给父亲买过助听器，但戴上助听器后，王光阀认为听到的声音太吵了，索性不戴了，听不清也挺好，世界会安静很多。

2012年，王光阀100岁生日，很多人询问老人的长寿秘诀，王志民替父亲总结出两条原因。

其一，经常锻炼。退休后，王光阀和妻子开始打太极拳，练了十几年，每天半个小时，从不间断。如今，当王志民让父亲比画两下太极拳时，王光阀也是立刻摆出架势，动作熟练得很。在妻子生病在家期间，王光阀便在家里做马礼堂保健操，每天伸伸腰，拍打拍打身体，当作锻炼。现在，王光阀也会每天三次下楼散步，锻炼身体。

其二，心胸开阔。王志民说，父亲什么事儿都不太往心里放。"文革"期间，四个儿子全部下乡插队，王光阀自己被关进牛棚，接受改造，但他仍坦然面对，平常心待之。1975 年，王光阀患胃癌，胃部切除了 3/4，多年吃中药进行调理，当他面对生死攸关的这些东西时，仍没有什么大的情绪起伏，多以平常面貌面对。平时，对任何东西都没有太多欲望，正经赚钱，简单理财，而且，需要钱的时候，该花就花。同时，与他人相处时，王光阀会尽量为对方着想，多忍让。之前，多个邻里共用电表时，因偶尔会烧保险丝，父亲便自己花钱购买保险丝备着，一旦烧断，就主动出来更换。

不怕听不清记不得　心平气和过生活

吃饭、下楼散步、读报、睡觉、玩电脑游戏……

这是 101 岁的王光阀的日常生活。照顾他日常起居的保姆说，王光阀日常的生活非常规律，除了睡觉，上午，他会读读报纸、看看电视，下午，他会玩会儿电脑游戏，包括象棋和麻将。每天三顿饭后，他都会下楼散步，在陈阿姨的搀扶下，推着轮椅绕着楼下小广场走三圈，锻炼身体。

百岁寿辰时，亲戚们提出要给王光阀过生日。于是，王光阀的亲戚、同事们纷纷来到北京，与王光阀见面聊天。虽然王光阀对以前的很多事情已经不记得了，但是这并不影响他与他们一起高兴地度过生日。当天，他戴着生日帽，与大家欢聚在一起，听儿子为他唱祝歌，吃着生日蛋糕，摆着 POSE，拍着照。至今，家里的橱窗上还悬挂着王光阀的大张百岁生日照。这是儿子将当天的照片放大，摆放在家中的，照片上写着，祝贺父亲百岁生日快乐。

如此高龄的王光阀，如孩童一般，非常喜欢睡觉，时常看着报纸就在沙发上睡着了。因年纪大了，他的听力下降很多，如果不靠近耳朵大声说，就听不清他人讲的话，但眼睛仍能看清报纸上的字。在与他交谈时，会发现他对很多以前的事情已经完全没有印象了。在三儿子王志民拿着老物件、老照片不断提醒的情况下，也只能简单回忆出一些场景。

塞翁失马，焉知非福。有人说，正是因为听不清、记不得，老人才得以摒除世间的各种纷扰，专注于日常生活，心平气和地、清静地过着自己的日子。

不过，正因为此，我们无法从他自己的口中获知具体情况，而只能通过他的

王光阀老人在玩魔方

身边人了解他以前的种种。从他人口中得出的东西,毕竟有局限性,希望在这有限的内容中,去尽量呈现王光阀的一生。

■文 / 刘淑颖

☆采访手记

王光阀老人对以前的很多东西都已经不记得了,也好,记那么多干嘛,平添烦恼,现在这样,专注于眼前的生活,就挺好。王光阀老人不太爱说话,但对方说话时,他的脸上会挂着淡淡的表情,眼睛会一直认真地看着对方,听对方说话,虽然他并不能听清对方讲话的内容。

问及为何不戴助听器,原因令我诧异,老人嫌这世界太吵,索性不戴了。的确,当这世界太过繁杂,没准儿听不清才是更好的选择。记不得、听不清,正好规避开这世界的纷扰,专注于自己的世界,正是,躲进小楼成一统,够清静。

王光阀老人对钱的认知仍停留在以前,几块钱一斤的水果都会嫌贵,但每次捐款时,却又从来不吝于付出,而且一捐就是上百上千。在他的世界里,捐出的这上百上千块钱得是多少啊,可他丝毫不在意,每次都没有犹豫。

都说,长寿的老人有福气。在采访过程中,陈阿姨说,人心眼儿好,才会长寿。我想,大概是这样吧,我也相信,人心眼儿好,才会长寿。

■文 / 刘淑颖

赵 琪

电力工作者 平凡电工的"建桥"人生

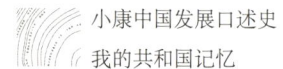

| 赵琪老人在家中

◎人物小传

1919年，赵琪出生于北京昌平南口一个铁路家庭，家境殷实。1936年，17岁的赵琪在北京南口工厂当电工学徒，之后，开始了14年电工生涯。

因为技能过硬，赵琪参与了新中国成立初期很多大桥的建设，与桥结下不解之缘。1953年7月，武汉大桥局刚刚组建，赵琪便被调往武汉，参与修建武汉长江大桥的引桥部分——汉水桥。

从此，赵琪开始了建桥人生，武汉长江大桥、白沙沱大桥、南京浦口大桥、襄樊大桥、荀阳大桥、紫阳大桥、南京长江大桥……28年，赵琪共参与修建了14座桥。

1981年，由于家庭原因，赵琪回到北京。1983年办理了离休[注：赵琪老人1948年在昌平南口（时属解放区）参加工作，1981年退休，工龄33年。1982年国家进行工资制改革，凡在解放区参加革命工作的都属离休。南京市委城建部于1983年特批准赵琪老人离休，享受处级待遇]手续。后在椿树街道大沟沿居委会工作15年。

晚年的赵琪侍花弄草、饲养金鱼，浏览报纸，翻看照片，日子悠闲宁静、闲适安然。

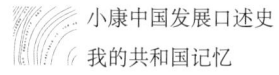

◎婚姻篇

那年,我 22 岁,她 19 岁。那天,她蒙着盖头,我穿着马褂。拜过天地拜高堂,成了一对小夫妻。后来,日子匆匆过去,我们养儿育女,彼此支持,共担风雨,由小夫妻成了老两口。一生有彼此相伴,和乐幸福。

吃七个饺子 生"五男二女"

我和爱人是 1941 年 3 月结的婚,那年我 22,她 19。

老年间,没有谈恋爱这一说,婚事都是家里的老人定的。我俩的父亲都是铁路上的火车司机,他们也是多年的朋友,正好一家有闺女,一家有儿子,家里情况了解,岁数又相当,两家就理所应当地亲上加亲做了亲家。

其实,结婚之前,我们都见过,不过那时候我们都还小,印象不深刻了。

旧社会的婚礼很烦琐,两家都是铁路工人,在当时也算是条件好的家庭,所以我俩的婚礼更是讲究。

说起来很有意思,那时候结婚也有求婚的环节,我一早就要到岳母家接新娘子,先跪下磕一个头:"妈,我把您的女儿接走了!"就这样,我穿着长袍马褂,骑着马,我爱人坐在轿子里,蒙着红盖头,一路上吹吹打打就进了赵家。

一般喜庆的时候,大家都相信神灵,忌惮鬼怪,其实也很好理解,只不过是希望一生平平安安的。记得结婚那天,还有人要持着灯笼,点着蜡,在房间四周照一照,这是什么意思呢?为的是驱赶妖魔鬼怪,这是大喜的日子,它们不能在这捣乱。

新娘子脚不能沾地,来的时候,是大表哥把她抱到轿子上的,到了我们家之后,挨着轿子要铺一个红毡子,一下轿子就要从红毡子上走。从轿子到屋门口,这一路上,一要迈火盆,寓意日子过得红红火火。二要跨马鞍,马鞍上放一个苹果,拿脚一踢,苹果落地了,这寓意着什么呢?新人落地了。这些都是轿子行准备的,她虽然蒙着盖头,但有人搀着,自然也能看得见脚下的事儿。

经过了这些,才进屋拜天地。我们俩人前面有一个供桌,上面写着结婚的供单，摆着枣、栗子、苹果之类的东西。这些东西都很有讲究，枣和栗子寓意早立子，苹果则寓意平平安安。除此之外，还有一盘饺子，她姨来了，把饺子夹给她吃，然后问一句："这是什么啊？"大家伙儿都说："这是饺子啊！"这还真不是普普通通的饺子，这是她母亲专门在家亲手包的饺子，一共七个。这七个饺子有什么说法儿呢？七个饺子寓意五男二女，旧社会生五男二女最好，当然，这属于迷信了。

她咬一口饺子，别人还得问一句："生不生啊？"

她不好意思，就小声说了个"生"！

可能是这句话被老祖宗们听去了，后来我们不止生了五男二女，一共生了五个儿子，三个女儿，比当初说的还多一个呢！

现在回想起当时的情景，还觉得逗着呢！旧社会的婚礼仪式很复杂，但是现在年轻人又喜欢上了这些礼俗，后来我孙子结婚的时候，孙媳妇就要办传统的老式婚礼，还专门让我给他们讲讲当时的情形。他们的结婚录像，我还留着呢！真没想到，时隔60多年，这些老礼儿，这些老讲究，孩子们又重新拾起来了。

◎ 事业篇

在工厂当电工14年，本以为会毫无波澜地过一生，却因为武汉大桥局的组建而与桥梁结缘，开始了长达28年的建桥生涯。在这期间，我见识过龙卷风的威势，经历过房屋倒塌的九死一生，经历了种种艰难困苦，但想到14座大桥拔地而起，我的心里充满了自豪感。

改变人生　远赴武汉建大桥

结婚之后，我还在南口工厂做电工，早晨上班，晚上下班，日子过得风平浪静。就这样，我在工厂里一共做了14年的电工，我曾经以为，我会在这个工厂里一直安安稳稳地干一辈子，那我的人生注定也没有一点点波澜。直到1953年的一天，厂领导找我谈话，他们要调我去武汉，去修建大桥。

在武汉的时候,赵琪老人的妻子在女工部干得不错,被评为了武汉市劳动模范,1958年还到北京接受毛主席的接见。回来之后,她名气也大了,媒体都争相采访,《人民画报》还专门写过他们一家人,写妻子如何持家,写赵琪如何建桥,写他们的孩子如何懂事儿,操持家务。

这是怎么回事儿呢?原来铁道部有个通知,大致内容是说:武汉现在要成立一个建桥工程局,修建武汉长江大桥。这是国家的重点项目,更是一个浩大的工程,需要各方支援。所以,武汉大桥局要从各厂调人,当时,要从我们厂调一个电工、一个钳工、一个电焊工,总共三个人。电工最好要五级工,所以选中了我。

我一听心里很高兴,在工厂待一辈子也没意思,我要到外面闯一闯、看一看。可我回家一商量,家里人却不愿让我去。"太远了,你离家这么远,我们在家怎么办呢?"当时我35岁,家里就有六个孩子了,我爱人当然不愿意我离得太远。武汉是远,离北京1000多里路,坐火车就得一天一夜。

一边是家庭的责任，一边是国家的召唤，我一时也难以抉择，是在家守着老婆孩子过安稳日子？还是出去，到武汉去，见见世面，闯荡闯荡呢？离家太远，妻子总归还是有些不愿意，单位领导就到家里来做工作，他们跟家里人说："老赵走呢，你们家属放心，一切待遇我们给安排，煤，我们负责给你们买，负责给你们送到家。家里有什么事儿，就直接找单位，保证做到跟老赵在家的时候一样。"

其实，那时候铁路上执行半军事化管理，通知你什么时候走，就得什么时候走，没什么商量的余地。按说，我要是走了，就不是南口工厂的人了，他们能这么做，我们还是感到很欣慰。

后来，家人拗不过我，我还是去了武汉，好在每年我都有探亲假，一年回来一次，大概12天到20天的时间，最多不能超过一个月。

披荆斩棘　住在一片坟地上

一到武汉，我们就打听，汉阳城里的大桥局在什么地方。那时候，武汉特别热，大概有39℃，走在马路上沥青都黏脚。很显然，这是一个与北京完全不同的城市，一切都很新鲜。这个城市，对我们来说，是一个新生活的开始，同时，也是一段艰苦岁月的开端。

刚开始，修建大桥的人员还没有完全调配完毕，我们作为第一批来到汉阳的人，被安排住在汉阳宾馆，每天去大桥局报个到，除此之外，就没事儿干了。

后来，运输部有个工程师，是从东北来的，他可能对拖拉机比较熟悉，就找我们谈话："咱们也不能总闲着啊，你们去开拖拉机吧！"

大伙儿说："我们不会啊！"

"不会没事儿，我教你们"

大伙儿一听，倒还挺高兴，因为这是我们第一次接触拖拉机。

抽了10个人，调了两台拖拉机，两台推土机，我们就学起了开拖拉机。戴上白手套，戴上太阳镜，大家都觉得不错，工程师教我们怎么打火，怎么启动，怎么拐弯儿，前后挡，挺简单的，在操场上转转，很快就学会了。

学会以后，我们就不在宾馆住了，住进了一座耶稣教堂，教堂里有彩色的花玻璃，特别好看，房子又高又宽敞，住得很好。为什么教我们学开拖拉机呢？原来是让我们干活儿——盖宿舍。我们是打先锋的，等工人们来了得有地方住，光住旅馆怎么行？武汉龟山，有一所高中学校，学校的前面本来是一片老坟地，给我们的任务就是把坟地推平，然后在这片平地上盖宿舍。而且，铁道局先前就发了通知，请大家把坟迁出去。

动工当天，把周围的人们都惊动了，听说大桥局开工了，推土机也动了，拖拉机也动了，都来围观。那时候，还年轻，什么都不怕，一边推土，一边还有人计算着一共推出多少骸骨来。当时有个法源寺的老和尚，看见我们施工，他就在一旁念经。

长江，古称"天堑"，为什么呢？它流经八个省，全长6300多公里，它灌溉着两岸的广阔土地，但它也阻碍着南北交通。长江和汉水分割了武汉三镇——汉阳、汉口和武昌，货物与旅客，只能依靠轮渡和木筏运输，有的时候，遭遇了暴风雨或是大雾天气，就会封江停航，运输就会中断，生活很不方便，连吃盐都受限制。在老百姓的心中，在长江上修桥是不可思议的，当地甚至流传着这样的传说："长江上要修桥，一年就得连出360个太阳。"

当时周恩来总理亲自下达指示：我们要建武汉长江大桥！

伴随着这样自豪的使命感与荣誉感，武汉大桥局从各地汇集人马，三个月之后，我们动工了。

我当时被分配在机电工区，所有的机械都归机电工区管。修建大桥，没有电什么也干不了，如果岸上用电，把电迁过去就行了，可是在水里面就费劲了，必须要在水里面打桩，开水泵，把水抽出来，用防水电缆把电引到水下才行。我刚开始就在水泵房工作，一个水泵房里有一个电工和一个钳工，负责生活用水、施工用水，出现任何问题，都要及时处理。

一段时间以后，大家的分工越来越细化，各司其职，工程有条不紊地开展起来。武汉长江大桥是我们国家的第一个争气桥，国家领导都很重视。当时中苏关系恶化，大桥建到一半的时候他们就撂挑子走了。怎么办呢？咱们只能咬着牙坚持下来。在外面虽然累，可什么工种都接触，慢慢都学会了。看着桥一点一点地建起来了，我们都打心眼儿里高兴。

浪花滔天　吃住都在工地上

我在外面工作了 28 年，一共建了 14 座桥。

现在回想起来，最艰苦的还要数紫阳桥、荀阳桥。这两座桥是给铁道兵建的，那地儿都是老山区，这两座桥就在山里头。那时候我们正要跟苏联打仗，部队进去了就开山洞，往里运武器，这就是当时的"三线建设"（注：指的是自 1964 年起我国在中西部地区的 13 个省、自治区进行的一场以战备为指导思想的大规模国防、科技、工业和交通基础设施建设。三线建设是中国经济史上一次极大规模的工业迁移过程，发生背景是中苏交恶以及美国在中国东南沿海的攻势）。

建桥，"电"得打先锋，山间桃花水一涨就是一两米，路不通，我们只能扶着山上的石头一点点地过来。铁道兵先得在山上开一条路，他们是最苦的，炸山，炸完山之后挖洞，那时候机械化没有那么先进，只能用手搬石头。等他们修好了路，就告诉我们可以运输了，那时候全靠解放牌汽车运输，把机械拆散了，运进来，然后再组装起来。前边放炮炸山、修路，工人们就在后面建桥。

紫阳、荀阳那地儿当时有些落后，老百姓看到汽车说："这汽车怎么不吃东西啊？怎么只喝油啊？"他们没见过汽车。他们的生活也很贫困，吃盐都困难。那时候，做生意的通车就通到安康，由西安坐汽车到安康，再从安康到紫阳、荀阳，有时候我们回家探亲，就自己派车去安康接，上山的车稍微一歪，就完了，就会掉进山涧里去。

那时候吃在工地、住在工地，不分时间地工作，根本顾不了家。不像现在，还有加班费，那时候可不讲究这些，有活儿就干，没活儿就睡觉，有时候夜里下大雨，哪儿电线杆子倒了，哪儿出事儿了，就得起来，带着人就得干。

龙卷风里　经历死里逃生

在外建桥，早已习惯了艰苦，有时也免不了要经历"死里逃生"的事儿。那是在建南京长江大桥的时候，傍晚七点多，领导召集工地的人在食堂开会，商量工期进度怎么样了，接下来该怎么做之类的。

小康中国发展口述史
我的共和国记忆

正开着会呢，龙卷风来了，"哗……"龙卷风把房顶直接就给掀了，整个房子都倒了，很不幸，我们一屋子的人都被压在了废墟里面。

当时，一瞬间房子就塌了，我看着四周都是黑的，也不敢动。后来回想起来，真是命大，我前面的人死了，后面的人也伤了，幸亏屋顶上的斜坡落下来正好支出一个空儿来，我就在里面，所以才没被砸着。

那次的龙卷风挺厉害的，整个南京城都出动实施抢救。南方的龙卷风真危险，龙卷风一来，房子、大树整个被连根拔了。就因为那一次，我们就定下了规矩，下雨天再也不开会了。

还有一次，施工过程中，江水滔天，一不注意有个工人在清理抽水管时掉进江水里，不能生还。世事无常，我们也得学着看开。

1966年9月6日，赵琪参加中国共产党大桥工程局四桥处首届党员代表大会，并与全体代表合影。当时，47岁的赵琪已当上了主任，却没有忘却与工人们一起并肩作战。那是一段激情昂扬的岁月，一座座大桥，就在他们的努力与付出下，矗立起来。

忍饥挨饿　豆渣窝头算优待

一般施工的时候，分成两个分队，一个机电分队一个施工分队，施工分队是什么呢？混凝土、装吊、木工等，机电分队，多是跟电相关的，这些都归我们管。

刚开始工作，我就是车间主任，所有的机电、电器、司机、车钳、铆工、电工、电焊都归我管。后来，我就升为分队长了。虽然升了职，但我并没有特别高兴，因为，当时正值国家困难时期，没当干部的时候，定量40斤粮食，一提干，变成26斤。

为什么呢？电工需要登高，需要下水修理等，属于重体力劳动。按照规定，重体力劳动每个月要分40斤粮食，但提干之后，我就不需要像他们那样干活儿了，每天下去看看，了解了解情况，问问有什么困难没有，所以粮食也就少了。

我们每个月分26斤粮食，那哪够吃啊？只能吃七八分饱，食堂还照顾我们，豆渣窝头我们可以多买一个。豆渣就是磨豆腐过滤出来的渣子，过去都是给猪吃的，一般人都不吃它，豆渣比棒子面粗，但是营养高，那时候给豆渣吃算是优待了！

其实，按照规定应该分27斤，但只能分到26斤，那一斤要节约下来给特别困难的，比如，工伤住院的，那时候住院也没什么营养品，多分点粮食就不错了，其实，连豆腐渣也不是顿顿都有，多给一个豆渣窝头，高兴着呢！

如今，我已年近百岁，回想起多年前在外建桥的日子，始终还是苦中有乐。

◎生活篇

建桥28年，岁月艰苦却充实。在这段时间内，除了扑在事业上，家庭也是我不断努力的力量源泉。爱人和孩子都随着我吃苦，成长……

几十年间，我的爱人为家庭付出了不少心血，在养育教育好子女的同时，她通过自身的努力，取得了居委会工作上的成就，还曾受到过毛主席的接见呢。

终得团聚　一家人扎根在武汉

我在武汉待了两三年之后,大桥局算是在武汉扎下了根儿,基础设施也起来了,宿舍都盖起来了,领导为了让我们安心,就动员我们把家属接来。于是,1956年,我爱人就带着六个孩子举家迁往武汉。

刚开始,家属都挺吃香的,领导决定给我们两间屋子,两间房子是宽敞,可水电费也要交不少啊。那时工资才50多块钱,还要养活这么多孩子,我们就要了一间,那房子大,对面都能放两张双人床,住得很宽敞。

武汉长江大桥比较有名,国家都很重视,因为这是全国建的头一个桥,无论是国民党、日本人都想建这座桥,只是不了了之了。所以,"我们要干成,举国上下都要争这口气!"

家属们都来了,武汉大桥局女工部就成立了家属委员会,我爱人就担任妇女主任,负责居委会工作,为什么选中她了呢?因为那个年代,一般女同志都没有文化,可她高小毕业,算是有点文化,而且我爱人的工作能力很强,她打小就要强。选举的时候,大家就推选她做妇女主任了。

那时候还真不好干,家属净扯皮的。那儿的鱼很便宜,才两毛钱一斤,家属们自然想吃好的,想穿好的,可工人们的工资并不多,就几十块钱,她们就跟职工闹:"挣这么少,东西这么便宜,我们也没钱买。"

这反映到家属委员会了,作为领导该怎么办呢?我爱人就想了一个办法,组织大家参加义务劳动。大桥局在施工的时候会产生一些烂铁、烂木头之类的废弃物,本来也要工人们收拾,正好家属委员会组织家属们参加义务劳动,既收拾了这些施工垃圾,又给她们一定的补助,两全其美。

不仅如此,还把她们带到工地,让她们感受一下工人们的工作环境,看看她们的男人吃的苦。铆工上桥,高空搭架子,悬空干活儿,家属一看,就不闹了,慢慢稳定了,挣多少钱花多少钱。

全家典型　并肩协力做贡献

我爱人在家属委员会干得不错，被评为了"武汉市劳动模范"，1958 年还在北京受到毛主席的接见。回来之后，她名气也大了，媒体都争相采访，《人民画报》还专门写过我们一家人，写我妻子如何持家，写我如何建桥，写我们的孩子如何懂事儿，帮我们操持家务等。

关于这一段，我印象很深刻。

那时候，我爱人生了第七个孩子，我对她说："你的身体不好，还是请个人来帮忙吧，我也省得请假。"

妻子说："算了吧，请人又要花钱。"

这时站在旁边的孩子们说："妈妈生毛毛，家里的事儿由我们来管吧！"

"你们会管吗？"

老大抢着说："我会生炉子、劈木柴、打扫卫生。"

大女儿接着说："我会做饭、洗尿布、照顾弟妹……"

那时候，老大才上五年级，最小的才两岁，虽然他们平时都很听话，但我还是不放心。但当我爱人生完孩子，我接她从医院回家的时候，我们都没想到，家里收拾得有条不紊，六个孩子还真的当起了家。

其实，我经常不在家，我深深地知道我爱人一个人照顾孩子有多么不易。孩子能这么听话、懂事儿，跟我爱人的教育是分不开的。

在武汉，虽然条件不好，天气也热，可我们过了一段很幸福的时光。

丢失棉被　爱人孩子返回北京

1958 年，武汉长江大桥的建设进入尾声，作为机电人员，我们又要被调往重庆，修建白沙沱大桥。我爱人不能带着孩子全国跟着跑，我就在单位要了一张搬家免票，送她和孩子们回了北京。

干得好好的为什么要走呢？其实，还有一个原因，我们的棉被被偷了。

那是两床过冬的被子，邻居好心，看我们没地儿放，就说让我们放在他们家的阁楼上。结果，等到冬天来的时候，被子却没了。那个年代，两床被子可不是小事儿，买布需要布票，棉花也不是很好买。

"棉被都丢了，这是伤人了啊！"她们娘几个在武汉，我真是不放心。

一着急，我就休了探亲假从重庆回来了，雇了一辆大车，把家具什么的直接拉到火车站办了托运。

"你怎么也不跟我商量一下？"我爱人问。

"还跟你商量呢？出了这么大的事儿，咱们还不回去？别干了。"我跟她说。

那时候，她很忙，整天不着家，天天开会。

可家属委员会不让走，说："你干得挺好的，为什么走呢？你是劳模，还到北京开代表大会，受到毛主席的接见，正打算培养你呢！"

我爱人只能说："没办法啊，车票已经拿到了，而且我们的棉被都被别人给偷走了。"

家属委员会的人一听，这还得了，直接给公安处的人打电话说："你们怎么还不抓紧给人家破案？人家的棉被都没有了，这让人还怎么安心工作啊！"

公安处的人也来了："大嫂，您别着急，这案子我们早晚给您破了。这样，布票我们想办法给您要，钱您先自己出，再买两床被子，行吗？"

其实，被子也只是一个诱因，她们还是回到了北京。

过了好长时间，我们收到了从武汉寄来的包裹，是两套被面。

他们还真的把这个案子给破了，原来是邻居家有个亲戚住在他们家，她在城里当保姆，正愁冬天没有被子，刚好看到阁楼上有两床被子，就悄悄地给拿走了。

公安局还附赠了一封信：被子已找到，路途遥远，棉花难寄，故只将被面寄回，请见谅。

我爱人这个人啊，不仅仅是工作能力强，她为人处世都很智慧。在武汉的时候，我们还经历了一件事儿，她处理得就相当艺术。

那是怎么回事儿呢？那时候的人穷啊，吃的粮食、穿的布料、炒菜用的油都是计划的，粮食要用粮票，买布要用布票，买油要用油票。每个月也就几两油吧，我爱人就买了一个月的油，把油瓶放在厨房里。

没想到，第二天做饭的时候，油瓶不见了，这可急坏了，这可是一家人一个月的量啊。

后来，有邻居看到，就指指楼上："好像是楼上的李嫂拿去了。"

我爱人就冲到楼上去，一上去，她没跟人打架，也没吵，她说什么呢？

她笑着说："李嫂，您是不是又跟我开玩笑？把我的油瓶给藏起来了，让我着急。"

李嫂一听，只能说："是啊，是在我这儿呢，我逗你玩儿呢！"

就这样，把油瓶拿回来了。

她啊，说话就是艺术，这要一般人早打起来了，人家也不会承认偷了我们的油，这样既不伤及颜面，又把事儿给解决了。

◎ 晚年篇

因为家庭原因，我结束了建桥生涯，回到了北京。没有了建桥的艰苦和惊心动魄，日子平淡却挺有滋味。离休后，时间闲下来，我侍弄花草，饲养金鱼，看着孙男娣女们渐渐成长，我心里对自己的人生感到满足。

回到北京　去街道居委会上班

1981年正月我回到了北京。我爱人有冠心病，经常犯病，儿子连发了两封挂号信，第一封来的时候，党委书记都没告诉我，那时候正忙呢。

家里看单位没回信，就又发了第二封。等到第二封的时候，党委领导也觉得这事儿有点严重，就找到了我："赵主任，有个事儿跟您商量一下，您儿子来了两封挂号信了，让您回去，您爱人经常犯病，冠心病，很危险。"

我一听，就赶紧回了北京。回北京之后，孩子们都劝我别回去了，我爱人的情况实在也离不开人。

没办法，我只能留在家里了。椿树街道办事处的人老来找我，让我去居委会"接我爱人的班"。"都是婆婆妈妈、鸡毛蒜皮的小事儿，我哪儿干得了这个啊！"我肯定是不愿意去的。

可是办事处的人老来找，我说："我是电力部门的，修桥的，爱人有病，家属不让我回去了，婆婆妈妈的事儿我干不了。"

他们说："这个啊，您好干，您有老师啊，您爱人在居委会干了这么多年了，有什么解决不了的，就跟她商量，她会告诉您的。"

后来，没想到宣武区椿树街道办事处直接把我的户口和党员关系都给转回来了。

我记得很清楚，那是五一前，办事处就找我谈话："老赵，过了五一，您就到居委会上班吧！"

我说："那哪儿行啊，我的组织关系都没回来呢？"

"没关系，你的关系、户口都来了，我们给您办了。"

实际上那会儿，大桥局四处没想让我回来，就想让我回来看看，没想到家里是这种情况。

所有关系都转回来了，我只能去上班了。我爱人也劝我，"你就去吧，别让人总找，先干一段看看，有什么困难，你告诉我，街道工作不跟在单位一样，居委会居民婆婆妈妈的事儿多着呢！"

我刚到宣武区椿树街道大沟沿居委会就当副书记兼副主任，刚开始去，人家也不理我，开大会时，领导把我介绍给大家，后来才慢慢熟悉了。居委会一共有六个口儿，妇女主任、卫生主任、治保主任、计划生育主任等，我有一个办法，就是让他们各自负责自己的领域，有问题了大家就一块儿商量，能解决的我们就自己解决，解决不了的就去办事处反映，这个技巧还是我爱人教我的。

那时候，我们经常下去搞卫生，有的生活困难，收破烂儿，在门口堆满了收回来的垃圾。卫生主任解决不了了，就找我去。在门口堆垃圾，其实很危险，如果着火了，人都跑不出去。但是，堆垃圾的人可不这么想，其实我也知道，他之所以把这么多垃圾堆在门口就是为了等收破烂的出价高，可是门道堵死了，过自行车都费劲，这要有个危险可怎么办？我去了，先聊一聊家常，再说明情况，一点点动员，他一看我都亲自出马了，也不好意思，就把垃圾收拾收拾卖了。

就这么着，一直干了15年，退休那年我都77岁，将近80岁了，年纪太大，不能再干了。那时候，有时我还骑自行车从新街口到大沟沿居委会去上班呢！其实，有离休证，坐车都是免费的，不过，我还是想锻炼身体。

安享悠闲　一家子其乐融融

晚年，我真正明白了什么叫作天伦之乐。

我有五个儿子、三个女儿，有孙子、孙女儿，还有外孙、外孙女，如今他们小辈也都生了孩子，一家子总共35口人。平时，人少的时候，我们就在家里聚一聚，人多了，家里可就坐不下了，我们就到外面饭店去。一般，十一（我的生日）、春节、正月初一全家会聚在一起，有的时候中秋节也聚一次。聚的时候，除了在国外的，一般都要来，聚齐了，一家人热热闹闹的。

2016年10月我就97岁了，回想起我这一生，常年在外面建桥，留给家庭的时间很少。俗话说得好，好汉不提当年勇，况且建桥也不是我一个人的成绩，那是千千万万中国人民的事业，我只不过是其中的一分子而已。所以，让我最欣慰的，还是这一大家子的人。

我有三个儿子都当过兵，回来后被分配在各个岗位上。孩子们有的是医生，有的是教授，有的是工程师，还有的在国外。总的来说，一家子本本分分，他们兄弟之间、妯娌之间都相处得很好，都把我这个老爹放在第一位。

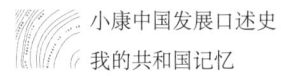
小康中国发展口述史
我的共和国记忆

老伴走了快 20 年了，老伴去世之后，家里就没间断过人，孩子们都轮流住在家里陪我。刚开始他们怕我想不开，其实，我想得开，人嘛，早晚都得走那条路。后来，我慢慢适应了，也觉得他们在这儿照顾我麻烦，他们都有各自的家庭，都是两个人在家，一个人在这儿照顾我，家里就留一个人，不方便，就让他们回家了。

可他们还是不放心，每周都来陪着。已退休的大女儿还有两个儿子，每周轮流来值班。有的时候，到周末了，他们就商量好了，集中来了，陪我一块儿热闹热闹。大家相互聊一聊，孙子们也会带来自己的孩子，逗一逗、玩一玩。

即使是不来值班的日子里，他们也给我打电话。有一次，我正在家浇花。

"咚咚咚"。

一开门，老五急乎乎地跑来了。

我忙问："你怎么来了？"

"您还说呢，给您打电话都没人接，我们都急坏了，他们都让我来看看，您是不是又没放好电话？"

一看，果然，电话没放好，打电话一直是占线的。

孩子们都孝顺，他们从小就听话，我能长寿，说实话，离不开他们对我的照顾。

从那以后，我每天睡觉之前都要检查一下电话放没放好，免得孩子们担心。

有一次，儿子打电话，问："爸，您干吗呢？"我说："小花盆里的花儿太大了，我得把它移到大花盆里去。""呦，爸，您可别干了，等我们回去给您弄。"他们都不让我干活儿，我没事儿干，就来回倒花盆，成天倒，在家待着没事儿干，也没意思。养花、养鱼，就做这些事儿。以前上高儿我也还行，现在孩子们不让我上了。灯管儿坏了，我就蹬着桌子上去，修好了，装灯泡，装灯头，电扇也能修。儿子一回来，我得跟他说："看，这个电扇不转了，我给修好了！"

还有一次，家里的抽油烟机坏了，我就给修好了，我踩着椅子，上去，想把抽油烟机搬下来，试了一下，哎哟，不行，太沉了，这腰受不了。

这可怎么办呢？我找了块儿三合板，绑在腰上，用带子勒上以后，腰上就使

赵琪老人有看书看报的习惯,年轻的时候喜欢,现在年近一百岁了,还是每天都看《北京晨报》,好像这是一份工作,每天必须要完成的一件工作。他关心国内外局势,更关注我国的大桥局又去哪个国家建桥了,技术如何革新了。

上劲儿了,就这么给搬下来了,修好又给搬上去了。

这件事儿把孩子们给吓坏了,他们老说,这么大岁数的人了,这要出点事儿可怎么办?

其实,我身体好,跟这个有关系,好动,闲不住。孩子们总说我不让人省心,其实,没事儿,我觉得我自己还可以"单干"。

■文／邱虹霞

☆采访手记

我觉得我还可以"单干"!

那天,摄影记者去家里给赵琪爷爷拍照片,摄影记者说:"你们该聊什么聊

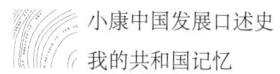

什么，不用紧张。"我说："对，爷爷，您别紧张。"结果，开始之后，我看着爷爷，笑着，却紧张得一句话也说不出来。赵琪爷爷看着我，他也笑了，"武汉长江大桥，它是一条横跨长江的铁路公路两用桥，全长1670米……"他顺畅而大声地说完了这段话，慷慨激昂。拍完之后，爷爷握着我的手，我们俩笑了好长时间，那一次，我觉得爷爷与我之间很亲近，他完全把我当成一个孩子，我亦视他为亲人。

慢慢地，去的次数多了，我们之间聊得也很随意，我知道，周二来看爷爷的是爷爷的大女儿，周四来的是爷爷的四儿子，周六来的那一定是爷爷的五儿子，他是教摄像的教授。我还知道，爷爷早晨起来，一定是吃的烧饼和牛奶，晚上，爷爷爱喝粥，喝麦片糊糊。

爷爷还有一个习惯，不管我们以什么话题开始，爷爷都能顺畅地聊到建桥的那些事儿上去。他会聊在龟山如何学开拖拉机，学会的第一个任务就是推平一片坟地；他会聊建紫阳桥、茴阳桥是如何艰辛，桃花水一涨就是一两米，摸着两岸的石头开路、建桥；他会聊建南京长江大桥的时候，遭遇到龙卷风，历经生死；他会聊好多好多我们年轻人不知道的事儿……

赵琪爷爷在28年里一共修建了14座桥。这些桥有的在高山之间，浪花滔天；有的在边疆，艰难而困苦。然而，当爷爷回想起他的一生，却早已没有了丰功伟绩之下的那份豪迈，笑谈过往，倒是多了几分云淡风轻。如今，赵琪爷爷已年近百岁，他却耳不聋、眼不花。他还能清楚地认出照片上的人，还能看报纸，他轻描淡写地说："30米以后，我就看不清了。"他能自己炒菜，每天中午还要喝一杯酒，他还给我看："这是大孙子给我泡的，里面是枸杞子和海马。"桌子上的鱼缸里是爷爷养的金鱼，阳台上盛开着的是爷爷养的花儿，电灯、电风扇、抽油烟机坏了，爷爷看一眼，就能修好。孩子们可都不放心，不让他动手，就轮流来陪着。

赵琪爷爷说："我不想用他们，我觉得我还能'单干'！"

■文/邱虹霞